151人の名医・介護プロが教える

認知症大全

小学館

はじめに

まず認知症の人のご家族へ。家族が認知症になると、どのように対応してよいか困ってインターネットなどで調べることに一生懸命になります。その結果、認知症の本人に目を向けることがおろそかにされてしまうのです。認知症による変化は元々のパーソナリティーや認知症になったことによる葛藤、そして家族の対応の仕方などに関連して起こっています。つまり原因も変化の仕方も人によってまったく違うのです。ですから適切な対応方法を見つけるには、何より本人の苦痛や葛藤に想いを馳せることが大切なのです。本人と家族との関係を客観的に捉えることも必要。介護の現場ではいわゆる成功事例をまねることもありますが、手法だけを重視することで、かえって本人と家族が傷つくことも少なくありません。もちろん家族会の電話相談やインターネットの検索結果、この本のようなリソースには多くのヒントが含まれます。しかしそれらはあくまでヒントと考え、その中からあなたの家族にふさわしいケアを見つけてください。

そして認知症になったご本人へ。誰しも認知症と診断されれば心穏やかにはいられないでしょう。戸惑うことも不安になることもやむを得ません。昔の自分と比べてしまい自己嫌悪に陥ったり自分を責めたりするでしょう。しかしそれは認知症になった人が例外なく経験する苦悩です。それに耐えて今日という日を生きているだけで称賛に値します。そんな頑張っている自分を許してあげてください。ずっと気持ちが楽になると思います。

また家族や周囲の人に助けてもらうことにも寛容になりましょう。迷惑をかけたくない気持ちはよくわかりますが、一人では失敗してしまうことも、家族のちょっとした手助けでできるようになります。「上手に助けてもらうこと」を目指すのです。その結果、自分はまだまだいろいろなことができると実感し、自信を取り戻せると思いますよ。

この本には認知症の人にすすめる活動として散歩や音楽や読書などが出てきます。認知症になっても工夫次第で「普通の活動」を続けることができると知ってほしいのです。認知症になったからこそ普通の活動が大切です。誰しも認知症になったからといって「認知症の人」として扱われることを望む人はいないでしょうから。

東京慈恵会医科大学教授　繁田雅弘

もくじ

●本書の使い方
各章はそれぞれの専門家「教えてくれた人」への取材を元に構成し、大切な要点を「Point」に。

下段にはテーマにまつわるさまざまな情報を盛り込んでいます。

Column

実例コラム

プロローグ

認知症の常識は今、大きく変わりつつあります。「何もわからなくなって人生終わり」というのは大誤解。自分らしい人生を生きるための認知症との新たな向き合い方を知ることから始めましょう。

家族は〝症状〟に翻弄されることなかれ

身近に暮らしている、また離れて暮らしていてしばらくぶりに会った老親に、左ページのような行動がありませんか？　もしかしたら認知症かもしれません。これらは認知症の人によく見られる症状で、周囲が気づく目安にもなります。そして気づいた家族はとたんに不安になるでしょう。

少し前まで当たり前にできていたことができなくなる。親が老いる切な

教えてくれた人

東京慈恵会医科大学教授
認知症専門医
日本認知症ケア学会理事長
繁田雅弘さん

認知症とは…

脳の病気、障害などさまざまな原因で認知機能が低下し、日常生活をする上で支障が出ている状態（およそ6か月以上）のこと。

こんな行動が現れたら

「もしかして認知症？」

認知症になると現れやすい言動です。
1個でも気になれば要チェック！

- □ 同じことを何度も聞く
- □ いつも探しものをしている
- □ 冷蔵庫などに同じ品物が不必要に大量に入っている
- □ 長年やっている料理の手順、段取りがわからなくなる
- □ 調理中の火を消し忘れる
- □ 薬を飲み忘れる　□慣れた道がわからなくなり迷子になる
- □ 約束した日時や場所を間違える
- □ 複数人での会話の流れについていけない
- □ 会話する中で適切な言葉が出にくい
- □ 遥か昔のことを今の出来事のように話す
- □ 外出時、持ち物を何度も確かめる
- □「頭が変になった」と訴える
- □ 身だしなみにかまわなくなる
- □ 財布や大切なものを盗まれたと人を疑う
- □ 以前より怒りっぽくなった
- □ 一人を怖がったり寂しがったりする
- □ テレビ番組の内容が理解できない
- □ 好きなテレビ番組や趣味に興味を示さなくなった
- □ ふさぎ込んで億劫がるようになった
- □ 急に泣き出したり笑い出したりする
- □ 幻視が見えると言う
- □ 足がこわばって歩きにくくなったり手が震えたりする
- □ 睡眠中に大声を出したり暴れたりする
- □ 同じ時間に同じ行動をすることにこだわる
- □ 万引きや信号無視など理性や社会性を無視した行動をする

さもさることながら、どうも行動が不可解……というかおかしい。時には人が変わったように激しい感情を向けてきて、何となく意思の疎通もできない?……と不信感でいっぱいに。とにかくおかしな言動を正さなければと焦ってしまいます。

「認知症の困りごと」は異常行動ではなく自然な反応

でもここで家族が不可解でおかしな行動を正そうと必死になれば、逆に事態は悪くなります。これまでの認知症に対する大きな誤解を解き、向き合い方を変えるべきなのです。

家族にとって不可解な行動はすべて認知症の症状だと恐れ、簡単なことを失敗したり意思疎通がままならなかったりするだけで「何もかもわからなくなった」と思い込みがちですが、それは大きな間違いです。

認知症はそれ自体が病気ではなく、アルツハイマー病などの影響により日常生活に支障が出てくる状態のこと。病気の影響で認知機能が低下し、もの忘れをしたり慣れた家事ができなくなったりするのは確かです。家族にはできないことばかり目について不安になりますが、できなくなったことにいちばん戸惑っているのは本人なのです。身近な家族に失敗を責めら

認知症の原因疾患の種類は100超

アルツハイマー型認知症、脳血管性認知症、レビー小体型認知症、前頭側頭型認知症は「四大認知症」と呼ばれる。原因疾患の種類は100を超えるといわれ、複数の病気が合併する場合もある。

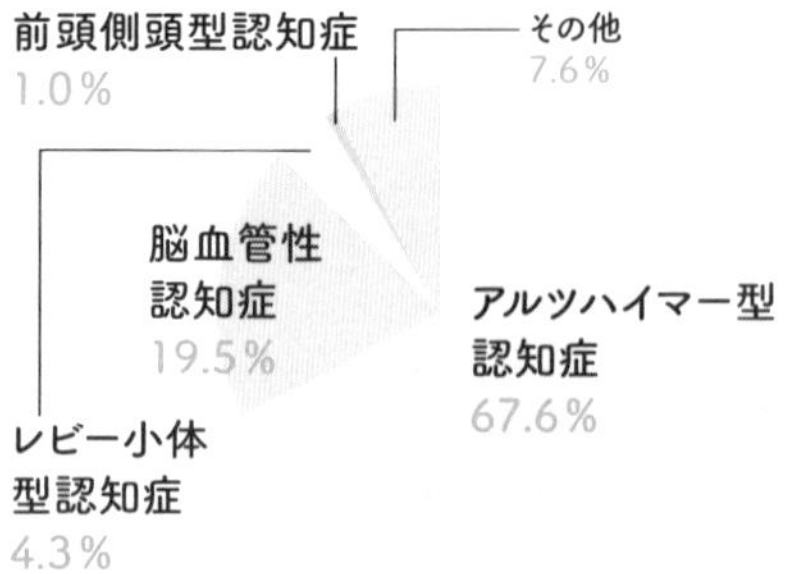

出典：厚生労働省「都市部における認知症有病率と認知症の生活機能障害への対応」より

れたり、できないことを無理強いされたり、何もできないだろうと行動を制限されたりして大混乱です。さらに認知症の症状の一つでもある〝言葉でうまく伝えられない〟もどかしさも募り、まれに暴言や暴力などの形で現れることもあります。これらはよく家族が「認知症の困りごと」として挙げることでもありますが、異常な「症状」ではなく、むしろ人として自然な「反応」。決して人が変わってしまったわけではありません。

本人をよく知る家族には一見、大きな変化があるように見える認知症のその奥で、元々の性格や人間性、嬉しさ・楽しさ・不快・悲しさを感じる心も、何も変わりません。家族こそ、症状に翻弄されずに本人の苦しさ、悲しさ、惨めさを理解してほしいのです。

脳の中で起こることは、理解するのも受け入れるのも難しいことですが、冷静になって、病気でできなくなってきたことを受け止め、外からはわかりにくい本人の不安に目を向けて寄り添うことが、家族の大切な役割なのです。

認知症でも「普通に生活できる」期間は延びている

今のところ「認知症は治らない、予防もできない」ということは、わり

認知機能とは…

認知とは外からの刺激を理解、判断する知的機能。加齢により低下するため、75歳以上の自動車運転免許証更新では認知機能検査が義務付けられている。

認知症予防とは…

国の認知症施策推進大綱では「予防とは、認知症にならないという意味ではなく、発症遅延、進行を穏やかにすること」とされる。運動習慣や社会参加などで発症リスクを低減。早期発見・早期対応。対応の工夫でBPSD（行動心理症状）を抑え重症化を防ぐなど、段階的な予防策がある。

と知られるようになりました。アルツハイマー病など認知症の原因になる病気の進行も止めることはできません。まるで打つ手なしのようにも思えますが、そうではありません。

病気の進行は基本的にゆっくりですから、昨日までと同じようにできることは続ける。できなくなったことは周囲の人が工夫して助け、何より本人が諦めないことで日常生活を続けることはできる。つまり認知症の状態が進むのを抑えることはできるのです。病院で治してもらうというのではなく、**生活の場で工夫をしながら前向きに暮らすことが重要なのです。**

左表はアルツハイマー型認知症の重症度を主な生活機能面で分類した評価尺度『FAST』。アルツハイマー型認知症の場合は概ねこのような経過をたどりますが、進行は基本ゆっくり。すべての人が『高度』まで至るわけではありません。一人一人の認知症の進行スピードがずいぶんと緩やかになってきていて、少しの支援や介助で普通に生活できる『軽度』・『中等度』くらいまでを維持したまま、天寿をまっとうする人が増えています。

進行スピードは30年前の3分の1になったといってもいいほど。外来診療の場でも『軽度』・『中等度』までに留まっている期間が2倍、3倍と延びていると感じます。特に早い段階から医療が介入した場合、『高度』まで進行する人はかなり減ってきています。

ADL日常生活動作とは…

アクティビティ・デイリーリビング（ADL）は日常生活をするために最低限必要な動作で、介護保険制度の介護度認定やリハビリテーションの場で身体能力や日常生活能力をはかるための指標にもなる。そのうち「手段的ADL」は家事や交通機関の利用、電話対応、スケジュール調整、服薬管理、家計管理、趣味など複雑な日常生活動作。「基本的ADL」は移動、食事、更衣、排せつ、入浴、身だしなみなどの基本的な動作のこと。

その理由はここ30年で認知症の医療と介護技術が進んだからでしょう。「認知症になると何もできなくなる」という誤った認識で閉じ込めるような医療が行われた時代もありましたが、今は、根治はしないまでも原因となる病気の進行を遅らせる症状改善薬が使えるほか、認知症のことがいろいろと解明され、認知症の人の生活環境が大きく変わってきました。

アルツハイマー型認知症の進行ステージ『FAST』

ステージ	臨床診断	特徴
1	正常	認知機能の低下がない　5～10年前と比べても変化が見られない
2	正常な老化	非常に軽度の認知機能低下　年齢相応もの忘れもわずかで周囲も気づかない
3	境界領域	軽度の認知機能低下　複雑な仕事や家事では失敗することもあるが、日常生活ではほとんど失敗がない
4	軽度	来客の接待や食事の準備、家計の管理、買い物など手段的ADL（P12下段参照）で失敗する
5	中等度	入浴や服選びなど基本的ADL（P12下段参照）に障害が生じる　気分や情動の変化も伴う
6	やや高度	独力で服を正しい順に着られない　入浴に介助を要する　後半には尿失禁・便失禁が起こる
7	高度	質問されても文節や単語でしか答えられない　歩行能力の喪失　座っている機能の喪失　笑顔の喪失　頭部固定不能　最終的に意識喪失（混迷・昏睡）

※出典『認知症の精神療法』（Psychopharmacol Bull 24:653-9.1988）より

FAST（Functional Assessment Staging of Alzheimer's Disease）はアルツハイマー型認知症の重症度や進行度を日常生活の障害の程度で分類したもので、ニューヨーク大学バリー・ライスバーグ博士が考案。

認知症でも普通に生活できる期間は延びている

アルツハイマー型認知症の経過。適切なケアやリハビリ、投薬、理解のある環境が整ってきたことで30年前と比べて現在は軽度・中等度までに留まる期間が大幅に延びてきている。

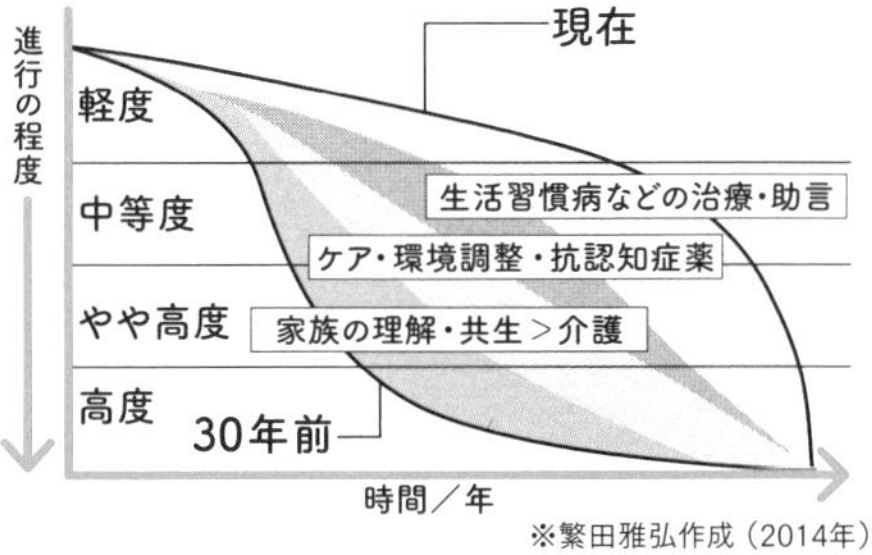

※繁田雅弘作成（2014年）

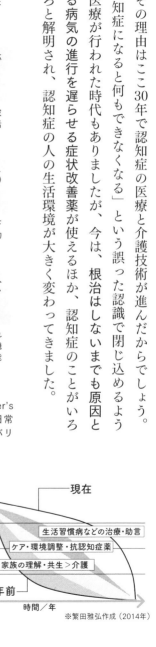

中でも重要なのは、いたずらに「進行を速めてしまう行為」を意識して排除するようになってきたこと。無用なストレスを避ければ、病気本来のゆっくりとした進行だけになるのです。

そして病気の影響で脳の機能が落ちても、生活や人生を楽しむ力がまだ残っていることがわかり、助けを借りながらもどんどん「外へ出ていく」機運になってきていること。残存機能を活性化させるリハビリテーションが行われたり、認知症の人同士で話したり地域交流したりできる認知症カフェなどの場もできてきています。

いたずらに認知症の進行を速めてしまう行為とは、

■身近な人の無理解から本人にストレスを与えること（第3章）。

■生活習慣病や持病、口腔問題、排泄・食事・睡眠問題など、高齢なら誰にでも起こる心身の不調のケアを疎かにして悪化させること（第4章・第6章）。それぞれ本書各章で詳しく解説しています。

また認知症についての基礎知識は第1章、本人・家族の助けになる介護サービスや生活支援については第2章、基盤となるお金や住まいについては第5章、そして人生を楽しむヒントを満載した第7章、終活については第8章と、本書では認知症になってからも、大切にしてきた日常生活をできるだけ長く続けていくための情報を紹介します。

無症状の認知症
シスター・メアリー

アルツハイマー病が進行しても認知症を発症しないケースもある。アメリカの修道女シスター・メアリーは死後の献脳検査でアルツハイマー病だったことがわかった。しかし生前の彼女は84歳まで教師を務め、その後もボランティア活動などに尽くし101歳で逝去するまで認知機能低下は見られなかったという。これは有名な疫学研究「ナン・スタディ」によるもので、ノートルダム教育修道女会の678人が参加し、アルツハイマー病だった人の8%にもメアリー同様、症状が現れなかった※。

※「ナン・スタディ」は研究を行ったデヴィッド・スノウドン教授の著書『100歳の美しい脳』（DHC）の中で詳しく紹介されています。

“生きがい”のある生活が認知症の進行を遅らせる

認知症になったら趣味でも家事でも、自分が好きなこと、やりたいことに目を向けて。そして楽しんでください！　症状に翻弄され、苦悩の只中という本人や家族には無意味のように感じるかもしれませんが、そこが認知症の大きな落とし穴であり、最重要ポイントなのです。

普段は意識しませんが、脳とはすごいものです。考えたり感じたり、運動したり食べたり話したり呼吸したりするのもすべて脳の働き。人が普通に生活を営むだけで、脳はフル稼働しています。その働きに障害が出るというのは大変なことですが、認知症になってすぐに何もかもできなくなるわけではありません。まだ障害されていない部分、障害され始めていても程度が軽い部分の脳は、使っていくことで能力は上がるのです。

脳はいろいろな神経が連携して働いているので、一部の機能が低下してもほかが補って、機能を果たそうとします。脳活性のための特別なトレーニングなどより、今までどおりの喜怒哀楽に満ちた生活を前向きに続けていくことが何より脳のトレーニングになります。逆に認知症だからと何もしない生活になれば、脳は活性を失って機能もどんどん落ちてしまいます。

家族だってビギナー

「認知症による失敗や間違いを責めるのはＮＧ！」。わかっているのについ、驚くほどひどい言葉を投げてしまい、後でドーンと自己嫌悪。実は多くの家族介護ビギナーが抱える苦しみだ。介護のプロでも実の家族には冷静でいられないという。認知症に関わる人は、最初は手探りでつらいのだ。そう心に留めておくだけでお守りになる。

もちろん病気の影響でできないことへの配慮は必要ですが、自分らしい生活を続けることが大切なのです。

また好きなこと、ワクワクすることも脳にはよい刺激になります。好きなことに夢中になるとき、楽しくてワクワクして意欲的な気分になりますね。認知症になっても、そう感じる力は失われません。

「認知症の老親を楽しませてもすぐに忘れてしまうから甲斐がない」などと思うなかれ！　たとえ思い出に残らなくても、瞬間瞬間は喜びを実感し、心が躍った余韻の続く時間は認知症でない人と同じ。何がしたいかをうまく言葉にできないかもしれませんが、昔好きだったことなどを思い出しながらゆっくり聞き出しましょう。一緒に楽しめばワクワクも倍増です。

ちなみに米国・ラッシュ大学の研究チームが高齢者を対象に行った調査（左グラフ）では「〝人生の目的（生きがい）〟を持っている人は、アルツハイマー型認知症になって脳の病理的変化が進んでも認知機能の低下が起こりにくい」という結果も出ています。脳が障害されれば、その分の機能も低下するはずが、生きがいを持って前向きに暮らしていると生活する能力は維持されるというのです。不思議で素晴らしい脳のなせる業です。

ただ家族が「認知症を何とかしよう」と頑張ることには苦言を呈します。世間には「認知症予防・改善」といった言葉も氾濫していて、少しでも予

要チェック！　認知症になりやすい12要因

世界の認知症専門家からなるランセット委員会の調査報告（２０２０年）によると「高血圧」「難聴（聴覚障害）」「喫煙」「肥満」「うつ病」「運動不足」「糖尿病」「若齢期の教育歴」「社会交流が少ない」「過度の飲酒」「外傷性脳損傷」「大気汚染」の12項目が認知症のリスク要因として明らかになった。絶対的な認知症予防はできない中でも、12項目を回避・改善することで認知症の発症を遅らせたり、約40％予防したりすることが期待できるという。

毎年9月21日は世界アルツハイマーデー

防・改善、せめて進まないようにと願うのも人情ですが、その切なる願いが本人には目に見えないストレスになることがあるからです。

認知症を進ませないことが生活のテーマになっては本末転倒。必ず進行はするので、そのたびにがっかりしたり努力が足りなかったと悔やんだりするのは不幸です。家族が認知症ばかりに目を向けて、本人が孤独を感じている例は少なくないのです。進行しても幸せに人生を歩んでいる人は現にたくさんいます。認知症の正しい知識を持ち、体の健康に気を配り、認知症が進行することは常に心に留めた上で、できれば家族は認知症から離れ、その時々を幸せに暮らせているかどうか、本人に思いを馳せてほしい。イキイキ暮らすことが何よりの薬です。

幸せといっても特別なことではなく、どんな家族も互いに望むようなごく普通の幸せですよ。

生きがいを持って前向きに暮らすと認知機能が維持される!

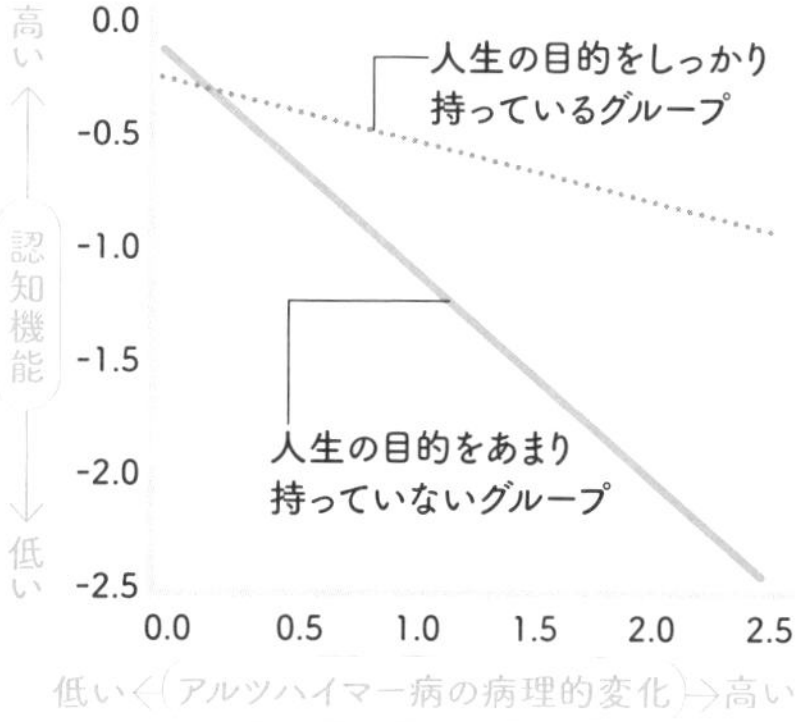

出典：『アルツハイマー病の病的変化と高齢期の認知機能との関係に及ぼす〝人生の目的〟の影響』アーチジェン精神医学.2012;69（5）

米国ラッシュ大学で老化に関する長期的な疫学研究を行うプロジェクトが246人の高齢者を対象に調査。

認知症は世界でも大きな社会課題。1994年、国際アルツハイマー病協会と世界保健機関（WHO）が共同で9月21日を「世界アルツハイマーデー」と定め、さまざまな取り組みが毎年世界中で行われるようになった。日本では2023年6月、国や自治体の取り組みを定めた認知症基本法が成立。認知症の人、家族の意向の尊重、国民の理解や共生社会の推進などが基本理念として掲げられた。

アルツハイマー10年選手のウチの母①
生活・医療ライター 斉藤直子の場合

「これは母じゃない…」恐ろしき〝もの盗られ妄想〟が転居で止んだ⁉

私が最初に親の認知症の洗礼を受けたのはもの盗られ妄想でした。認知症の取材も始めていたので知識はあったのです。でも〝自分の親がそうなる〟という衝撃は凄まじかった！　もとは朗らかで聡明だった母が、少し前から同じ話を繰り返すようになって「たぶんそうだろう」と思っていた矢先に父が心筋梗塞で急死。落ち込んでいたのも束の間、会えば「アタシのお金をどこにやった？」と鬼の形相で迫るようになりました。我が家に日に30本も電話をかけてきて「警察呼んだ、刑事がそっちに行ったからね」と、なぜか話がサスペンス調なのも笑えなかった。「これは母じゃない！　誰だ⁉」と頭を抱えました。それが一転したのはサービス付き高齢者向け住宅への転居がきっかけ。荒れ放題の独居を脱し、認知症を理解するスタッフに助けてもらえる環境です。たぶん食事もちゃんとしていなかったから、毎食食堂で食べるようになったのもよかったかも。悪夢のような妄想がピタリと止み、本来の穏やかな母が戻ってきました。もちろん治ったわけではありません。しかしこの豹変からの豹変に翻弄されつつも「認知症って何⁉　人の脳って⁉」と、俄然、好奇心と探求心が膨らみ始めたのです。

5人に1人はなる時代

認知症診断と基礎知識

認知症の中でいちばん発症する人の多いのが
アルツハイマー型認知症ですが、
家族の認知症が必ずしもそれとは限りません。
認知症にもいろいろな種類があるのです。
認知症はそれ自体が病気ではなく、
原因になる病気の種類によって症状の出方も違います。
適切な治療や、介護のためにも正しい診断が大切です。
まずは代表的な病気別の認知症の
種類と特徴を知っておきましょう。

第1章

日本人の認知症でいちばん多い
アルツハイマー型認知症

Point
①記憶障害から始まりゆっくり進行する
②工夫しながら生活を続けることが何よりの治療
③家族が支えるべきは目に見えない不安感

同じ話を繰り返す、出来事を丸ごと忘れる…は要注意

脳内に「アミロイドβ《ベータ》」と「タウ」というたんぱく質が蓄積して神経細胞を徐々に死滅させるアルツハイマー病。進むにつれて脳の認知機能が低下してさまざまな症状を発出し、日常生活に支障が出てきた状態がアルツハイマー型認知症です。日本人の認知症の約7割を占めています。

特徴的なのは「海馬」と呼ばれる記憶に関わる部位が最初に障害され、

教えてくれた人
せやクリニック副院長
認知症専門医
神経内科専門医
川口千佳子さん

高齢者の5人に1人が認知症になる時代

厚生労働省によると65歳以上の認知症の人の数は2020年時点で約600万人と推定、2025年は約700万人（高齢者の5人に1人）、MCI（軽度認知障害）などの予備軍を含めると4人に1人が認知症になると予測されている。

90代は約半数以上が認知症

認知症の罹患率は年齢を

「記憶障害」から始まること。海馬は入ってきた情報をキャッチして一時的に保管する部位で、障害されると「ついさっき」の出来事を覚えるのが苦手になり、すっぽり抜け落ちたようになります。**今していた話を初めてのように繰り返したり、ついさっき食事したこと自体を覚えていなかったり**と、単なる老化とは違う違和感に周囲が気づくきっかけにもなります。

しかし**認知症になる以前のこと**は覚えています。特に言葉の意味や勉強して得た知識などの「意味記憶」、家事作業など体で覚えた「手続き記憶」などは比較的長く保たれ、「エピソード記憶」と呼ばれる出来事の記憶は古いことは意外によく覚えていて、思い出話は充分楽しめます。また認知症になってからでも強い関心事は記憶に残ることもあります。

重ねるごとに高まることがわかっている。厚生労働科学研究費補助金認知症対策総合研究事業報告書（2013年）によると、70代後半で男性11％、女性14％が認知症だが、80代後半になると男性35％、女性44％、90代前半で男性49％、女性65％、95歳以上では男性の51％、女性の84％と急増している。

BPSD 徘徊　　BPSD 妄想

中核症状
記憶障害・見当識障害・実行機能障害など

BPSD 抑うつ　　BPSD 興奮

BPSD 焦燥　　BPSD 暴言など

中核症状とBPSD（行動心理症状）

認知症の症状には必ず出る「中核症状」と、中核症状による不安やストレスが引き金になって出る「BPSD」がある。BPSDは生活環境の整備や対処次第で軽減・解消できることもある。

情報が「記憶」される過程（イメージ）

若いとき → 老化すると

「イソギンチャクの触手」に例えられる海馬が情報をつかまえ一時保管。重要な情報は大脳皮質にある「記憶の壺」へ。忘れても思い出せるのが若いときの正常な脳。老化して海馬が衰えると一度にたくさんつかまえられなくなる。

認知症になると → 認知症が進行

認知症になると海馬は病的に衰え新しい情報はほとんどつかまえられないが、壺の中の記憶は無事。進行すると壺自体が壊れて昔の記憶も少しずつ失われる。

出典：厚生労働省　政策レポート「認知症を理解する」より作成。

症状が出てくる順番はだいたい決まっている

アルツハイマー病で脳が障害されていく順番は概ね決まっているので、**出てくる症状（「中核症状」）は左図のような経過をたどります。**

『軽度』では記憶障害に始まり、時間や場所がわからなくなる「見当識障害」、計画して実行することができなくなる「実行機能障害」、何をするにも時間がかかる「理解・判断力の障害」、思いを言葉にする・相手の言葉を理解するのが苦手になる「失語（言語障害）」が出て、次第に交通機関利用や家計管理、趣味などの複雑な行動「手段的日常生活動作」が苦手になります。**同じ話を繰り返す、散歩先で迷子になる、排泄を失敗する（『高度』の失禁とは別）**など、**生活の中で失敗が重なり、家族や周囲の人との関係もギクシャク。**そのストレスから妄想や暴力、徘徊といった二次的な症状「ＢＰＳＤ（行動心理症状）」が発出しやすくなるのもこのころです。

『中等度』になると食事・入浴・排泄などの「基本的日常生活動作」に介助が必要になり、運動機能に問題がないのに生活の動作ができない「失行・失認」が現れ、『高度』になると脳機能の低下による「失禁」「歩行障害」「嚥下《えんげ》障害（飲み込めない）」が出て、最終的には寝たきりや人工栄養

糖尿病、歯周病でも認知症リスク増！

アルツハイマー病の直接の原因はわかっていないが、糖尿病や歯周病がアミロイドβの蓄積に関わることがわかっている。糖尿病に関してはアルツハイマー型認知症のリスクを約1．5倍上げる（脳血管性認知症は約2．5倍）。70代で発症する認知症はその人が40～50代のときから異常なたんぱく質が溜まり始めると推定されるので、中年期の生活習慣病対策は認知症の予防ともいえるのだ。

高齢の認知症は体の老化も合わせてケア

高齢になると筋力や足腰の動きなど身体能力が低下

が必要な状態に至ります。ただ基本的にゆっくり進行するので、高齢になってからの発症では急速に『高度』まで至らずにすむこともあります。（中核症状・BPSDの詳細、対処法は「第3章」参照）

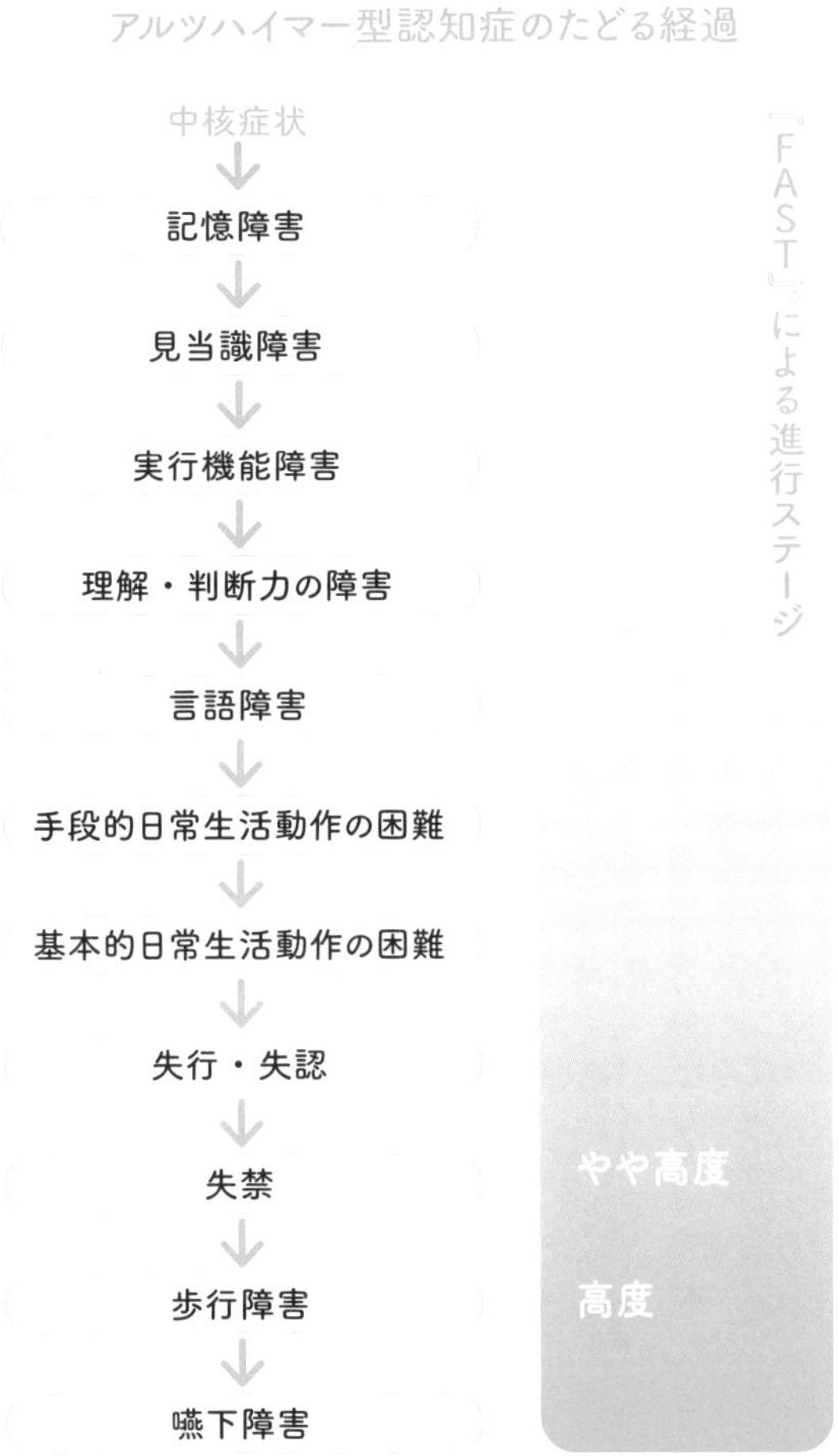

※『FAST』はアルツハイマー型認知症の進行度を生活上の障害の程度で分類したもの。（「プロローグ」参照）

することも忘れてはいけない。たとえば認知症『軽度』の頃によく見られる迷子や排泄の失敗は認知症の影響もあるが、出先で疲労困憊の末に帰れなくなる、トイレまで歩くのに時間がかかったり体の痛みで下着の上げ下げに手間取ったりといったことが原因の場合も少なくない。認知症だけを見るのではなく、老いた体全体を見てケアを。

診断を受けると多くの人が症状好転！

認知症は大きな「不安」との闘いともいえます。今までできていたことができなくなるのは自分自身の根幹を揺るがすこと。「なぜこんなことが？これからどうなるの？」という不安が常に堂々巡りしています。そしてこの不安感がまた脳には大きなストレスで、妄想や興奮などのＢＰＳＤの引き金になり、中核症状も強く出るなど悪循環に陥ります。一方でこんなこともあります。家族に説得されて渋々受診し、いざ**認知症と診断されると、ほとんどの人が診断前より症状が落ち着いたり好転したりする**のです。拠りどころのない不安は底なしですが、診断がついて現実的になることで一歩前には進める。本人・家族とも不安をうまくかわし、あっけらかんと構える人たちほどＢＰＳＤが少なく穏やかなのです。

家族も大変な思いをすると思いますが、本人の不安に思いを馳せて寄り添うことが互いに楽になる近道。**何ができないのかを丁寧に探って手伝い、本人のペースに合わせて待つ**など、小さな工夫の積み重ねで認知症の人の生活は回ります。いろいろな刺激のある日常生活こそが脳の機能を高め、結果、症状の進行を緩やかにするのです。さらに生きがいを持って暮らす

進行はさらに緩やか 高齢者タウオパチー

アルツハイマー病のように記憶障害から始まるがあまり進行しない認知症がいくつかある。80代の高齢での発症が多いことから「高齢者タウオパチー」と呼ばれ、日常生活の動作にはあまり支障が出ないのが特徴。代表的なのは嗜銀顆粒性《しぎんかりゅうせい》認知症。認知症診断検査に使われる「長谷川式スケール」考案者の精神科医・長谷川和夫さんが、講演活動などを精力的にこなしながら88歳のとき、嗜銀顆粒性認知症発症を公表したことでも知られている。

と認知機能低下が抑えられることもわかっています（「プロローグ」参照）。

認知症の薬は4種類。漢方薬などの処方も

今のところ認知症を根治する薬はなく、現在日本で承認・処方されているのは中核症状の改善や進行を遅らせるための「症状改善薬」4種類。アルツハイマー型認知症とレビー小体型認知症にも使われる内服薬**『アリセプト（製品名）』（ドネペジル（薬品名））**、軽度・中等度のアルツハイマー型認知症に使われる内服薬**『レミニール』（ガランタミン）**、貼り薬タイプの**『イクセロンパッチ／リバスタッチパッチ』（リバスチグミン）**、中等度・高度のアルツハイマー型認知症に使われる**『メマリー』（メマンチン）**。この4種類から症状や副作用なども考慮しながら使い分けられます。

BPSDは周囲の人の対処やリハビリなどによる非薬物療法が基本ですが、強い症状を緩和する向精神薬や漢方薬もあり、どうしてもコントロールできない場合には入院治療という方法もあります。認知症は進行する病気なので状態は少しずつ変化し、どんなに環境を整えても家族が心を砕いても介護が困難になることはあります。医師や介護のプロと協力しながら寄り添っていきましょう。

病気進行予防に期待できる新「治療薬」も

アルツハイマー病の進行を抑える初の治療薬「レカネマブ」が2023年中の承認を目指して申請中（米国では同年7月承認）。続いて同じく「ドナネマブ」も2023年中に申請予定。現在、使われている症状改善薬は神経細胞の機能を助けて症状の悪化を遅らせる効果のみだが、「レカネマブ」「ドナネマブ」はアミロイドβを除去するように働き、神経細胞が死滅するのを防いで進行を抑制する。発症前の軽度認知障害の段階や認知症の早期に投与すれば、アルツハイマー病の進行予防が期待できる。

脳卒中がきっかけで発症する

脳血管性認知症

Point

① 急に発症、脳卒中の再発ごとに階段状に進行
② 泣いたり怒ったり感情の起伏が激しくなる
③ 症状に波がある「まだら認知症」が起こる

早期から歩行障害など身体機能の低下がある

脳梗塞や脳出血などの脳血管障害（脳卒中）によって脳の働きに支障が出て発症する認知症です。脳卒中で必ず発症するわけではありませんが、高齢になるほど出やすくなります。症状や経過は梗塞・出血が起こった部位によるのと、アルツハイマー型が合併することも多いためかなり多様で「まだら認知症」とも呼ばれる変則的な発症の仕方も特徴的。脳卒中の影

教えてくれた人

シニアメンタルクリニック日本橋人形町院長
認知症専門医
井関栄三さん

まだら認知症とは…

昨日できなかったことが今日はできたり、さっきまで落ち着いていたのに急に症状が悪化したり、簡単なことができない一方で専門的な話をしたり、難しい本を読んだりと、変動が激しい独特の症状の出方。周囲も混乱するので認知症に気づくのが遅れる場合も。

響もあり早期から歩行障害、呂律《ろれつ》が回らない、頻尿・失禁など身体機能に支障が出るので転倒や誤嚥《ごえん》（飲食物が気管に入る）にも注意が必要です。

突然発症し、症状の激しい変動がある

ゆっくり進行するアルツハイマー型とは違い、脳卒中をきっかけに突然、発症。夜中に大声を上げて騒ぐ「夜間せん妄」、感情のコントロールが難しくすぐに怒ったり泣いたりする「感情失禁」のほか、「抑うつ」や「意欲低下」もよく見られます。糖尿病、高血圧などの治療、バランスよい食事や運動など生活習慣病の対策が、最大の悪化予防と対策になります。

大きな脳卒中だけが発端ではない

脳卒中といっても救急搬送されるような状態だけでなく、本人も自覚しないほどの小さな梗塞を繰り返して血流が悪くなることでも認知症は進行する。

メリハリある活動的な生活をサポート

脳血管性認知症は情緒的に不安定で抑うつや意欲低下も顕著なので、運動不足や昼夜逆転などにもなりやすい。脳血管障害予防のためにもメリハリのある活動的な生活を。

夜間せん妄には落ち着いて対処を

せん妄が発症しているときは本人も意識が混濁し不安の中にいるので、理由を問い質したりせず、家族は落ち着いて「安心していいよ」ということをやさしく伝えて。

階段状に進行するのが特徴

脳の梗塞や出血が起こるたびにガクンと悪化するが、次の発症までは落ち着いているのが脳血管性認知症の特徴。これに対し、アルツハイマー型やレビー小体型、前頭側頭型は脳細胞が均一に障害されることから「変性疾患」と呼ばれている。

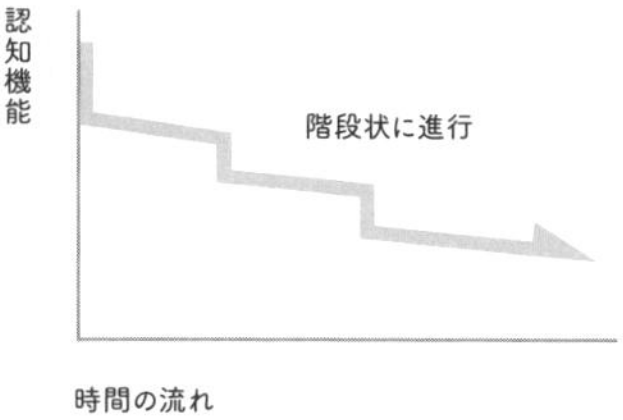

幻視、レム睡眠行動障害など特徴的な症状が出るレビー小体型認知症

Point
① 初期の記憶障害は軽度で気づきにくい
② はっきり・ぼんやりの変動が激しい
③ 不安や悲観が大きく抑うつになりやすい

「知らない人がいる」などと怯える幻視症状

脳内に「α《アルファ》シヌクレイン」というたんぱく質が凝集した「レビー小体」が溜まり、神経細胞が障害されて起こる認知症です。アルツハイマー型同様、認知機能が低下しますが、初期の記憶障害は軽く、診断の数年前から、**悪夢を伴う大きな寝言や激しい体動をする「レム睡眠行動障害」**が現れることもあります。もっとも特徴的な症状は幻視。「家に知らない人がい

教えてくれた人
シニアメンタルクリニック日本橋人形町院長
認知症専門医
井関栄三さん

パーキンソン症状とは…

パーキンソン病は、ふるえ、こわばり、動作緩慢、姿勢保持障害(転びやすい)などを症状とする指定難病。日常生活動作を低下させる特徴的な症状は「パーキンソニズム」と呼ばれ、パーキンソン病以外の疾患にも表れる。その一つがレビー小体型認知症。それぞれに適切な治療のため鑑別診断が必要だ。

る」「床に恐ろしい虫が這っている」と、現実ではない人や小動物などが、まるで現実のように明瞭に見えるといわれます。周囲が歪んで見える（変形視）、見間違い（錯視《さくし》）も起こりやすくなります。

動きがぎこちなくなるパーキンソン症状も

進行してくるとパーキンソン病に似た運動障害（パーキンソニズム）が出てきます。**体が動きづらくなり、小刻み・すり足歩行になったり、手が震えたり。**転倒のリスクも高くなるので注意が必要です。また一日のうちでも認知機能の調子が大きく変動し、**ぼんやりした状態とはっきりした状態を繰り返す**こともあります。進行しても認知機能は比較的長く保たれるため、幻視への不安や病気を悲観して抑うつになりやすくなります。

せっかく見える幻視だから……

幻視は視覚認知を担う脳の後頭葉の機能低下で起こるといわれ、初めは本人も現実か幻視かの区別がつかないほどリアルだという。本人、家族にとっても不安な症状だが、「稀有な経験」と病気や症状を前向きに受け止め、毎日見える幻視を楽しみに描き溜め、書籍にして出版した人もいる。（『麒麟模様の馬を見た』三橋昭著　メディア・ケアプラス）

幻視が見えても「大丈夫だよ」

幻視は脳機能の問題で起きていることを心得て、本人の言葉を否定しない。

錯視を防ぐための整理整頓を

無造作に置いた衣類が「知らない子ども」に、カーテンの絵柄が「気持ち悪い虫」に、置物の影が「人の顔」に見えるなど、脳の機能低下と不安から見間違えが起こる錯視。よく起こる場所や物をチェック。カーテンを無地に替える、部屋を整頓するなどの工夫を。

人格が変化して社会性の欠如などが起こる前頭側頭型認知症

Point

① 抑制が効かない、同じ行動を繰り返す
② 人の言葉が理解できなくなる
③ 家族の見守り、医療・介護のプロとの連携が必須

理由なく激昂、社会のルールを無視などの人格変化が

人格や社会性を司る脳の前頭葉、言語や聴覚、記憶に関わる側頭葉が障害されることで現れる前頭側頭型認知症（前頭側頭葉変性症）は「指定難病」の一つ。抑制が効かず（「脱抑制」）理由もなく激昂したり、店から品物を持って来てしまう、交通ルールを無視するなど「社会性を欠く」行動をとったり、家族から見ると別人格になったかのようになります。

教えてくれた人

シニアメンタルクリニック
日本橋人形町院長
認知症専門医
井関栄三さん

指定難病とは…

発病のメカニズムが明らかでなく治療方法が確立しておらず、長期療養が必要な「難病」と呼ばれるものの中でも患者数が少なく、適切な医療の確保を図る必要が高いものを厚生労働大臣が指定する「指定難病」という。医療費助成などが受けられる。

認知症の知識と治療経験豊富な専門医へ

時刻表のように決まった時間に同じ行動をとる「常同行動」も特徴的で、**毎日定時に同じコースを歩いて帰って来る、同じ物を食べ続ける**という行動もよく見られます。進行すると相手の言葉が理解できなくなる「意味性認知症」が出て、**話すことはできても会話が成立しなくなります。**

より本人を中心に考えた介護が必要

自分本位で社会性を欠く行動は病気の症状で、むやみな抑制は逆効果です。**地域の行動範囲に理解を求めたり、常同行動の特性を利用してよい生活サイクルを作る**など、本人の行動を妨げずに社会生活が送れるよう家族の見守りや工夫が重要。医療、介護、地域とも連携して「私たちがついているからね」という安心感を伝え続けることが、何よりのケアです。

社会ルールが守れない本人を守る手立てを

ルール違反や善悪の認識も難しくなるので、説得ではなく、危険から守るようサポートを。

代表的な四大認知症以外にもさまざまな原因による認知症が多様にあり、実は診断や治療も単純ではない。きちんと検査、鑑別、診断し、適切な治療やケアのアドバイスを受けるためにも、認知症に関する充分な知識と経験を持つ「認知症専門医」を受診するのが理想的。地域のかかりつけ医と専門医療機関との連携を図るため「かかりつけ医認知症対応力向上研修」も進められているが、必ずしも身近な医師が認知症に精通しているとは限らない。認知症専門医は認定する日本認知症学会、日本老年精神医学会のHP、自治体の地域包括支援センターなどで探せる。

■日本認知症学会HP
https://square.umin.ac.jp/dementia/

■日本老年精神医学会HP
http://www.rounen.org/

仲間や支援、相談先の確保が重要
65歳未満で発症する若年性認知症

Point
① 個人差が大きく、症状・進行は高齢の認知症と同じ
② 仕事、子育て中に抱える苦悩の支援先の模索を

仕事や家事の失敗があっても認知症と気づきにくい

65歳未満で発症するものを若年性認知症といいます。患者数は約4万人（2020年調べ）、認知症全体の中では1％以下と希少。症状、経過、治療やケア方法は高齢の認知症と変わりませんが、高齢者の病気というイメージから気づかれにくく、治療が遅れる傾向も。また若年性は進行が速いともいわれますが、必ずしもすべてではなく個人差が大きいのです。10年

教えてくれた人
メモリーケアクリニック湘南院長
認知症専門医
精神保健指定医
内門大丈さん

本人視点で認知症観を変える原動力に

認知症を取り巻く環境改善に尽力しているのもまた若年性認知症の人たち。仲間の声を集約して国に提言し、新オレンジプラン（認知症施策推進総合戦略）で「（認知症）本人の意思尊重」「本人の視点重視」を明示させた日本認知症本人ワーキンググループ代表理事の藤田和子さん、診断直後の不安を共有して一緒に乗り越える活動「おれんじ

近く経過しても認知機能が維持されるケースもあり、早期からの専門的治療や日々の活動、周囲のサポートなどで進行抑制が期待できるので、認知症が気になれば、できるだけ早い専門医への受診をおすすめします。

仕事、家計、人生のことを相談できる先を探して

家計を支える働き手が認知症のために退職せざるを得ない、介護を担う配偶者が子育て・老親介護のトリプルケアになるなど、若年性認知症は病気以外にもさまざまな問題が内在します。家族の中だけで抱え込まず、就労や生活を支援する制度、サービスにつなげてくれる病院の「ソーシャルワーカー」、「若年性認知症支援コーディネーター」などに相談し、「家族会」や「認知症カフェ」などで情報交換や思いを話せる仲間を持つことがとても重要です。

若年性認知症の原因別の割合

全国の若年性認知症者数は3.57万人と推計。平均発症年齢は54.4歳。最初に気づいた症状は「もの忘れ」66.6%、「仕事や家事での失敗」38.8%、「怒りっぽくなった」23.2%。発症時点で就業していた人は約6割で、うち約7割が退職したという調査結果も。

若年性認知症の種類別割合

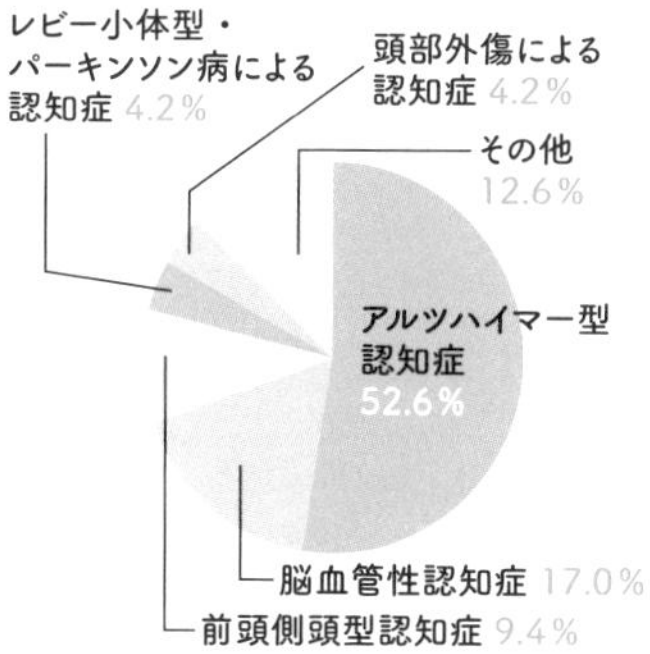

出典：「若年性認知症の有病率・生活実態把握と多元的データ共有システムの開発」（2020年）

ドア」の礎を築いた丹野智文さんらが先駆者となり、今や多くの認知症当事者が経験やニーズを発信するようになった。

若年性認知症支援コーディネーターとは

病気の特性と当事者の切実なニーズをよく理解し、就労や居場所作り、助成制度利用など自立支援のための総合的なコーディネートを行う。各都道府県に配置されている。

若年性認知症コールセンター
若年性認知症支援コーディネーターが対応する各都道府県に設置された相談窓口一覧がHPから検索できる。

各市区町村の高齢福祉担当課

地域包括支援センター

専門医のいる医療機関や近くの家族会や認知症カフェなどを紹介してくれる。

■若年性認知症コールセンター
https://y-ninchisyotel.net/

MCI（軽度認知障害）は認知症ではない。生活習慣を見直す機会に

Point
① MCIは認知機能が低下しているサイン
② 認知症対策ではなく生活の見直しを

認知機能低下がすべて認知症とは限らない

もの忘れが気になるなどで認知症が心配になり、検査をしてMCI（軽度認知障害）と診断されることがあります。MCIは「もの忘れはあるが、日常生活に支障がない」「正常と認知症の中間」「年間10〜30%が認知症に移行するが、正常レベルに回復する人もいる」という状態。将来、認知症になるリスクが高まった状態、認知症予備軍と呼ばれることもあるため、

教えてくれた人
東京慈恵会医科大学教授
認知症専門医
日本認知症ケア学会
理事長
繁田雅弘さん

声で認知機能の低下をAIがチェック

NTTコミュニケーションズの「脳の健康チェックフリーダイヤル」（0120・468354）は今日の日付や自分の年齢などを話すと、その音声をもとにAI（人工知能）が脳の健康具合をチェックし、認知機能の低下の可能性を知らせてくれる。認知症だけでなく脳の健康状態の不調にも気づける。（2024年3月末まで無償提供予定）

■脳の健康チェックフリーダイヤル
https://www.ntt.com/business/lp/brainhealth.html

認知症の初期段階と思い込みがちですが、認知症ではありません。

ＭＣＩ診断で注目すべきは、認知機能検査で成績が振るわなかった理由です。認知機能を低下させるのは脳を疲弊させる過度のストレスや体調不良。もちろん認知症の前駆期の場合もありますが、ＭＣＩと診断された段階で真っ先にすべきは今の生活をよく見直すこと。ストレスが多く疲れていないか、体の病気を見逃していないかをチェックすることです。

怠惰な状態もキケン。家族は意欲的な生活の後押しを

家に閉じこもって何もしないでいるのも認知機能が落ちる要因になり、もの忘れなどが起こります。ＭＣＩ診断はそんな状態への警鐘でもあります。認知機能を高めるといわれる脳トレや運動も強いられると大きなストレスになり逆効果。重要なのは本人が主体的に暮らし、脳が活性化するような意欲を持つことです。今のところ認知症の予防はできないので「認知症にならないこと」を目標にせず、家事、仕事、趣味、地域活動でも何でも、本人がイキイキ活動できる生活を、家族は支えてください。

なお認知症に移行する場合は持続的に認知機能が低下しますので、ＭＣＩ診断以降は定期的な受診で経過を見ることも大切です。

ＭＣＩ診断でも早期発見のメリット

特発性正常圧水頭症や慢性硬膜下血腫などが原因の認知症は治療で治すことができるので早期発見は重要。また早期から進行を緩やかにする生活習慣を始めればより効果的。本人、家族とも認知症の変化に戸惑う期間が短くてすみ、介護方法や支援の情報で落ち着いて備えることもできる。

認知症介護家族の心得 老親介護はプロとシェアして〝うそのない家族の絆〟を

教えてくれた人
和光病院院長
認知症専門医
今井幸充さん

認知症の不安、孤独を想像して

親が認知症になるのは悲しく切ないものです。病気とわかっているのにいら立ってひどい態度をとってしまうこともあるでしょう。

そんなときは一人の人間として**親の心中を想像してみてください**。認知症になると、たった今、話していたことがわからなくなります。なぜ自分がここにいるのかも。自分に自信が持てないのは大変な不安と恐怖です。真っ暗闇にいるような孤独な気持ちかもしれません。

そこへ「わかっているよ、大丈夫」と声をかけ手を差し伸べてくれたら、**どんなに気持ちが楽になるでしょう**。緊張が解けて気持ちが通うようになると、認知症の奥にしっかり存在する「あぁやっぱりお母さんだな」「お父さん、変わらないな」という姿が見出せるはず。そんな味方でいてほしいのです。

孫が銭湯に誘ったらすんなり入浴……

今は情報があふれ、病気の知識が豊富になる一方、本人を見ずに病気ばかりを見て気持ちが通じなくなったり、偏見が生まれたりすることが残念です。

私の患者さんで風呂に入らない男性がいました。**入浴拒否は認知症に多い行動の一つ**で、娘さんは衛生面から何とか入浴させようとしても強く拒まれ、辟易します。すると中学生の孫が祖父を銭湯に誘いました。幼少のころに祖父と銭湯に行ったことを思い出したのです。男性はすんなり銭湯に行き、孫の背中を洗ってやり、ごきげんで帰ってきました。

かつて「痴ほう」と呼ばれた認知症は、昔は人生のごく普通の過程と捉え、家族の中では少々おかしな言動も「しょうがないな」と受け入れられていました。孫もそう受け止め、本来の**祖父を見失わずに**いたのです。

「介護は家族が」に捉われない

認知症の困った行動、BPSDの原因の一つは介護者のストレス。家族のストレスも本人に伝播するのです。「介護は家族がすべき」と思う人も少なくないようですが、介護は本人のできないことをサポートすることで、**大事なのは誰がするかではなく、サポートが行き届くことです**。それを家族だけで行うことは大変です。特に認知症の場合、プロの介護スタッフのほうが効率よくできることもあるのです。子ども世代にとって大切なのは自身の生活であり人生です。それゆえに**親の介護は介護のプロや施設とシェアすべき**です。

その代わり家族にしかできないこともあります。それは「家族の絆」。けんかばかりでもいい。「下の世話は無理だよ」というならそれでいい。うそのない親子の絆が何より不安な気持ちを救います。正しい介護ではなく、最期のときまでの限られた時間をいかに楽しく安心して過ごさせてあげられるかを、考えてみてください。

アルツハイマー10年選手のウチの母②

生活・医療ライター 斉藤直子の場合

神経衰弱は無理でもババ抜きはできる！ 献立は立てられずとも包丁使いはお見事！

認知症診断から3年目頃、母の記憶障害は着実に進んでいるのがわかりました。数分前に交わした話の記憶が煙のように消えてしまうのです。わかっているのについ「さっき言ったじゃん！」を連発してしまう。認知症の人には禁句といわれるけれど、記憶が消える感じを理解するのも簡単ではありませんよね。でももっと難解なのは「消えない記憶」もたくさんあること。家族旅行でのこと。私の娘がこともあろうにトランプをやろうと言い出し、焦る私を後目に母は「ババ抜き」を難なくクリア。ルールもババを取らせる駆け引きも問題なく、ババを取らせて大爆笑。記憶が頼りの「神経衰弱」ならこうはいかなかったでしょうが、正直、認知症の母が、まだまだゲームを楽しめることに密かに驚きました。

同じ頃、料理を行うデイサービスの取材に母を同行しました。自分で食事が作れず激ヤセして命からがらサ高住に転居した母が、見事な包丁さばきで寿司ネタを切ってみせたのです。母も誇らしげで嬉しそうでした。何ができて何ができないのかがわかりにくいのが認知症の厄介なところですが、できないことより、できることを探して驚くほうが、間違いなく未来は明るいんですよね。

もしかして…と思ったらすぐ頼ろう

身近にある介護支援

身近な人に認知症の兆しが見えると、
戸惑いや不安で家族も混乱して抱え込みがち。
しかしその家族の混乱も認知症を悪化させる要因になるのです。
認知症をよく知る専門家や数々ある支援策に頼り、
みんなに支えてもらう態勢が大きな意味を持ちます。
介護保険制度をはじめ、認知症診断を拒む本人に
やさしく説いてくれる支援、家族介護者の苦悩を
受け止めてくれる支援などぜひ頼るべき支援を紹介します。

第2章

住み慣れた地域の介護情報が集まる地域包括支援センター

Point

① 介護全般の身近なよろず相談窓口

② 医療・介護・福祉の専門職に出会える

親の居住地の地域包括支援センターを調べよう

認知症や介護が必要な状態になっても遠方の介護施設などに移らず、住み慣れた地域で暮らせるよう、医療、介護サービスなどを一体的に提供するため、身近な窓口として設置されているのが地域包括支援センター。歩いて訪ねられる場所、およそ中学校区域ごとに1か所、全国約5400か所（支所を含め約7400か所）が設置され、居住地ごとに管轄が決まっ

教えてくれた人

服部メディカル研究所所長
主任ケアマネジャー
看護師・社会福祉士
服部万里子さん

社会福祉協議会とは

社会福祉法に基づいて地域福祉を担う民間の非営利団体。生活支援などのボランティアをはじめ、認知症などで判断能力に不安がある人を対象に福祉サービスの利用援助や日常的な金銭管理などを支援する「日常生活自立支援事業」も行っている。各都道府県・各市区町村に設置され、地域包括支援センターとも連携している。

ていますので、まず介護に関する総合相談窓口である市区町村に連絡して管轄のセンターを確認しましょう。センターの窓口には医療相談などを行う「保健師」や「実務経験のある看護師」、障害や生活困窮などの相談などを行う「社会福祉士」、現場のケアマネジャー（介護支援専門員）への指導や地域作りも行う「主任ケアマネジャー」などの専門家が常駐し、介護保険の相談や申請、介護保険利用で必要になる居宅介護支援事業所の照会をはじめ、**「親の認知症が心配」、「遠方にいて親の介護ができない」など差し迫った相談など、介護に関することは何でも無料で相談できます。**

　高齢者にとって長年、慣れ親しんだご近所との気の置けないつきあいや支えは心強いものです。各地域のボランティアやコミュニティ、イベントなどの情報も揃っています。よい介護のためにもセンターへの相談がてら親の住む地域を歩いてみるのもおすすめです。

「地域包括支援センター」の役割

※名称は自治体により異なる場合も。

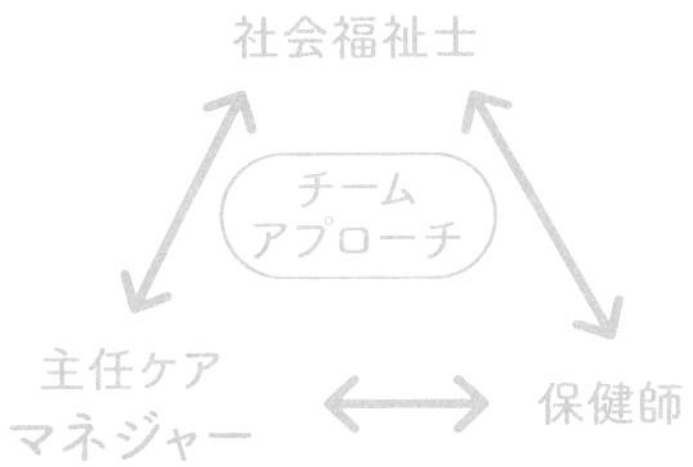

たとえばこんな相談も

- 親が引きこもりがち
- 親が認知症かも…
- 介護施設を探したい
- 介護保険って？
- 親の財産管理が無理
- 仕事で介護できない
- 介護離職どうしよう
- 成年後見制度って？

認知症ケアパスとは…

認知症発症予防から人生の最終段階まで、認知症の進行に応じた相談先、いつ・どこで・どんな医療や介護サービスが受けられるかなど、一連の流れをまとめた冊子。全国で約9割の各市区町村がそれぞれ趣向を凝らして作成。市区町村の高齢者福祉担当窓口か地域包括支援センターなどで無料配布されている。

東京都世田谷区で配布されている認知症ケアパス

本人の自立を支えるための介護保険

Point

①給付の形は「自立するための介護サービス」

②介護者目線ではなく本人目線の利用を

③保険利用で介護のプロとつながれる

「やってあげる」ではなく「自分でできる」を支える

認知症で生活に支障が出て困ったとき、ぜひ利用したい介護保険。ヘルパーが自宅に来て援助や介助を行う「訪問介護」、人との交流やリハビリができる「通所介護（デイサービスなど）」、車いすや室内に設置する手すりなどの「福祉用具貸与」といった専門的なサービスが一定の自己負担額で利用でき、何より心強いのは「ケアマネジャー（介護支援専門員）」を

教えてくれた人

服部メディカル研究所所長

主任ケアマネジャー

看護師・社会福祉士

服部万里子さん

介護保険とは…

要介護高齢者の増加、介護期間の長期化の一方で核家族化が進み、高齢者介護を巡る状況が変わってきたことから、２０００年に高齢者介護を社会全体で支え合うしくみとして介護保険法が施行。対象は40歳以上。40歳からすべての人に保険料負担が発生し、要介護認定を受けて介護保険サービスを利用するときに保険が適用になる。サービスの利

はじめとする介護や認知症をよく知るプロとつながれることです。家族だけで抱え込むより視野が広がり、本人の生活の幅も豊かになります。

しかし肝に銘じておくべきは、介護保険は本人に何かをやってあげるためのものではなく、本人が自立して生活するための支援ということです。自立とは「自分の生き方を自分で決める」ということ。介護する側は何かと先回りしてやってあげようとしがちですが、それでは本人を管理することになります。安全で効率的かもしれませんが、人としての尊厳が奪われかねません。**できないこと、やりたいことに手を貸して、本人が尊厳ある生活を主体的に営めるようにすることが介護保険の目的**です。

したがって介護保険を利用するときには、まず本人の意思や希望を第一に考えましょう。たとえば「好きな調理が続けられるよう訪問介護で調理の支援を頼む」「独居で引きこもらないよう体を動かす通所リハビリに通う」「トイレで立ち座りや服の着脱がスムーズにできるよう福祉用具で手すりを設置する」など、どんな助けがあれば本人らしい暮らしが続けられるかを考える。ケアマネジャーも一緒に考えてくれます。そして何より本人に聞くことが重要。認知症になると意思を伝えるのが苦手になりますが、まったくできなくなるわけではありません。わかりやすい言葉で丁寧に何度も説明し、意向を聞きましょう。

用者は年々増加中（2021年度約638万人）。

「本人の自立支援」は介護保険法の条文にも

介護保険法には第一章総則第一条で「本人が尊厳を保持し、能力に応じて自立した日常生活を営めるようにする」目的とともに、第四条で「国民も自ら要介護を予防するため健康の保持増進に努め、要介護になっても能力の維持向上に努める」努力及び義務が明記されている。

介護保険を使うには申請が必要。主治医の確認も

介護保険は公的健康保険と違い、保険証を持っているだけではサービスは使えません。必要になったときに申請する必要があります。

まず65歳になると市区町村から送られてくる**「介護保険被保険者証」（介護保険証）を提示して、本人の住民票のある市区町村の窓口に「要介護認定」を申請する**と、専門の認定調査員が本人を訪問し、聞き取り調査をします。またここで重要になるのは申請書にも記載する「かかりつけ医（主治医）」。市区町村からの依頼でその医師が「主治医意見書」を作成しますが、今後、介護保険サービスと連携して本人を支えていくことになるので、この機会に親が長年通うかかりつけ医を確認しておきましょう。いない場合は市区町村指定の医師の診察を受けて意見書を書いてもらいます。

これらをもとに約1か月後、要支援1、2、要介護1〜5の7段階（非該当の場合も）の認定結果が市区町村から通知されます。

要介護認定後、**在宅で介護保険サービスを使うときは「ケアプラン」（介護サービス計画書）が必要**になります。プランを作成するのはケアマネジャー。所属する居宅介護支援事業所と契約し、作成を依頼します。

特定施設とは…

特定施設は介護保険法で定められた基準（人員、設備、運営）を満たし、都道府県知事などに届け出て事業指定を受けた介護施設のこと。対象となるのは民間の有料老人ホーム、公的施設の軽費老人ホーム（ケアハウス）、養護老人ホームで、「介護付き」（介護付き有料老人ホームなど）という名称が目印。ここに入居して受ける介護サービス（特定施設入居者生活介護）は介護保険の適用になる。

地域密着型サービスとは…

中・重度の要介護状態や認知症になっても住み慣れ

主な介護保険サービスは大きく5種類（P47参照）。①自宅に来てもらって受けるサービス。②施設などに送迎付き・日帰りで出かけて受けるサービス。③本人が施設などに短期間宿泊し、家族の介護負担軽減（レスパイトケア）も図れるサービス。④従来のサービスの枠組みを超えてきめ細かく柔軟に対応するサービス。⑤公的介護施設に入所して受けるサービス。要介護度により使えるサービスや保険適用になる費用の上限が決まってい

介護保険サービスを使うまで

●65歳で「介護保険被保険者証」が送られてくる ※必要になるときまで大事に保管。

↓

●本人の住民票がある市区町村の窓口に申請

介護保険被保険者証を提示（本人が40〜64歳の場合は健康保険証）。

↓

認定調査員による聞き取り調査。

↓

かかりつけ医の意見書（主治医意見書）と合わせて介護認定審査会で判定を行う。

（ここまで約30日）

※認定調査・意見書作成の費用は無料。

↓

●市区町村が要介護度を決定

要支援1、2、要介護1〜5（非該当の場合も）
初めての認定は有効期間6か月。以降は基本1年、市区町村が認める場合は3か月〜4年の月単位で更新認定の調査が行われる。

↓

●「ケアプラン」を作成し、介護保険サービスを開始

要介護1以上は居宅介護支援事業所（所属のケアマネジャー）へ作成を依頼。要支援の場合のケアプラン作成・居宅介護支援事業所の照会は地域包括支援センターへ。

た自宅や地域で暮らせるようにとの目的で2006年から導入。事業者と同市区町村の住民が対象できめ細かく柔軟なサービスが受けられる。

通常の訪問介護では難しい短時間・一日複数回訪問を叶える「定期巡回・随時対応型訪問介護看護」、入浴・排泄・食事などの介護を夜間にも対応する「夜間対応型訪問介護」、通い・訪問・泊まりを組み合わせて利用できる「小規模多機能型居宅介護」のほか、認知症に特化した小規模な介護施設「グループホーム」、地域密着型や認知症対応型デイサービスなどもある。

るので、本人の状態や希望、家族の状況なども合わせて目標を設定し、プランを作成。サービス開始後もケアマネジャー、本人、家族、サービス提供者らが集まり「サービス担当者会議」を開催し、サービスが本人に合っているか、満足度はどうかの確認や調整が行われます。利用する各サービスは自己負担額分の費用がかかりますが、ケアプラン作成費用は無料。

病気の療養も介護の力が支える在宅が中心

若い世代にとって医療の場といえば病院やクリニックですが、**認知症をはじめとする高齢者の医療は在宅が中心**になります。ケガや病気の急性期に入院をしても、点滴や酸素吸入から看取りまで病院でできることは基本すべて在宅でもできるので、療養は生活の場で行うようになっています。

そこで重要になるのが訪問診療と訪問看護（「第6章」参照）。訪問診療は医療保険のサービスですが、介護保険では医師、歯科医、薬剤師、管理栄養士、歯科衛生士などが定期的に訪問して指導をしてくれる「居宅療養管理指導」が使えます。また高齢になると体力の維持だけでも大変なので、理学療法士、言語聴覚士、作業療法士らによる訪問リハビリも重要。健康面を支えるのも医療と連携して介護の役割は大きいのです。介護保険サー

5分100円の生活支援サービスも

介護保険サービスでは行き届かないちょっとした手助けがあると、認知症や要介護でもより生活はスムーズになる。電球交換や瓶の蓋開けなどの手助けが5分100円～頼める「100円家事代行」や「たすかるサービス」を展開する株式会社御用聞きをはじめ、地域の介護事業所などが独自に行っている。市区町村や地域包括支援センターに問い合わせを。

みんな家族に迷惑をかけたくない！

全国の40歳以上を対象にした調査（厚生労働省「高齢社会に関する意識調査」

■御用聞き
https://www.goyo-kiki.com/

ビス、在宅医療はともに、独居でも家族同居でも使えます。

介護保険が創設された2000年頃はまだ「介護は家族がすべき」との価値観が根強く、「家族が背負う介護を社会全体で担う」という目的で介護保険制度が始まりました。今や高齢者の生活形態は独居や老夫婦世帯が多くを占め、老親介護に対する価値観も多様化していますが、親は人生の先達。親の介護も「次に自分が認知症や要介護になったらどうしたいか」という視点で考えて、介護保険サービスを吟味してみてください。

2016年）で、「どこでどんな介護を受けたいか」を聞いたところ、もっとも多かったのは「家族に依存せず自宅で介護サービスなどを利用する介護」37・4%。次いで「自宅で家族中心の介護」18・6%「家族と介護サービスを組み合わせて」17・5%だった。

介護保険でできる主なこと

ケアプランの作成（居宅介護支援）

①〜⑤はP45本文中に対応。

自宅で受けるサービス①

訪問介護（ヘルパーによる家事援助など）
訪問入浴（浴槽を持ち込んで入浴介助）
訪問看護（看護師によるケアや診療の補助）
訪問リハビリ（理学療法士・作業療法士・言語聴覚士による）
福祉用具貸与（車いすなどのレンタル）
居宅療養管理指導（医師、薬剤師などによる療養の管理・指導）

通いで受けるサービス②

デイサービス（通所介護）
デイケア（通所リハビリ）

泊まりで受けるサービス③

ショートステイ（短期入所生活介護）

泊まりで受けるサービス④

定期巡回・随時対応型訪問介護看護
※24時間365日随時受けられる。

夜間対応型訪問介護

小規模多機能型居宅介護
※通いを中心に訪問・泊まりにも対応。

住居・施設（公的介護施設）⑤

特別養護老人ホーム（介護老人福祉施設）
介護老人保健施設（老健）
グループホーム（認知症対応型共同生活介護）
介護療養型医療施設（2024年３月廃止予定）
介護医療院
特定施設入居者生活介護
※指定を受けた特定施設での生活介護など。

家族と二人三脚で伴走する介護の専門家ケアマネジャー

Point
① ケアマネジャーとは積極的に話し合いを
② 不満や考えの違いがあれば変更もできる

ケアマネジャーは大事な助っ人

ケアマネジャー（介護支援専門員）は要介護認定を受けた人に対し、介護保険サービスを組み合わせてケアプランを作成し、各サービスの提供事業所、医療機関、市区町村などとの連絡や調整を行う介護保険利用のサポーター。心身の状態、困りごとを本人と家族から聞き取り、本人が希望する生活をともに考えてくれます。保険や介護の知識はもちろん、地域にあ

教えてくれた人
服部メディカル研究所所長
主任ケアマネジャー
看護師・社会福祉士
服部万里子さん

訪問介護で活躍する「サービス提供責任者」

ホームヘルパーが訪問して行う訪問介護で、ケアマネジャーが立てたケアプランに基づき、ヘルパーへの指示や指導、スケジュール調整などを行うのがサービス提供責任者（サ責）。ヘルパーが所属する訪問介護事業所に所属する。サービスや担当するヘルパーについて本人や家族の細かな要望は、ケアマネジャーのほかサ責に伝えるのも有効。

るコミュニティなどの幅広い情報を駆使してフットワークよく動き、いかに本人にとってよい介護をコーディネイトできるかが真価です。

ケアプランはその人らしい自立生活を守ることが大きな目的。本人の性格や趣味、人生観などもケアマネジャーにとって貴重な情報です。「キーパーソン」の家族とは二人三脚で本人を支えていくことになるので不安や疑問は気軽に相談し、家族から伝えられることは積極的に話しましょう。

よいケアマネとの出会い、口コミも参考に

ケアマネジャーの選任は、在宅で介護保険サービスを使う場合、居宅介護支援事業所を市区町村の窓口や地域包括支援センターなどに照会し、原則、利用者が事業所を選んで契約し、所属のケアマネジャーに依頼します（特別養護老人ホームなどへ入所の場合は施設所属のケアマネジャーが担当）。ケアマネジャーにも経験や得意分野により個性があり、どんなケアマネジャーと出会うかで安心感も違います。地元で介護保険を利用している人の口コミを参考に事業所やケアマネジャーを探すのもおすすめ。また**依頼した後でもケアマネジャーを変えることが可能**です。変えたい理由をよく整理して事業所や地域包括支援センターに相談を。

介護のキーパーソンとは…

ケアマネジャーや主治医などに対し、家族、親族の意向をまとめて窓口となる代表者をキーパーソンと呼ぶ。介護や医療について家族側の意見がバラバラでは方針が決まらず、結果、本人にとっても不安な状況に陥ることに。介護が始まったらまず、家族、親族間で役割分担を考え、キーパーソンを決めておこう。

診断・介護拒否！で困ったら
認知症初期集中支援チームに相談

Point
① 認知症は早期に医療・介護が介入すると経過がよい
② 医療・介護の専門職のほうから家に来てくれる
③ 専門家の視点が家族の視野を広げる

教えてくれた人

東京都世田谷保健所
玉川保健相談課長
保健師
認知症初期集中支援チーム員研修講師
髙橋裕子さん

桜新町アーバンクリニック
在宅医療部作業療法士
認知症初期集中支援チーム員
村島久美子さん

認知症が進むと新しいことへの適応が難しくなる

「認知症の兆候があるのに受診を拒否」「診断はされたけれど介護サービスを拒む」など、介護以前の段階で困っている家族も少なくありません。そんな本人や家族を支援するのが認知症初期集中支援チーム。全国の市区町村にあり、地域包括支援センターをはじめ、診療所、病院、認知症疾患医療センター、市区町村などに設置され、介護保険申請前でも利用が可能

認知症サポート医　かかりつけ医の認知症診断・診察に関する助言・指導を行う。
認知症疾患医療センター　認知症の専門的な鑑別診断など、地域の認知症医療提供体制・連携の拠点。
認知症地域支援推進員　地域の実情に応じて医療機関、介護サービス事業所などをつなぐ。本人・家族への連絡を行う。保健師、看護師などがあたる。

で、本人自らこの支援を利用したいと相談に来られるケースもあります。

まず家族などからの相談により、認知症サポート医、看護師・保健師・作業療法士・介護福祉士・社会福祉士・精神保健福祉士などで構成されるチームから、複数の専門職が本人、家族の元に出向いて面談し、本人・家族の希望を聞き、状態を評価。必要に応じて受診や介護保険申請、介護保険サービスにつなげたり、本人の自立生活や家族の介護について提案したりします。集中的におおむね6か月間。相談や訪問は無料。自らSOSを発信しにくい人に支援を届けるアウトリーチが特徴です。診察や介護サービスを拒む理由はさまざま。**認知症に対する恐れや不安はもちろん、症状により困る場面があっても忘れてしまい、「今困っていないから受診や介護は必要ない」と真剣に言う**ケースもあります。家族が無理に説得するより、専門家が認知症のことを丁寧に説明することで、気持ちがほぐれ前向きになるよう。頑なな場合でも辛抱強く話を続け、場合によっては、最初は娘や息子の友人として、日常的な話から少しずつ信頼関係を築くこともあります。

認知症初期集中支援の仕組み

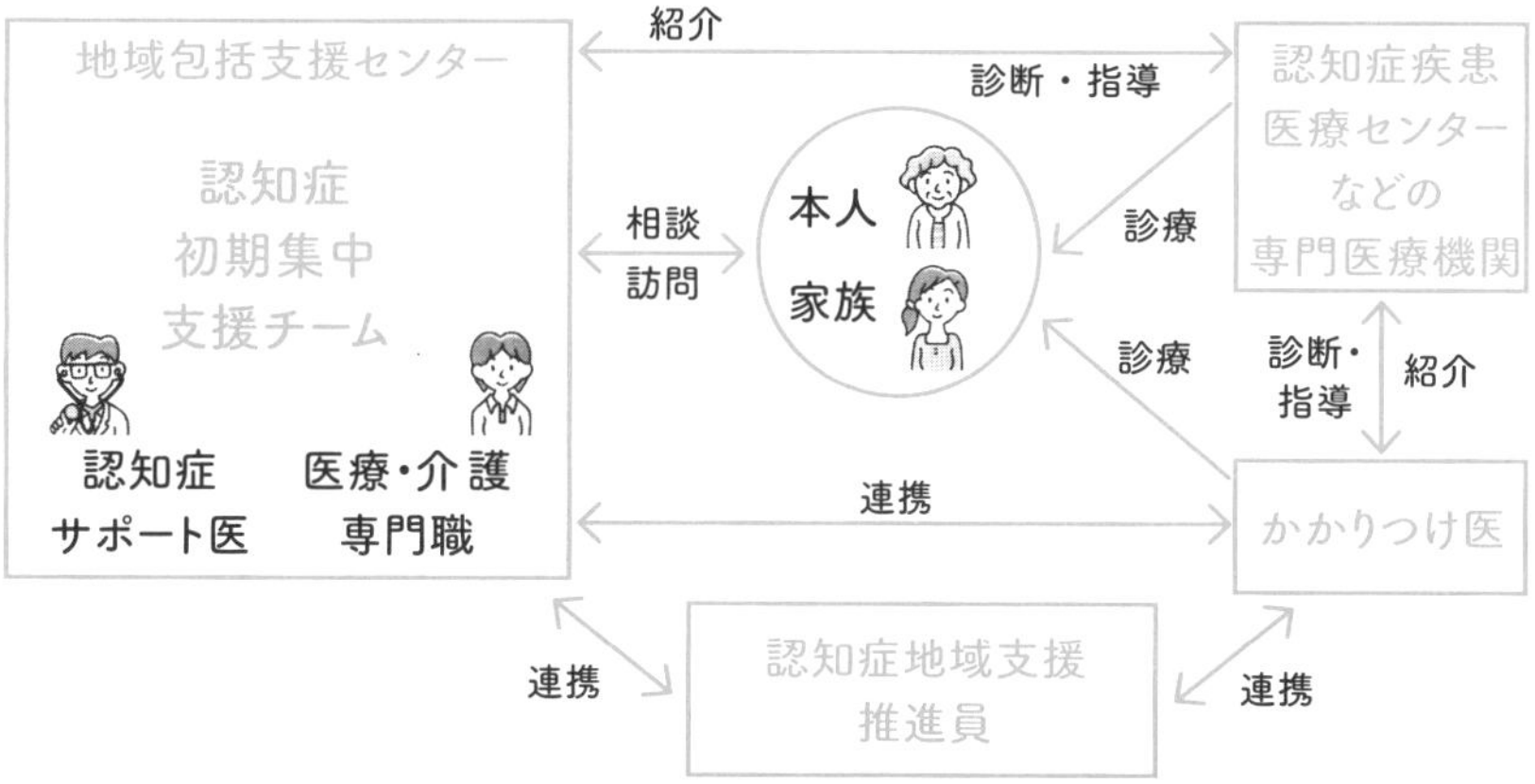

これも認知症や高齢者をよく知る専門職ならではの力です。

認知症はできるだけ早い段階で医療や介護が介入することで、進行が緩やかになり、経過もよいことがわかっています。また進行すると新しいことへの適応力も低下しやすいため、本人を支えるための介護サービスなのに、本人自身が適応できずに困難になることがあります。能力がたくさん**残っている段階からサービスや人の手助けに慣れておく**ことも、自立生活を続けるためには大切なのです。（髙橋裕子さん）

専門家たちの視点が生活の工夫の参考になる

医療者と介護の専門職がチームを組むことで、本人の状況を医療・生活の幅広い視点から見極められることも認知症初期集中支援チームの利点。たとえば**持病が認知機能の低下を助長していないか。記憶障害で受診や服薬が滞っていないか。さまざまな機能不全の発端になる脱水に気づかずにいないか。詐欺などに巻き込まれて苦しんでいないか**など。

生活の中で少しでもできないことや失敗があると、家族は認知症を心配して行動を制限し、本人も自信を失い、そこで本人の生活が滞ってしまいます。作業療法士などの専門職は「できない・失敗」の原因を、認知症だ

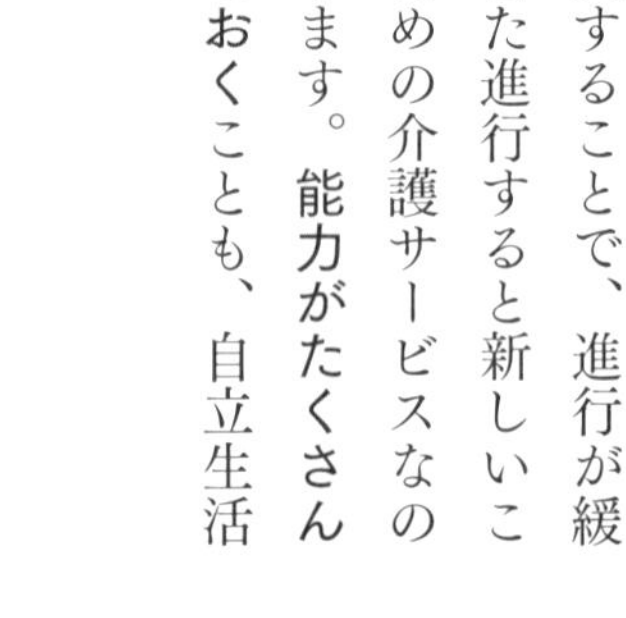

認知症で着替えができなくなったら…

「季節に合った服装ができない」「毎日同じ服ばかり」などは、家族の目にもつきやすい変化。認知症のせいだとすぐ諦めがちだが、作業療法士なら、認知症の影響で◎季節がわからない◎着るべき服がどの引き出しにあるかがわからない◎服を選ぶ気力がない。ある

けでなく他の病気や高齢によるものなど広い視野で捉え、工夫の積み重ね（作業療法）で本人が自分でできることを目指します。（下段も参照）

　認知症に戸惑う家族にとっては視野を広げ、家族介護の参考にもなるでしょう。また家族だからこそ見失いがちな本人の「まだまだできる能力」に気づくきっかけにもなります。（村島久美子さん）

医療・介護の両面から支えることが重要

　認知症は脳の疾患や老化などによる脳の変性が原因で、進行すると全身機能にも影響してくるため、介護だけでなく内科的な医療サポートも欠かせなくなります。原則、医師は診療科目を問わず認知症の基礎知識を持ち、診療もできます。また最近では認知症診療や本人・家族を支える知識・技術を習得するための「かかりつけ医認知症対応力向上研修」を受ける医師も増えています。多くの高齢者がかかりつけにする診療所と認知症専門医療機関、地域包括支援センターも連携して、住み慣れた地域で包括的に支える体制が整いつつあります。認知症や介護がどの段階でも、かかりつけ医や地域包括支援センターに気軽に相談してください。（高橋さん）

いは高齢の影響で◎腕が思うように上がらず高所の引き出しに手が届かないなど、広い視点で分析。本人を観察し、丁寧に聞き取りをして原因を探り、たとえば中身を絵と文字で表示して引き出しに貼ったり、使いやすい位置の引き出しに季節ごとに服を入れ替えたりすることでまた自分で選んで着られる可能性が広がる。家族ならではの視点で工夫もできそうだ。

ストレス・悲しみを見過ごさないで頼ろうケアラー（家族介護者）支援

Point

①家族介護者は自分の疲弊に気づきにくい
②悲しみや喪失感は情報では癒やせない
③プロの傾聴や同じ立場の仲間、話せる先を持つ

「家族だから苦労は当たり前」はNG

家族にとって介護は、要介護者本人の状態の程度に関わらず、独特のつらさや悲しみがあります。実質的な介護はプロに任せていたとしても、医師、介護専門職などと相談や交渉をし、同居なら常に気遣いながら暮らし、別居でも定期的に電話をかけたり様子を見に行ったりと、気づかぬところで自分の時間を大きく割き、心を砕いています。また認知症による変化に

教えてくれた人
介護者サポートネットワークセンター・アラジン
森川恵子さん
聖徳大学
心理・福祉学部
心理学科教授
公認心理師
北村世都さん

地元の介護者支援を探しておこう

家族介護者が集っておしゃべりや情報交換ができる「家族会」（名称はいろいろ）は地元の地域包括支援センターで教えてくれる。また介護者支援団体もさまざまな語らいの場や情報の提供をしている。

動揺し、心にもなく**老親に声を荒らげてしまうことに傷つく人**もいます。自分の勤務先の無理解、相談先があってもうまく相談できない、将来に対する不安、経済的な不安など、表に出にくく理解されにくいさまざまな困難が立ちはだかるのです。

そのつらさを「家族だから当たり前」と思ってしまうのが大きなリスク。

追い込まれると目の前にある大切な情報も見えなくなります。**はたから見るといくつも選択肢があるのに「もうどうにもならない」という心境**になるのは多くの家族介護経験者も語るところ。社会問題にもなっている介護離職もそんな境地の人が多いようです。

在宅介護を担う人だけでなく、親の衰えをいつも心配するようになったら、「自分はケアラー（家族介護者）なのだ」と自覚することが大切なのです。（森川恵子さん）

■介護者サポートネットワークセンター・アラジン

介護者のための電話相談、介護者が集う「娘サロン」「息子サロン」ほか介護を終えた家族が集まるサロンも開催。

■認知症の人と家族の会

電話相談のほか、「介護家族の会」「本人・若年のつどい」「男性介護者のつどい」など全国47都道府県にある支部でそれぞれに開催している。

■ケアラーズ・コンシェル

介護離職ゼロを目指すワーク&ケアバランス研究所の活動「働く介護者おひとり様介護ミーティング」参加者から生まれた情報発信サイト。チャット相談やオンラインカフェも。

■介護者サポートネットワークセンター・アラジン
https://arajin-care.net/
■認知症の人と家族の会
https://www.alzheimer.or.jp/
■ケアラーズ・コンシェル
https://carers-concier.net/

「つらい」の正体を見極めて

介護のつらさ、悲しさの中には二つの精神状態があります。一つは、やり方がわからないなど比較的わかりやすい「ストレス」。もう一つは長い歴史を共有する親が老い衰え、コミュニケーションも危うくなることによる「喪失感」。実親の場合はこの二つが絡み合い、怒ったり悲しかったりと複雑。距離のある義理親ならストレスがメイン。また親より長く暮らしを共有した夫婦の場合は、喪失感がさらに大きくなります。

現実的なストレスは、たとえば地域包括支援センターなどで必要な情報を得ることである程度解消できますが、喪失感は情報では癒やされません。介護サービスを利用すれば楽になるのがわかっているのに、つらくて先に進めないという事例も意外にたくさんあります。そんなときは情報を探すより、介護者自身が自分の癒やしを考えましょう。（北村世都さん）

話すことが癒やしに。つらさを分かち合える仲間を

喪失感を癒やすには自分の気持ちを話して吐き出すこと。そして話を黙

オンラインで親の介護を語ろう

コロナ禍を機に、家族会や認知症カフェなどの主宰者がＺＯＯＭなどのウェブ会議サービスを利用したオンラインの語らいの場を開催。自宅で参加できる気軽さ、遠方に住む家族介護者との出会いなど、オンラインならではのよさが次々に見出された。

実母の終末期介護をしな

って聞いてもらう「傾聴」が大切です。親しい友人でも介護の事情をあまり知らない場合、善意でアドバイスや励ましを返されることがありますが、実はそれではつらい気持ちは癒えません。同じ立場で同じ気持ちを経験している人同士で語り合い、自分のつらさを「わかってもらえた」と実感したり、相手に共感できたりするのがよいのです。最近は介護者支援の必要性が認識されはじめ、各地域で介護者同士が集い、語り合える「家族会」や「ケアラーズカフェ」も増えてきています。

また高度な傾聴技術をもつ公認心理師が、診療所や病院の心療内科のほか地域のカフェなどにも活躍の場を広げていくことが期待されています。さらに心理職を育てている大学のほとんどが市民向けに「心理相談室」を設けており、一般のカウンセリングより低料金で相談もできます。

老いも認知症も時を重ねるごとに進んでいくので、**老親介護は緩やかな喪失感の連続**です。そして自分もやがてこうなると切実に感じる。それが「人生の意味ある一コマ」か「絶望」か、正解はありませんが、どちらにもなり得ます。家族介護者にとっては自分の今後の人生を見直す好機でもあるので、自身の疲弊や悲しみともきちんと向き合い、自分を癒やす場や悲しみを受け止めてくれる人をもっておくことが大切です。（北村さん）

がら参加した女性は「画面越しだから自分の気持ちが素直に話せた。『わかるよ』と言ってもらえてフッと楽になりました」。また仕事のかたわら実母を在宅介護する男性は「母にしつこく今日の曜日を確認していたことが逆にストレスになっていたことを先輩ケアラーから学びました」。

仕事を辞めないで！避けたい介護離職

Point
① サービス、制度、仲間はすべて介護資源
② 情報を引き出すコミュニケーションが大事

離職につながるパニックは介護の初期に起こりやすい

親が要介護になるという初めての経験に先が見通せず、一歩も前に進めなくなる人は多いのです。当面の生活支援や煩雑な手続きに時間を取られて仕事に支障をきたし、「仕事を辞めるしかない」と思い詰める。そんなパニック状態で介護離職に走る人は少なくありません。離職をすれば経済的に苦しくなり、社会との接点も乏しくなって視野はますます狭まります。

教えてくれた人
介護離職防止対策促進機構代表理事
ワーク＆ケアバランス研究所代表取締役
和氣美枝さん

離職を避けるための「育児・介護休業法」

離職せずに家族の介護をするための、仕事と介護の両立支援制度がある。勤務先に育児・介護などに関する規則などが整っていない場合でも国の育児・介護休業法に基づいて利用できる。

そのうち「介護休業」は対象家族1人につき3回まで、通算93日まで休業できる。介護給付金の支給も。「介護休暇」は介護・通院の付き添い、介護サービス

実際、**介護離職をする人の多くが介護開始から1年以内**というデータもあり、初期のパニックの深刻さを物語っています。中高年からの離職では再就職が難しいのも実情。介護の後にも続く自分の人生を考えれば**「仕事や自分の生活を変えずに介護をする方法」**を模索すべきです。

介護初心者はわからないままではなく情報の整理を

まず地域包括支援センターに行きましょう。ただ介護初心者は何を相談すべきか、自分は何をわかっていないかもわからない。センターの職員は専門的な情報をたくさん持っていますが、相談に来た人の状況は知りません。「何とかして」と職員から困りごとを引き出してもらうのではなく、自分から必要な情報を取りに行く姿勢が大事。●親の状態、何に困っているか●家族介護者の仕事や生活状況、どこまで介護に割けるか●必要な支援●知りたいことなど、事前にこちらの情報を整理して臨みましょう。

介護保険サービス、「介護休暇」「介護休業」などの支援制度、苦悩の共有や情報交換ができる家族会などの介護者支援、介護を託せる施設などは、すべて介護のためのリソース（資源）です。これからの介護は資源を活用して、親と自分の生活を再構築するという心構えが大切です。

の手続き、ケアマネジャーとの打ち合わせなどのために、年5日（対象家族が2人以上は10日）まで、1日または時間単位で休暇を取得できる。介護休業などを理由に解雇、雇止め、降格などの不利益な扱いも禁止。問い合わせや相談は全国の都道府県労働局雇用環境・均等部へ。

語らって楽しんで「認知症」と向き合う場所 認知症カフェ

Point
① 認知症の人とそうでない人が楽しく交流できる
② 専門的なこと、日常のことも相談できる
③ 認知症でも自分らしく暮らせる街作りの原点

認知症の人が安心して相談し、くつろげる場

認知症カフェ（オレンジカフェ）は、認知症の本人、家族、地域住民、介護の専門職などいろいろな立場の人が集まり自由に語らう場。市区町村や地域包括支援センター、介護事業所、医療機関、ボランティアなどが運営していますが、介護保険サービスとは違います。**介護やリハビリの場ではない日常の場。**これが認知症の人にはとても大切なのです。

教えてくれた人
フォトグラファー
ジャーナリスト
『全国認知症カフェガイドブック』著者
コスガ聡一さん

認知症カフェ第一人者が伝えるカフェ情報

カメラマンとして認知症専門医に取材したことから「認知症の今」を発信する重要性を感じ、地道な認知症カフェの現地取材を続けているコスガ聡一さん。運営する『全国認知症カフェガイドon the WEB』では約6500か所の認知症カフェ情報の検索やコスガさんが自ら参加したレポート記事が見られる。

■全国認知症カフェガイド on the WEB
http://ninchishocafe.jugem.jp/

もちろん認知症のことを相談してもいいし、家族ならではの介護のコツ、地元の施設や病院のウワサ話、喫茶店で話すような世間話に花を咲かせてもいい。人の話に耳を傾けながらお茶を飲んで帰るだけでもいい。

普段あまり話さなくなった認知症の本人が、カフェでは自己紹介や世間話で盛んに会話を弾ませて家族を驚かせるということもよくある事例。介護を受ける場では出せない本来の能力を発揮できるのです。また家族介護者はほかの認知症の人の様子を本人やその家族から見聞きし、「うちと同じだ」「悩むことじゃなかった」などと気が楽になったりするといいます。

国の認知症施策推進5か年計画の一環として2012年から推進されて

街中の飲食店で気軽な認知症カフェ

認知症カフェの主催者が、一般のカフェやファストフード店などに協力を求め、より日常的な雰囲気の中で開催されるケースもある。2017年から始まった東京都町田市主催『Dカフェ』は、幅広い層に人気のスターバックス コーヒーの市内全9店舗で開催されている(コロナ禍はオンライン)。街に開かれた場所で開催されることで、認知症に関わりのない人にも知られ、自然とみんなで支える空気に。2019年には株式会社スターバックス コーヒー ジャパンと町田市の間で「認知症の人にやさしい地域づくりに関する包括的連携協定」も締結。

認知症カフェ

すももカフェ（千葉県船橋市）

古い団地の商店街の中にあるベーカリーカフェが会場。カフェ開催時には系列のグループホーム入所者（認知症の本人）がボランティアで接客や給仕を行い、合間にテーブルを回りおしゃべりも楽しむ。グループホーム入所者にとっては貴重な社会との接点。ベーカリーカフェの常連客、近隣の認知症の人も気軽に来店し、地域の仲間として話が弾む。

写真提供：株式会社コンフォートケア

いる取り組みでもあり、会場は通所介護（デイサービス）施設や公民館、個人宅などさまざま。カフェの数は毎年増加中で、全国約７８００か所もあります。月に1～2回、2時間程度の開催のところが主流ですが、毎日開いているところも。申し込み不要で参加できるところが多いようです。

内容は大別すると、相談や医療・介護の識者による勉強会を行う「家族会」系、体操や脳トレ、レクリエーションを行う「ミニデイサービス」系、認知症を問わず地域の多世代と交流ができる「コミュニティカフェ」系などがありますが、各カフェとも趣向を凝らし、独自の特色や雰囲気を持っています。市区町村の高齢者担当課や地域包括支援センターで、各地域で開催されている認知症カフェの情報が得られます。

源流は哲学カフェ。認知症をもっと身近に

日本の認知症カフェのモデルになったのはオランダの「アルツハイマーカフェ」ですが、さらに本質的な源流は１９９２年に哲学者マルク・ソーテがパリで始めた哲学カフェでしょう。愛や命など一つのテーマを語ろうと呼びかけると、フランス中でブームになりました。認知症カフェも発想は同じ。いろいろな立場の人がオープンな場で語り合うスタイルは、認知

福祉先進国オランダ アルツハイマーカフェ

オランダの心理学者ベレ・ミーセンが１９９７年に創始したアルツハイマーカフェが日本に紹介され、これをモデルに認知症カフェが各地に広まった。本場では「30分刻みで5部構成のプログラム」、「生演奏のBGM」、「平日の夜に開催」などの特徴があるが、日本ではこのスタイルを踏襲するより、各カフェが重い思いに個性を発揮するところが多く、今日のような多様な発展を遂げた。

症が本人や家族だけの困りごとではなく、社会で支えるもの、次に自分がなるかもしれないものとして考えるためにとても有意義。多くの人が認知症になるこれからの時代に大切な場です。

今は認知症発症後の経過が昔に比べて格段によくなっているのに、社会にはいまだに「寝たきりで人格も失われる」といったイメージが残っています。このギャップが埋まれば認知症になってももっと生きやすいはず。「5人に1人が認知症になる時代」ということは**自分を含めて友達5人の中の誰かが認知症になる**。そのとき、今までと変わらずつきあっていけるような世の中でありたいと思っています。

認知症カフェ

土橋カフェ（神奈川県川崎市）

地域住民の「認知症を知りたい」という声から認知症専門医・髙橋正彦さんが提案したおしゃべりメインのカフェ。認知症の人を含む住民、医師、介護の専門職、自治体職員など多いときで100人も集まる。世間話で認知症や介護のことを話せば隣り合わせた専門家が何気なく答えるといった日常的な雰囲気が魅力。髙橋医師も毎回私服で参加。

KIMAMA（東京都世田谷区）

地元で洋菓子作りを教えていた岩瀬はるみさん主宰。自宅リビングで開く『きままなスイーツカフェ』『ケアラーズカフェ』、近隣の区民センターで音楽やアート、講演などのイベントを行う『オレンジカフェ』と3つのカフェを開催。ケアラーズカフェには傾聴ボランティアや介護経験者がスタッフとして参加。岩瀬さんの手作りケーキも人気。

写真提供：KIMAMA

老親が幸せに暮らすために介護のプロから家族に提言！

同じゴールを目指す家族と介護専門職。老親が自分らしく暮らせるよう、最強タッグを組むために家族に伝えたいこと、知っておいてほしいこと、4人の介護のプロに聞きました。

介護保険の不便、声を上げて！

ヘルパーが行う介護は生活そのもの。本来なら本人とよくコミュニケーションをとるのが理想なのに、今の介護保険制度では分刻みで仕事をこなさねばならず、ゆっくり話す余裕もないのが実情です。介護保険はその複雑さゆえに本人も家族もお任せにしがち。自分事として関心を持って不便や不満、もっと声を上げていきましょう。（藤原るかさん／NPO法人グレースケア所属登録ヘルパー）

家族が語る本人像を知りたい！

一般的な介護情報や子どもの立場でよいと思うことが必ずしも本人にとってよいとは限りません。**ケアマネジャー**と家族は本人を中心にしたチーム。まず本人の話をしませんか？　趣味や性格、夢中だったことなど。本人にも聞きますが、家族の語る本人像を知りたいのです。ケアマネから見た本人像もぜひ聞いてみて。（矢尾眞理子さん／ケアマネジャー。一般社団法人マリーゴールド代表理事）

本人と家族主体で介護を考えて

親の介護は都度、不安がつきまといますが、ひと通り知っている**介護経験者**は強い味方です。初めは何でも知っている介護専門職に従うような姿勢になり、何かと介護保険ありきで進められがちですが、親がどう過ごしたいか、家族はどう支えられるかの視点を忘れないで。プロに敬意は払いつつ、そこはブレちゃダメです。（阿久津美栄子さん／家族介護者支援のNPO法人UPTREE代表）

保険の枠組み・時間・コロナと戦う
介護職たち…
担当者会議を始めます
ではまず…で その件は…
テキパキ
カタ…カタカタ
ゴーゴー
お風呂入りましょ

我々は仲間！ 互いに歩み寄ろう

訪問介護事業所としては言いにくいけれど、ヘルパーのスキルには個人差があり、また今の介護保険制度では、たとえば本人以外の食器洗いは皿1枚でもできない不合理が。ヘルパーと家族がもめる種はたくさん。でも忘れてならないのは、我々は本人の幸せを守るための同盟を組んだ仲間。不都合を言い合うより互いに歩み寄って改善を試みましょう！（吉田真一さん／株式会社でぃぐにてぃ代表）

あたふたイライラの家族たち
キーッ
忙しいんですよっ!!
わたくし、よくわかりませんので、よろしく。
イライラ
んもーっ!!
へらへら
スタスタ

アルツハイマー10年選手のウチの母③

生活・医療ライター　斉藤直子の場合

いつもの美容院や認知症カフェ地域に馴染みを持てる幸せ

　母が住むサービス付き高齢者向け住宅は私の家から自転車で10分。何かと世話ができるよう私の近所に来てもらったので、通院の付き添いはもちろん、美容院も同じところに通っています。最初は成り行きで仕方なく。でも母と一緒に歩くうちに私も地元の街歩きが楽しくなってきました。何が楽しいかといえば医者や看護師、美容師、道すがらに寄る喫茶店の店員さんも、みんな親しく母に声をかけてくれるのです。「今日のブラウス、素敵ね」「お母さん、このヘアカラー絶対似合うと思ってた！」などと言われ、母もニコニコ顔。その人のことは覚えていないけれど「向こうは自分を知っていてくれる」と、きっと実感できるのです。声をかけてくれる友人のいる街はなんて居心地いいのでしょう。仕事中心の人間関係しかない私も、初めてその嬉しさと心強さを知ったのです。

　コロナ禍で時々参加していた認知症カフェが長々休止になり、カフェの主催者が母に押し花付きのハガキを送ってくれました。母は差出人が誰か、わからなかったでしょう。でも自分に宛てた手書きの「お元気ですか」の文字から、旧知の友のような温かなものを受け取ったのではと思っています。

コツは本人の視点に立つ

悩ましい症状の上手な対処法

身近な家族を困らせる症状、
たとえばお金を盗られたと妄想して人を責めたり、
人が変わったように暴言を放ったり。
これらは周囲の人の態度や接し方が誘因になることも多く、
適切に接することで軽減したりすっかり消えたりすることもあります。
認知症の人の不安や焦りに「わかっているよ」という気持ちを伝え、
自信を取り戻してもらうコツもあります。家族の普段の接し方も見直し、
実践してみましょう。

第3章

異常行動と思って接すると逆効果
中核症状とBPSDの違いを知ろう

Point
① 今までできたことができなくなる中核症状
② できない不安やストレスで現れるBPSD

教えてくれた人
浜松医科大学
老年看護学講座教授
医学博士
鈴木みずえさん

周囲を困らせる症状の多くは接し方で軽減できる

認知症の症状には「中核症状」と「BPSD（行動心理症状）」の2種類があります。まず認知症の原因になる病気で脳細胞が障害され、その影響で認知機能が低下して起こるのが中核症状。認知症では必ず起こり、残念ながら努力して改善させることはできません。しかしBPSDのほうは周囲の人の対応や環境をよくすることで軽減、時には消えることもありま

「パーソン・センタード・ケア」と心のニーズ

その人の立場に立って行う認知症ケアの考え方をパーソン・センタード・ケアという。1980年代、イギリスの老年心理学者トム・キットウッドが提唱し、日本の介護現場でも取り入れられている。かつてのイギリスでも認知症になると何もわからなくなるという捉え方だったが、尊厳を欠くケアが状態の悪化を招くことに気づき、その人らし

す。というのもBPSDは症状というより本人の反応。中核症状のために日常生活の中では今までできていたことができなくなり、失敗が増えます。すると本人も不安になり、それを周囲から責められれば誰でも心乱れます。そんな不安な思いを言葉でうまく説明できなくなるのも中核症状の一つで、**そのもどかしさがストレスとなり、いろいろな行動や心理症状となって現れるのがBPSDです。**中核症状をきっかけに、本人の性格や環境、周囲の人との関係などによって出方には大きな個人差があります。

家族には認知症による変化がどれも異常な行動と映り、悲しい思いをするかもしれません。でもその思いに任せて行動を封じようとする「周囲の人本位」の対応が何より本人を傷つけ、症状悪化という悪循環に陥ります。病気の症状である中核症状はまず受け入れて、さりげなく助け、失敗しない工夫をしましょう。BPSDは「自信喪失」と「信頼する人との不協和」が必ず根底にあります。症状を封じるのではなく、どんなことができずに苦悩しているか、本人をよく見て想像しましょう。家族が本人の苦悩を知ろうと寄り添う態度が、何よりBPSDの予防・対策になります。

次項から主な中核症状、BPSDと支援・対処のヒントを紹介しますが、同じ方法でもその時々でうまくいったりいかなかったりします。諦めずに柔軟に、**トライ&エラー（試行錯誤）の精神が大切**です。

さを重視するケアが推進されるようになった。
トム・キットウッドは認知症の人は愛情を中心に次の「5つのニーズ」が満たされることで心がよい状態でいられると唱えた。
●心身ともにリラックスしてくつろぐこと、●自分は自分であると感じられること（アイデンティティ）、●人との交流や絆を感じること（愛着）、●自らの力で活動にたずさわること、●人の輪の中で共にあると感じられること。

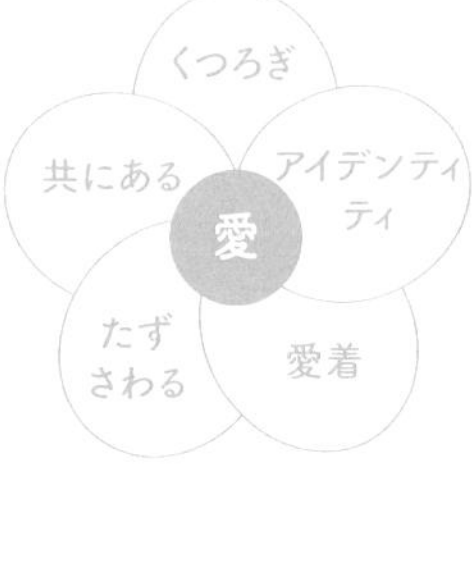

中核症状

数分前のことを覚えていない、何度も同じ話を繰り返す記憶障害

Point
① 出来事は忘れても「楽しい」「悲しい」感情は残る
②「忘れても大丈夫」という安心感を持ってもらう

新しいことは覚えられないが昔の思い出は残る

認知症といえば「もの忘れ」というイメージがあるかもしれません。アルツハイマー型認知症の場合は、脳に入ってきた情報を一時的に保管する海馬と呼ばれる部位が最初に障害されることが多く、「わずか数分前の出来事を覚えていない」、「ついさっき話した内容や質問を何度も繰り返す」といった症状として現れ、認知症に気づくきっかけになることもあります。

教えてくれた人
浜松医科大学
老年看護学講座教授
医学博士
鈴木みずえさん

加齢によるもの忘れとの違い

歳を取ると誰でも記憶の機能は衰え、人の名前が出てこないなどはよくあること。これは記憶していても取り出せなくなっているだけで、ヒントがあれば思い出せる。認知症による記憶障害は数分前のことを覚えていない、出来事の記憶がすっぽり抜け落ちるのが特徴。認知症の人でも、以前記憶したことは落ち着いて考えると思い出せることも

しかし何もかも一気に忘れるわけではありません。新しいことを覚えるのが苦手になりますが、認知症発症以前に覚えたことの中で、特に自転車の乗り方や道具の使い方など体得した「手続き記憶」や旅の思い出、仕事でがんばったことなどの「エピソード記憶」は比較的長く保たれます。(「第1章 アルツハイマー型認知症」も参照)また個人的に価値があると思っていること・ものについても記憶が残りやすいといわれます。

忘れたことは責めない。メモを貼る、定位置に置く

病気による中核症状ですから、もの忘れの失敗や同じ話を繰り返すことを責めないでください。本人にとっては指摘されるのもストレスで、もの忘れをより増長することにもなります。ここは重要なポイントです。同じ話や質問にはできるだけ笑顔で何度も繰り返し伝えて。家族がつらい場合は**さりげなく別の話を振って話題を変える**のも手です。随所に目立つメモを貼ったり、日用品は決まった場所に置くようにしたり、忘れても生活に支障がないような工夫を。また初期には本人も自身の「記憶障害」を認識し、不安と焦りを抱いています。「忘れても大丈夫だよ」というメッセージで、記憶障害があっても暮らせる自信を持ってもらいましょう。

多い。

「バカになっちゃった」

認知症の初期には本人が自分に起き始めた変化を自覚し、周囲が認知症を疑う前から悩み、不安に苛まれているという。「頭に霞がかかったよう」「バカになっちゃった」というのは異口同音に当事者から聞かれる言葉。一方で涼しい顔で自分の失敗を取り繕うことも多いのは、もの忘れなどを自覚し、それをカバーしてプライドを保とうとする必死の行動。本人も闘っているのだ。やさしい気持ちで寄り添って。

中核症状

時・場所・人がわからなくなり混乱する見当識障害

Point
① さりげない声掛けや工夫でわからない不安を支える
② どこまでわかっているか確認しないで

自分のおかれた状況がわからない不安を想像して

今が朝か夜か、夏か冬か、今いる場がどこか、今話している相手が誰か、自分とどんな関係か。時・場所・人がわからなくなるのが「見当識障害」。認知症の代表的な中核症状の一つです。

多くの場合、初期には時刻や時間の感覚がわからなくなり、約束を間違える、予定に合わせて準備ができなくなる、季節に合う服装ができないな

教えてくれた人
浜松医科大学
老年看護学講座教授
医学博士
鈴木みずえさん

時計、カレンダーは役に立つアイテム

時間や日にちの感覚が曖昧なとき、やはり時計やカレンダーは重要な手がかりになる。使い慣れたものもよいが、表示が目立つもの、音が鳴って気づきやすいものなどに変えてみるのもいい。今何時か、今日は何日か、予定はいつか、印をつけるなど目や耳で確かめながら、生活の流れやリズムを維持することが大切だ。

どの症状が見られます。続いて慣れた道で迷子になったり、自宅のトイレの場所がわからなくなったり、病院で受診していても病院にいると認識できなくなったり。さらに認知症が進むと目の前にいる人が誰だかわからなくなります。自分の年齢も曖昧になるので、息子を自分の夫と間違えるなど、家族が誰だかわからなくなることもあります。家族にとってもショックですが、本人は相当な不安のはずです。

曖昧そうな情報をさりげなく伝えて

「おはよう、朝だよ！」「そろそろ桜の季節だね」「さあ病院に着いたよ」「息子の○○だよ」など、会話の中にさりげなく情報を盛り込んで、**時や場所・人（誰か）の感覚が自然と得られるように工夫**しましょう。

ただこれらの症状には波があり、わからないときもあれば、翌日にはよくわかっていたりして、周囲の人を混乱させます。ついどこまでわかっているか、何がわからないかを確認したくなり、「わかる？」「この人誰だ？」などと聞いてしまいがち。本人はそんな言葉に自信と意欲をなくすのです。逆にわからないことをタイミングよくフォローしてもらえると安心と信頼がアップ。本人が自信を持って生活できるような伴走を。

トイレに「トイレ」と書くだけで…

見当識障害で自分の家のトイレの場所がわからなくなることはよくあるが、トイレとわかるような文字や絵を扉などに大きく表示するだけで難なく解決できることもある。トイレの場所がわからず排尿が間に合わなくて、泌尿器や認知機能に問題がないのに失禁という新たな問題を生むこともあるので、生活上の工夫は大切で有効なケアでもある。

中核症状

複雑なことが苦手になり、何かと時間がかかる

理解・判断力の障害

Point

① 伝えるときはゆっくり具体的に
② 返答は言葉が出るまでじっくり待つ

一度にたくさん、早口で言われると混乱する

脳が情報を処理する機能が低下して、理解し、判断して反応するまでにも時間がかかるようになります。特に一度にたくさんの情報や質問、選択肢、複雑で抽象的な内容を早口で投げかけられたりすると、理解しきれずすぐに反応できないので、何かと時間がかかるようになります。

また外から入ってくるさまざまな刺激の中から必要なことに集中する能

教えてくれた人

浜松医科大学
老年看護学講座教授
医学博士
鈴木みずえさん

選択肢は2択がベスト

本人の気持ちや意向を聞くために、具体的な選択肢を提示するのは有効だが、選択肢の数や内容が複雑だと混乱するので注意。「今日、デイサービスに着ていく服はどちらにする？」と、シンプルな質問で2択くらいなら、本人が集中できて機嫌よく選べる。

危険から守る・生活力を守る支え方

力も低下（「複雑性注意障害」）するので、騒がしい環境の中で話や作業をすると気が散りやすく、長時間かけて行うことに集中し続けるのが難しくなります。たとえば食事中にテレビがついていると気が散って食べることに集中できず、時間が長引いて箸が止まってしまうことも。食べる機能が衰えていなくても食事が進まない環境があることを知っておきましょう。

家族は自分のペースをスローダウン

通常、親しい人との会話には「一度にたくさん」「抽象的」「早口」など、認知症の人の苦手な要素がいっぱいです。そのためすぐに反応できずに「何もわからなくなっている」などと思われがちですが、それは違います。伝えることをゆっくりはっきり、具体的に。そして「早く早く」と急き立てないで、じっくり反応を待ってみてください。時間はかかりますが、何かしらの反応があり、通じていることもわかるはずです。また具体的にとは、たとえば**「今日は寒いから暖かい服装で」**では**「暖かい服装」**を思い**描くのが難しいので「セーターを着よう」**という具合に。

集中力が続きにくいことも考えて、落ち着いた環境の工夫を。家族は普段のペースをスローダウンするよう心掛けましょう。

判断力が低下してくると、たとえば台所仕事で包丁使いや炊飯器のスイッチを押すなどはできても、コンロの火にどんなリスクがあるかといった命に関わる判断が難しくなる。認知症を悪化させないためには家事など長年やってきた習慣はできるだけ継続したほうがよいが、横で見守る、ガスコンロをIH式に替えるなど、家族が要所要所のリスクを見極めたサポートも必須だ。

中核症状

「計画→準備→遂行」までができなくなる実行機能障害

Point

① 複雑、手順の多い作業が苦手になる
② 考えずにスムーズにできるような工夫を

次に何をするか、わからなくなる

夕飯の献立を考え、買い物に行って食事時間から逆算して下ごしらえを始める、留守中のテレビ番組の時間を確認して録画予約をしておくなど、日常生活の中では計画的に考え、準備や段取りをし、また複雑な家電などを操作して、目的を果たしていることがたくさんあります。認知症になると、個々の作業はできても、一連の流れとして統合・実行することが難し

教えてくれた人
浜松医科大学
老年看護学講座教授
医学博士
鈴木みずえさん

できないことを無理強いしないで

ひとつひとつの作業はできるのに完遂ができないとは、脳の障害とわかっていても実感として理解が難しい。「練習して鍛えればまたできるようになるのでは?」と、つい訓練のようなことを強制しがちだ。しかしできないことに固執されるストレスは家族が思う以上に大きく、BPSDを悪化させる引き金にもなる。できなくても「ま、いい

くなります。これは「実行機能障害」と呼ばれ、記憶力や集中力、理解力など、ほかの機能障害の複合的な結果としても現れます。

作業が複雑で手順が多いと次に何をするかわからなくなり、家事などの作業が遂行できない、整理整頓が苦手になって部屋が散らかる、服を下着から順に着る、ボタンを留めるなどがわからなくなり服装が乱れる、複数人での会話についていけなくなるといったことも見られます。また予定外の出来事に混乱しやすく、対応できないこともあります。

作業は一つずつ、手順を書いて表示も

体が動かないわけではないのにものごとが遂行できないと、自信も意欲も喪失しがち。苦手になった全体の段取りは家族や介護者が担い、たとえば「洗濯物をここに干して」「乾いた洗濯物をこのカゴに入れて」などと、できる作業を丁寧に探して細かくリードし、完遂を応援しましょう。

洗濯機など家電のスイッチを押す順番をわかりやすく書いて目の前に表示すると、それに従い操作できることもあります。また**翌日の着替えを、最初に着る下着から順番に重ねて置いておく**など、苦手になったことをカバーして、生活がスムーズに運ぶ工夫を考えましょう。

か！」とスルーする心の余裕と、できることを見つけて「できたね！」と喜び合うのがうまくいくコツと心得よう。

中核症状

話すこと・話を理解することが苦手になる失語（言語障害）

Point

① 本人の発信をじっくり待って受け取る
② 伝えるときは身振り手振りも使って

言葉のやりとりが難しくなり「これ」「あれ」が多発

音声を発する機能に異常がないのに言葉を話すことが難しくなったり、ある程度滑らかに話せるのに相手の話が理解できなくなる「失語」も、認知症の中核症状の一つ。言葉が出てくるまでに時間がかかり、言いたいことがあっても言葉でうまく表現できず「これ」「あれ」などを多く使うようになったり、相手の言ったことが理解できず、そのままオウム返しにし

教えてくれた人

浜松医科大学
老年看護学講座教授
医学博士
鈴木みずえさん

認知症が進行しても話のスイッチが入る

鈴木みずえさんが病院でケアにあたる中で、認知症が高度に進行して発語もほぼ失われたように見える人が、ふと言葉を発する場面があるという。

「音楽療法やタクティール®ケア（P106参照）などでリラックスした後、落ち着いて語り合うと、わからなくなってつらいと心情を吐露してくれることがあります。認知症が進んでも自

たり、会話がかみ合わなかったりする形でも現れます。また音を発する器官が障害されると、話し方がたどたどしくなることもあります。

言葉だけに頼らないコミュニケーションを

発語がしづらくなってきたら、家族や介護者の、注意深く聴く姿勢が大切です。表情や目の動きなどからも本人の気持ちに思いを馳せながら、落ち着いてじっくり待つと言葉が出てくることも多いので、同じ言葉をゆっくり繰り返すことで「ちゃんと受け止めている」ことも伝えましょう。

また**話しかけるときはゆっくり、シンプルに**。理解が難しくなってきているることを意識して、身振り手振りやジェスチャー、目に見える物を指すなど、伝える工夫をしましょう。

言葉を発しなくても思考が止まっているわけではありません。むしろ言いたいことを言葉にできない、相手に伝えられないもどかしさに苛まれているはず。私たちのコミュニケーションはまさに言葉を中心に成り立っていますが、改めてそこに障害があることを意識しましょう。言葉だけに頼らず、本人の気持ちを知る・本人に伝える方法を丁寧に探して、そこで通じ合えた喜びはひとしお。本人にとっては大きな自信と安心になります。

分の状況を理解し感情豊かであることを教えてくれるのも言葉。私たちはこんな場面を『話のスイッチが入る』と呼んでいます」（鈴木さん）

耳が遠くなって話が理解できない？

高齢になると少なからず誰でも聴力が衰えることも心に留めておきたい。認知症があると一部がよく聞き取れないだけで話全体が理解できなくなり反応できないこともある。難聴が認知症を悪化させるリスクも示唆されている。

中核症状

慣れた動作がうまくできない失行
目の前の物が何か理解できない失認

Point

① 複雑な障害の具合を理解して受け止める
② 介護やリハビリの専門職の協力も重要

慣れた簡単な動作ができなくなってくる

認知症が進んでくると、ものごとを正しく知覚したり道具を適切に使ったりする能力に障害が出てきます。「失行」は、身体や運動機能に支障がなくても箸でごはんを口に運ぶ、シャツの両袖に腕を通しボタンを留める、ハサミで紙を切るといった長年やってきた日常生活動作や道具使い、「バイバイ」と言って手を振るなどの社会的慣例の動作ができなくなります。

教えてくれた人
浜松医科大学
老年看護学講座教授
医学博士
鈴木みずえさん

白い器に盛った白いご飯がわからない!!

失認、失行があると、目の前に出された食事が食べ物と認識できず、食べられない状況になることがある。たとえば白い器に白いご飯が盛られていると微妙な色を見分けられずご飯を認識できないことも。色つきの器に変えたり、ご飯にふりかけをかけたりするだけで、知覚が助けられて食べられることもある。

また目の前で「ご飯おい

「失認」は、目の前の対象物を正しく認識できないことで、出された食事が食べ物とわからないことが。視空間失認が起こると物と自分との距離感や物の奥行などが正しく認識されず、ふらついて物にぶつかりやすくなります。また脳の片側に損傷がある場合は、「半側空間無視」と呼ばれる失認が起こり、視覚に支障がなくても、損傷と反対側の空間に注意が向かず、たとえば食事皿の左右片側しか食べないということも起こります。

専門職に協力を仰ぐ。家族は楽しむ機会を作って

家族にとってはさらに理解が難しく、生活上の動作が滞って困惑する場面もあると思います。どんなことが起こるかを知っておくことが大切です。低下しつつある機能の中で使える機能を探って正しく認識できるよう工夫するなど、専門的な知識や介護技術が必要になってきますので、医師、介護やリハビリの専門職（作業療法士、福祉用具専門相談員など）によく相談し、本人に必要な介護の指導や協力を仰ぎましょう。

できないことが増えても、「楽しい」「嬉しい」と感じる心があることを忘れないで。**音楽を聴いたり、絵を見たり、できることを楽しむ機会を作りましょう。**家族が笑顔で接することが何より力になります。

しいね」「みそ汁熱いから気をつけて」と一緒に食べる姿を見せると、自然に食べられることもある。

中核症状

暴力や社会ルールの無視などプロの助けが必須の脱抑制ほか

Point
① 言動の抑制や拘束は避け、周囲への根回しも有効
② 家族だけで抱え込もうとしない

人格が変わったような極端な言動が出てくる

理性や社会性を司る脳の前頭葉に障害が及ぶと社会的認知機能が低下。TPOを考えない言動をするなどの「脱抑制」行動、同じ行動を繰り返す「常同行動」をはじめ、社会のルールに反する行為（万引きや暴力、痴漢など）、自分や他者への無関心、過度なこだわり、過度な多幸感、情緒不安定などの形で現れます。すべての認知症がこの状態に至るわけではなく、

教えてくれた人
浜松医科大学
老年看護学講座教授
医学博士
鈴木みずえさん

時刻表のように動く認知症の常同行動

認知症による常同行動とは、毎日同じ時間に同じコースを歩く、同じ服だけを着る、同じものばかり食べる、同じ席に座りたがるなど、特定の行動パターンを繰り返すこと。

たとえば嵐の中でもいつもの散歩に出ないと気がすまないが、本人は自分で止められないので、むやみに行動を遮るとパニックになることがあるため注意が必

特に前頭葉、側頭葉が障害される前頭側頭型認知症（「第1章 前頭側頭型認知症」も参照）の症状として多く見られます。不安やストレスから生じるBPSDとは別の脳の機能低下による中核症状で、周囲の対応で軽減することは難しく、医療・介護の専門的なケアが必要になります。

家族は無理をせず、医療・介護のプロと連携を

人格が変わったように見える激しい言動はいずれも脳機能の低下で感情のコントロールが難しくなるためで、本人にも善悪の自覚はありません。家族にもつらいところですが、良き介護者になろうと無理をせず、本人と家族がそれぞれ穏やかに過ごすための視点で考えましょう。

行動を抑制されると大きなストレスになるので、**できる限り本人のしたいことができる環境を整え、行動範囲で関わりのある人には家族から説明して理解を求めましょう。**たとえば、お金を払わずに品物を持ってきてしまう場合は、後で家族が支払えるように店に相談し、うまくいっている事例もあります。症状に対する薬事療法や入院治療などの方法もあるので、家族だけで抱え込まず医療や介護のプロとよく相談を。本人が穏やかに過ごすために家族自身が疲れすぎないようセルフケアも大切です。

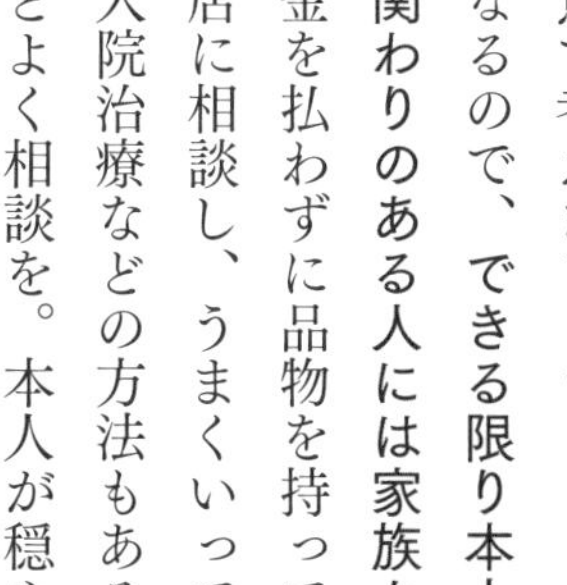

要だ。周囲や危険回避に配慮しながら本人が思うように行動できる環境を整えると、本人の気持ちや行動が落ち着くこともある。

BPSD

「盗んだでしょ?」などと疑いなじる妄想・もの盗られ妄想

Point
① お金が見当たらない不安に寄り添う
② できれば一緒に探して見つけさせる

腹が立っても冷静に、まず本人の訴えを受け止めて

アルツハイマー型認知症の初期に多く現れる「もの盗られ妄想」。現金などを盗られたと思い込み、身近な家族に激しい疑いの言葉を繰り返しぶつけてくる。疑われた家族が否定や説明をしても受け入れられません。「誰かにつけ狙われている」など被害妄想の場合もありますが、「身近な人に大切なものを盗られる」というパターンが多いのは、中核症状の記憶障

教えてくれた人
浜松医科大学
老年看護学講座教授
医学博士
鈴木みずえさん

直接対決は避け、他者に入ってもらう

「嫁が財産を狙っている」「娘に金を盗まれたから警察を呼んだ」などのもの盗られ妄想。ターゲットになるのは身近な信頼する人。疑われる家族が激昂するのも人情だ。関係を壊さないことを念頭に、ほかの家族やケアマネなどに相談して直接やり合わない工夫を。市販のキーファインダー(探し物発見タグ)などを財布につけるのも有効。

害で、自分がしまい込んだ場所を思い出せないことが一つ。もう一つ重要なのは、教え守ってきた子ども世代に助けられる立場になり、しかも自分でも不可解な認知症による変化に振り回されることで大きな自尊心の喪失があります。「情けない」「申し訳ない」と思う気持ちは家族が思う以上に深く大きく、認知症のBPSD全般にこのストレスがベースにあることを、家族は心に刻んでおく必要があります。

大きなストレスに見舞われると人は誰でも不安にとらわれておかしな妄想を抱くもの。認知症で脳の機能が低下していると、それを口に出して言ってしまう。追いつめられた気持ちでいることを受け止めましょう。

妄想の否定、事実の説得はＮＧ。不安に寄り添って

もの盗られ妄想では、人に迷惑をかけずに生活するためにもっとも頼りになる現金などが見当たらない不安、立場逆転で優位にいる子どもや嫁（がターゲットになる場合が多い）が盗ったと疑心暗鬼になる気持ちを汲み取る。また被害妄想の場合も「そんなことあるはずない！」などと妄想の内容を否定したり、妄想であることを説得したりせず、**「それは困ったね、心配だね」と本人が訴える不安を全面的に受け止めましょう。**

本人が問題解決を実感できる工夫を

妄想は本人にとっては事実で、言葉で否定や説明をしても押し問答になるだけ。「窓から誰かが覗いている」と訴えるなら現場に行って何もないことを確かめる。財布が見当たらないならできるだけ一緒に探し、もし家族が見つけてもうまく誘導して本人に見つけさせ、問題解決をともに喜ぶと安心できる。

BPSD

ティッシュ、食べ物、不要品まで大量に集める・しまい込む

Point
① 無意味なことだと説得しない
② 本人に気づかれないよう処理する

ティッシュなどをポケットや身の回りに大量にため込んだり、服を冷蔵庫に入れたり食べ物を洋服ダンスにしまい込んだり。傍から見ると意味がなく、不都合なこともある困りごとです。ベースには「記憶障害」や「理解力の障害」などがありますが、常に抱えた不安や寂しさも大きな要因です。たとえば新型コロナ禍で多くの人がマスクを買い占めたパニックを思い返せば、不安の中で何とか拠り所を得ようとする心境は理解できるでしょう。集める物やしまい込む理由はそれぞれですが、**本人にとっては大切な拠り所であることを受け止めましょう**。行動の意味を追求したり無意味だと説得したり、むやみに止めさせたりせず静かに見守って。不都合がある場合は本人に気づかれないようにそっと処理しましょう。

教えてくれた人
浜松医科大学
老年看護学講座教授
医学博士
鈴木みずえさん

とがめることで乱暴な言動にも

服のポケットにティッシュをため込んだまま洗濯して大惨事！　賞味期限切れの食品が大量にたまっていたり、汚れた衣類が冷蔵庫から出てきたり……症状とはいえ家族にとっては苦行のような試練の連続。しかし怒りのままに行動をとがめ、物を取り上げても、本人は理解できないどころか混乱し、収集への執着が増したり乱暴な言動に発展し

BPSD

昼夜逆転
夜中に起き出して動き回る

Point
①昼間の過ごし方を活動的に
②服用している薬を見直して

加齢により眠りは浅くなり、不眠は多くの高齢者の悩み。脳の機能が低下すると、昼に活動して夜は眠るというバイオリズムはさらに狂いやすく、認知症の人は昼夜が逆転しやすい傾向にあります。「見当識障害」などの影響で、夜中に目が覚めて「もう朝だ」と思ってしまうこともありますが、昼間アクティブに活動しないために夜の睡眠が不安定になり、不安から動き回るケースもよく見られます。睡眠は脳の機能に重要な役割を担い、特に記憶機能やうつとも関係しているので軽視は禁物です。

日中は体を動かしたり、人と楽しく交流したりして心身ともに活動的に過ごし、夜しっかり眠るという**生活リズムを意識して作りましょう**。また持病の薬の副作用として不眠になる場合も。医師や薬剤師にも相談を。

たりすることも。これもまた本人の苦しい叫び。ここは辛抱のしどころなのだ。

「たくさんあるよ」で得られる安心

認知症の高齢者が物をため込むのは、戦中戦後の物がない時代の不安で切羽詰まった心情がよみがえっているという説もある。家族は豊かな今の価値観で「無駄なことを」などと思ってしまうが、必死に集めて何か役立てたいという心情とも取れる。ティッシュを集めるのを制止するより「たくさんあるから大丈夫だよ」と安心を共有し、老親の心に思いを馳せてみては。

BPSD

外出先から帰れなくなる

道に迷う・徘徊

Point
① 迷子を責めずに外出した目的をじっくり聞く
② 安全に外出できる機会を作る

一人で出掛けた先で目的や居場所がわからなくなって混乱し、黙々と歩き続けてしまうことがあります。自分が若い時代にいるつもりで「会社に出勤する」「幼稚園に迎えに行く」といった理由で出掛けてしまうことも。家族としては目が離せず、施設入所を考えるきっかけになることもあります。ただ目的なくさまよっているわけではなく、本人なりの目的と意思で歩いています。認知症で自尊心が傷ついていることを受け止め、現役時代の自分を懐かしんで役に立ちたいと思った気持ちは否定せず、できるだけゆっくり話を聞いてあげてください。理解されたと思うと落ち着きます。

また認知症の人にとって外を歩くことはとても大切。人が付き添う散歩や介護サービスなど、**安全に外出する工夫を考えましょう。**

教えてくれた人
浜松医科大学
老年看護学講座教授
医学博士
鈴木みずえさん

活用！ 地域の見守り・SOSネットワーク

認知症の人が出先で行方不明になることを防ぎ、安心して外出できるよう、本人が住む地域や街の見守り体制を整える試みが全国の自治体で推進中。事前に登録すると、万一行方不明になったとき、警察、住民、商店、交通機関などの協力者（実施自治体によりさまざま）が連携し、捜索に協力してくれる。１９９４年北海道釧路地域が始めたの

BPSD

自宅にいても「家に帰りたい」何をするのもNOの介護拒否

Point
①「帰りたい」は不安と寂しさの訴え
②本人が理解できるよう丁寧に伝える

自宅や入居する施設にいるのに「家に帰りたい」と言うケースは実はよくあります。現状に対する不安感の表れ。認知症になる以前の、「自分の役割があった家に戻りたい」ということもあるようです。おかしな言動だと否定せず、**本人が帰りたい場所・時について話を聞いてください。**

また入浴や食事の介助、デイサービスなどを頑なに拒否するのは、介護者の一方的なペースに理解が追いつかないことも多いよう。「早く食べて」などと矢継ぎ早に指示され、理解や納得ができないまま介護者の都合で振り回される。当たり前の不快感をうまく伝えられないため不機嫌に拒むのです。理解するのに時間がかかることを考えて丁寧に接しましょう。また体調不良を伝えられないこともあるので注意が必要です。

「徘徊」という言葉を使わない自治体増加中

認知症の人が道に迷い、行先や目的を聞かれると記憶障害などのために答えられないこともある。かつて認知症は何もわからなくなるといった誤った認識から認知症の人が外出して帰れなくなることを徘徊と呼んだが、理解が進んできた今、認知症施策名などに徘徊という言葉を「ひとり歩き」などと言い換える動きが広がっている。

を皮切りに、各地で試行錯誤を重ねながら拡充中。自治体により名称は異なるが「見守り・SOSネットワーク」で検索を。

BPSD

人が変わったように攻撃的になる

興奮・暴言

Point
① 介護側の態度、言動を振り返る
② 落ち着いてからゆっくり話を聞く

ほとんどの認知症は病気が原因で攻撃的な人格になることはありません。それでも人が変わったように興奮したり暴言を放ったりするのは、多くの場合、耐えがたい屈辱感や悲しみをうまく伝えられない苛立ちが爆発しているのです。本人は認知症による機能低下を肌身に感じ、つらい気持ちでいます。そこへ、できないことを馬鹿にしたり、ダメな人扱いしたり、配慮のつもりで幼児に言うような態度をしていませんか？　認知症の人は理解などの速度は落ちても感情は豊か。むしろ感受性が敏感になる傾向もあります。本人と接するときの自身の態度を見直しましょう。本人がひどく興奮しているときは、家族や介護者も冷静ではいられないもの。**安全な場所で少し距離を置いて、落ち着いてからゆっくり話してみましょう。**

教えてくれた人
浜松医科大学
老年看護学講座教授
医学博士
鈴木みずえさん

激怒する背景に不調のいら立ちも

耳が遠いため大声で話しかけると、怒られているように受け取られて怒鳴り返されることがあるという。眼鏡や入れ歯が合っていなかったり、体に痛みやかゆみがあったり、日常的に続く微妙な不調にいら立ち、ささいなきっかけで怒りが爆発することもある。認知症の人は不調を的確に訴えることが苦手なので、周囲がいち早く気づいて、無用

BPSD

周囲への関心が薄れ、無気力になる

抑うつ・意欲低下

Point
①受け身一方にさせず、選択してもらう
②体調不良を伝えられない場合もある

認知症のためにできないことや失敗が増え、ふさぎ込んで閉じこもりがちになることがあります。周りが失敗を恐れて何もさせないとやる気も低下。また「実行機能障害」があると、何をしてよいのかわからず途方に暮れている場合も。受け身でいるとますます意欲は低下してしまうので、自ら動き出すきっかけを作りましょう。たとえば「今日の服は赤色？　青色？」「お昼はご飯とそば、どちらにする？」など自分で好きなほうを選ぶことが大切。自分の意思で動くことが増えると、自信を持てるようになります。また興味のあることに誘い、できれば一緒に楽しむとよりよいでしょう。便秘や不眠など、体の不調が原因で抑うつや意欲低下が現れることもあります。注意深く話を聞いて。

なストレスの回避を。

一緒に楽しんで笑い合うことが大切

次への意欲がわいてくるような楽しいことは、誰かと一緒に「楽しいね、おもしろいね」と笑い、共感し合うことで心にしっかり刻まれる。認知症でコミュニケーションがスムーズでなくなり、常に不安や寂しさを抱く人にとっては、家族には些細に思えるような共感が大きな喜びと安心になるのだ。

BPSD

髪型、服装、清潔感にも気を遣わず身だしなみが乱れる

Point
① 自分への関心が薄れる機能低下
② 鏡を見て「おしゃれ心」を喚起させる

元々はきちんとした人でも、髪型や服装などに気を遣わなくなることがあります。「実行機能障害」で身だしなみを整える行為も難しくなりますが、障害に伴う意欲低下の影響もおおいに関連。症状だからと諦めず、周囲から清潔感やおしゃれ心を持ち続けるよう、声掛けも大切です。

そのためにも身近に鏡を置くのがおすすめです。認知症の人に限らず、鏡を見る機会が減るだけで自分の身なりへの関心は薄れるもの。また髪型や服装は鏡で見て初めて自分で認識できるのです。**鏡を一緒に見ながら「この服は若々しく見えるね」「そろそろ髪を切ったほうがよくない？」**などと、本人の関心を呼び起こしましょう。自分で「やらなくちゃ」と思う気持ちが、機能を維持するための力にもなります。

教えてくれた人
浜松医科大学
老年看護学講座教授
医学博士
鈴木みずえさん

同じ服ばかり毎日着るのも……

認知症になってから同じ服ばかり着るということがよくある。実行機能障害の影響で何を着ればよいかわからない、服を選ぶ意欲が低下していることもあるが、こだわりが強くなり気に入った服を着ることで気持ちが安定することもある。家族は不潔にならないようにと、つい毎日着替えることを強いたくなるが、同じ服を着ることで安心を得るこ

BPSD

排泄物を触る弄便《ろうべん》
食べ物でない物を口に入れる異食

Point

① 排泄ケアをきちんとする
② 危険なものを身の回りに置かない

認知症が進行してくると、目の前のものが何かを認識することが難しくなってきます。おむつの中に排便して、気持ちが悪い感覚はあるので手を差し入れ、手についたものが便と認識できず、手近な壁に擦りつける（弄便）。また食品でないものを口に入れてしまう（異食）は、空腹からではなく、乳児のように口に入れて確かめる行為といわれています。かつて認知症についての理解が浅く、ケアが疎かだった時代に見られましたが、最近はかなり減ってきました。**排便のタイミングをよく見計らい、おむつを汚れたままにしない。紛らわしいものや危険物を身近に置かない**など、適切なケアで防ぐことができます。専門職にも相談しながら、できる限り本人のストレスを減らしましょう。

とがある認知症の人の心情も知っておこう。

身だしなみは社会との大切な接点

認知症の影響で疎かになりがちな身だしなみ。一方でファッション、ヘアスタイル、ネイル、化粧などを整え、楽しむことで脳がおおいに刺激を受け、認知機能やQOL（生活の質）の向上効果の検証も。「おしゃれしよう」という気持ちは人との関わりを意識し、ワクワクも秘めている。前向きに働きかけてみよう。

認知症の終末期に伴走 つらくても受け入れて前を向けるときは必ず来る

教えてくれた人
認知症の人と家族の会
神奈川県支部世話人
三橋良博さん

わかろうとして初めて妻に変化が

52歳のとき若年性認知症と診断された同い年の妻を介護して18年。今は特別養護老人ホームで寝たきり。会いに行けば目を合わせたり、「あー」と声を発したりしてくれるのが嬉しい。しかし終末期でもあります。

初めの頃は僕も自営の仕事が忙しくて、やはり仕事優先でした。昼間妻は家に一人ぼっちで、ある日帰ったら家の中が壊れていた。テレビは転がる、ふすまはビリビリの惨状。夜中に突然、殴られたこともあります。病気なのはわかっていても、なぜ暴れるのか理解できなくて、僕もとてもいら立ちました。

理由を知りたくて入会した「認知症の人と家族の会」で、『認知症の理解と介護』※という冊子を読んで初めて、いろいろなことがわからなくなっている妻の心を想像できた。不安で淋しかったのです。それから営業の仕事に行くときはいつも車の助手席に妻を乗せて回り、暴れたときにはハグをするようにしました。するとだんだん落ち着いてきた。症状があっても心が穏やかなのがわかりました。

知ることは大事。でも万能ではない

認知症のことを知り、本人の状態や気持ちを必死にわかろうとすることが大事だと思います。知らなければ「おかしくなった」と諦めるしかない。でも一つ理解しても、それで終わりではないのです。もの盗られ妄想や暴言、暴力。理解しようと苦悩してやっとわかったら、次は徘徊。踏切に入って電車を止めてしまい、慌てふためいたこともあります。入院して少し落ち着いたと思ったら、今度は言葉が出なくなり、嚥下障害になり、僕のこともわからなくなり……と、家族はいつまでたっても次々出てくる症状に翻弄されっぱなし。

とはいえ、そんな中でも落ち着くときはあります。いつも向き合っているとコツが何となく見えてくる。この言葉かな？　こんな態度かな？　それも万能ではないけれど、悪いときはいつまでも続かないということも学びましたね。

現実を受け止められるときは来る

妻の様子をブログで発信しています。特に認知症の初期の人や家族は「つらい」「見たくない」と言われます。でもずっと伴走して今に至った僕は、今、一生懸命生きている妻の姿が美しいと思う。僕が誰かはわからないけれど、奥で通じ合っていると、そんな気がする。

残念ながら認知症は進行する病気なので、将来を考えるとつらいこともあるかもしれません。でも向き合っていると、必ず受け止められるときがくることも知っておいてほしい。僕も「排泄の世話は絶対にできない」と思っていたけれど、そのときが来たら「今日はいいうんちが出た」と嬉しくなったものでした（笑）。時には目を背けることがあってもいいけれど、向き合い続けることが大事だと思います。

※冊子『認知症の理解と介護』（杉山孝博著）は
認知症の人と家族の会神奈川県支部で販売。

■ブログ「若年性アルツハイマー介護日記」
http://suriburi.blog37.fc2.com/

みんなの試行錯誤にヒントあり！対応策の成功・失敗が見られる『認知症ちえのわnet』

教えてくれた人

高知大学医学部
神経精神科学教室
教授
數井裕光さん

介護者の経験をデータベース化

認知症の症状の中で、中核症状を発端に本人の周りの環境や人間関係、性格などに影響されて起こるBPSDは適切な対応で消失させることもできます。ではどんな対応がよいのか。専門的な経験に基づいた医師や介護専門職の見解も重要ですが、必ずしも有効性の確率が検証されているわけではありません。そこで実際の対応策がどのくらい有効か、全国的な調査を実施。継続的に情報収集しながらWebで公開しているのが『認知症ちえのわnet』です。

このサイトでは、まず自身の【ケア体験】①BPSDの内容②それにどう対応したか③その対応がうまくいったか否かの体験を投稿したり、他の人の体験を見たりできます。介護職や介護家族など多くの認知症ケアに関わる人が登録（無料）しています。

ほかにも投稿内容を専門医が確認して集計、グラフ化した数値（%）が見られる【うまくいったこと、いかなかったこと】、症状別の簡単な質問にYES・NOで答えていくと対応方法が提案される【認知症対応方法発見チャート】（P99参照）も好評。

このチャートは単に策を得るのではなく、質問に答える過程で症状の原因を考え、本人に合った対応策を探す道筋を知るためのもの。ケアする人が考え、試行錯誤することが大切なのです。

工程を細かく促すのが有効

リアルな経験をもとにした貴重なデータベース。蓄積されたデータを分析し、「ある症状に有効な対応策」、「それがなぜ有効か」も科学的に解明されつつあります。

たとえば入浴の拒否には、風呂場に誘う、脱衣を促すなど、「一工程ずつ細かく促す」方法が有効。今いる場所から湯船に浸かるまでには実はたくさんの動作や移動が必要ですが、認知症の影響でそれがわからなくなっているのです。また孫が一緒に入りたがっている、温まってサッパリしてほしいと家族が望んでいるなど「誰かのためにという動機付け」も有効だとわかってきています。

対応策は一つじゃない。ダメなら次！

家族介護者はつい性急に唯一の正解を求め、うまくいかないとすぐ絶望しがちですが、よい対処法にたどり着くのは試行錯誤が鍵です。今日うまくいっても明日同じ方法でうまくいかないこともあるので、「ダメなら他の方法を試してみよう」という柔軟な姿勢が大切です。

行動（ＢＰＳＤ）には必ずきっかけがあります。方法を探しながら考えてほしいのは、なぜそのＢＰＳＤが起きたか。時間や場所、状況、介護者の態度、本人の体調など要素はいろいろあり、そこを丁寧に考えることも、うまくいくコツでもあります。

認知症の原因疾患や重症度によっても有効な対応策は違ってきます。だからこそきちんとした診断が重要。病気を把握することでＢＰＳＤが出ないよう、また発症しかけてもすぐに対応できるようにしておくと、本人も家族も楽になります。

■認知症ちえのわnet
https://chienowa-net.com/

『認知症ちえのわnet』みんなの【ケア体験】を拝見！

投稿者が試行錯誤しながら試した対応策の一部をご紹介。

サイト内ではこのほかにBPSD発症の時間や場所、推測できる原因、天気、本人の状況などの情報も書き込まれています。

Case 1

症状 夕方になると、亡くなった夫が「帰って来ない」と言う

本人 90歳　女性アルツハイマー 要介護2

対応方法1 夫が亡くなったことを説明した
↓
×うまくいかなかった

対応方法2 否定せずに少し話を合わせて聞いてから、話題を変えた
↓
◎うまくいった

Case 2

症状 トイレの場所がわからず、家の外で排泄をする

本人 77歳　男性　アルツハイマー 要介護2

対応方法1 本人が好きな猫の写真をトイレの扉に貼り、「猫ちゃんのところよ」と言いながら誘導
↓
◎うまくいった

Case 3

症状 入浴前に「どうしたらいいの？」と不安がる

本人 65歳　女性　前頭側頭型 要介護1

対応方法1 「服を脱いで」「お風呂に入るの」と言葉で説明
↓
◎うまくいった

case 1～6の本人の情報は投稿時のものです。

Case 6

症状	「夫の愛人と子どもが見える」「夜、女性が来て寝ている」と言う
本人	76歳　女性　レビー小体型
対応方法1	本人と夫の枕を並べて寝た ↓ ×うまくいかなかった
対応方法2	主治医が本人に幻視であることを説明。夫にはやさしく接するように伝えた ↓ ◎うまくいった

【認知症対応方法発見チャート】では…※

症状別の質問に答えると原因の探り方のヒントに、提案される方法を試すことで本人に合った適切な対応を見つける道筋がわかる。

例 症状 物を盗られたと言う

Q1. 疑われる人が決まっている	YES・NO
Q2. 疑われるのは施設の職員	YES・NO
Q3. 疑われるのは一緒に暮らす家族	YES・NO

↓

対応方法の提案

ケアマネに相談。ショートステイなどで距離を取る。

少し時間をおき、声掛けの内容などを変えてみる。

本人に役割を持ってもらい、感謝の気持ちを伝える。

Case 4

症状	「娘が誘拐された」と訴え、外に出ていこうとする
本人	91歳　女性 アルツハイマー　要介護1
対応方法1	話を合わせ、お金と食べ物を用意して外までつきあった ↓ ◎うまくいった

Case 5

症状	食事したことを忘れる
本人	90歳　女性アルツハイマー　要介護2
対応方法1	食事中の様子を撮影し、見せる ↓ ◎うまくいった

※Webサイト『認知症ちえのわnet』（高知大学・大阪大学・東京医療保険大学の共同運営）内の「認知症対応方法発見チャート」の一部を抜粋しています。

劇的によくなる本人との意思疎通
ユマニチュード®とは？

Point
①家族の何気ない言動が本人を不安にさせている
②一つずつ・ゆっくり・直前に
③「本人が決める」を尊重する

見る・話す・触れる・立つで本人の不安を払拭

認知症介護でつらいのは、コミュニケーションがうまくいかないことではないでしょうか。一生懸命やっているのに急に怒り出したり拒否したり。なぜすれ違うのかもわからない。ユマニチュード®はそんな困難を解決するケア技法です。フランスの体育学の専門家イヴ・ジネストとロゼット・マレスコッティが考案したもので、長年医療、介護の現場に赴いて3万人

教えてくれた人
日本ユマニチュード学会代表理事
国立病院機構東京医療センター総合内科医長
本田美和子さん

ユマニチュード®のケア4つの柱

【見る】本人の視界に正面から入り、水平に（×上から・下から）ある程度の時

■優しさを伝えるケア「ユマニチュード®」
https://jhuma.org/humanitude/

あまりの患者と向き合い、**介護がうまくいくときといかないときの違いを研究して開発**しました。意思疎通の難しかった認知症の人が劇的に変わることから「魔法」などと注目されていますが、重要なのは技法そのものより、意思疎通を困難にする周囲の人の言動に気づくことと、「その人らしさを取り戻す」という目的。今や世界中の認知症ケア現場をはじめ、病院、介護施設、一般家庭でも取り入れられています。

具体的な技法は500を超えるほどありますが、基本となるのは【見る】【話す】【触れる】【立つ】の4つの柱（下段参照）。たとえば「正面から視線を合わせる」技法は、認知症の影響で視野が狭くなり、人を認知する力が衰え、視界の外から声をかけられてもわからない場合があるから。本人が認識できる位置に介護者のほうから歩み寄り、目を合わせることでお互いの存在が確かめられる安心感が重要。そして「あなたを尊重し、大切に思っています」という気持ちが伝わります。

情報は少しずつ、小出しに伝える

日常には介護者の何気ない言動が本人を不安にさせていることが意外に多くあります。何ができなくなっていて何が不安か知るのは簡単ではあり

間、しっかり視線を合わせる。正直、親密、平等、好意を伝える技術。

【話す】落ち着いた低めの声でゆっくり話す。意味が伝わらなくてもやさしい声や話し方がメッセージとして伝わる。

【触れる】つかまないことが大原則。触れる面積を広くすると安心感が生まれる。

【立つ】人は立って歩くことで生理機能も充分働く。できるだけ寝たきりにせず、立つ・体を起こす時間を作るとよい。

※「ユマニチュード」は日本およびその他の国における仏国SAS Humanitude社の商標または登録商標です。

ませんが、「気づき」の手がかりがユマニチュード®の中にあります。

たとえば「たくさんの情報を伝えない」。多くの情報を処理し、手順を踏んで行うことが苦手になるので、「肉じゃがを作ろう」などと複雑な工程を一度に伝えると混乱します。**一工程ずつ伝えて作業をリードしましょう。**野菜を切ったり程よく炒めたり、長年の経験を活かしてできることは本人の自信にもつながります。また食卓に料理をたくさん並べると、情報（料理）が処理しきれず混乱し、箸をつけられないことがありますが、目の前の料理の品数を減らすと安心して食べられることもあります。

「答えをゆっくり待つ」も大切。返事がなかなか返ってこないのは理解に時間がかかるためです。本人も必死に答えようとしていることに気づいて。ＹＥＳ・ＮＯ、赤か白かなど、**答えやすい質問方法も工夫して。**本人が自分で答えを出すことがとても重要なのです。

「動作の直前に伝える」は、短期記憶が苦手になって事前にまとめて聞いたことがわからなくなるため、単純な一連の流れが把握できません。「散歩に行くから支度して」などと全体を漠然と伝えるのではなく、一つが終わって次の工程の直前に、次にすることを伝えましょう。

命令口調などが本人を不安にさせる

本人のためにと思い、つい命令口調になったり強引に引っ張って移動させたり。親しい親子関係でついやりがちなことだが、「叱られた」「怖い」と感じることが本人の不安を引き起こして、困った症状ＢＰＳＤの引き金になる。注意しよう。

気づきポイント1

「たくさん伝えない」

気づきポイント2

「答えをゆっくり待つ」

返事を3秒待つ

気づきポイント3

「正面から話しかける」

気づきポイント4

「動作の直前に伝える」

①意向を確認

↓

②着替えを手伝う

↓

③会話を楽しむ

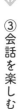

安心感を与える
タッチ＆ハグのケア法

Point
① 愛情ホルモン・オキシトシンが癒やす
② 手の甲、背中をさするのが効果的
③ 認知症ケアにも活かされるタクティール®ケア

皮膚への刺激が心にも体にも影響する

つらいときに背中をさすってもらうと気持ちが軽くなったり、母親が手を当てるだけで痛みが和らいだりということは誰もが経験していることですが、これは皮膚への刺激で分泌されるホルモン、オキシトシンの効果。皮膚は痛みや外気温などを感じ取って脳に伝える人体最大の臓器であり、感情や意識に与える影響も絶大なのです。

教えてくれた人
桜美林大学
リベラルアーツ学群教授
臨床発達心理士
山口創さん

体温と同じくらいの温かさが心地いい

皮膚は体温維持が重要な役割で、冬の寒さ、夏の冷房の中でも体温と同じくらいの温かさを保つのがもっとも心地よく、体をすっぽり包み込むストールが最適。肌触りのよい素材のものを選んで。

オキシトシンは子育てや大人同士が親密な関係を築くために働くホルモンで、別名愛情ホルモン。親しい友達や恋人といるときの安心で幸せな気分がまさにその効果。継続的に分泌されると血圧が安定したり、痛みを緩和したりする健康効果もあります。一人では生きられない乳幼児期と心身が衰える高齢期、特に**不安が大きい認知症の人は「触れられる」ことが必要**。言葉を介さず安心感を伝えられる究極のコミュニケーションです。乳幼児同様、本来、高齢者にも触れられたい欲求があるので、親しい家族ならぜひ、意識的にタッチしてみましょう。

普段から気軽なボディタッチを習慣に

ハグや握手の習慣がない日本では、高齢者もその家族も触れることに抵抗のある人も少なくない。並んで歩くときにさりげなく背中に触れたり、ハンドマッサージなどもおすすめ。

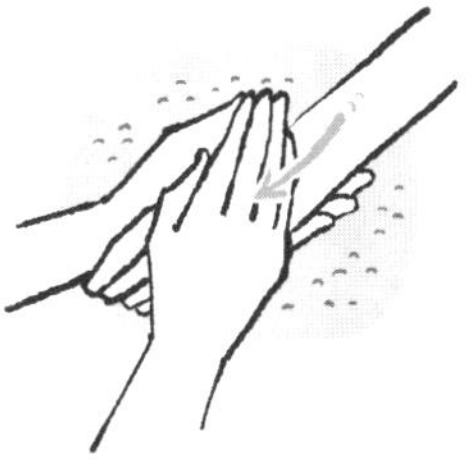

触って心穏やかに認知症マフ

認知症の人が落ち着かず医療器具やおむつを触ったり外したりするのを回避するための「認知症マフ」。カラフルな筒状のニット製で、内外にボタンや毛糸玉などいろいろな触感の物が配される。中に手を入れてこれらを触ると、暖かく触覚や視覚が刺激され心が落ち着く。発祥の英国・オックスフォード大学病院ほか、日本の病院でも取り入れ始めている。

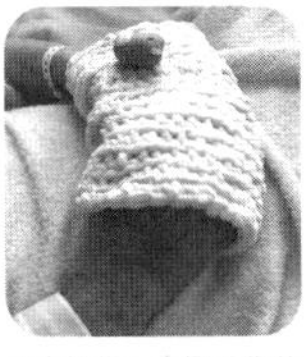

写真提供：富樫千代美（浜松医科大学）

※認知症マフ活用ケアガイド（浜松医科大学）
https://www.hama-med.ac.jp/education/fac-nurs/dept/gerontol-nurs/8e4dbf7951b51834aee4b0849c46ddbd.pdf

圧をかけると安心、軽くさすると覚醒

触覚の要である手はもっとも敏感で、触られる気持ちよさも感じやすいところ。手のひらだけでなく、実は甲にも神経が多く集中しています。ハンドマッサージはもちろん、**歩くときに手をつないだり、何気ないタイミングで手を重ねたり**するのもいいですね。また頬などの顔も心地よさを感じる神経線維が多いところ。イライラしたり不安なときには無意識に頬づえをついたり顔を触ったりしているので、気をつけて見てみましょう。

肩や背中などはパブリックゾーンといわれ、少し距離のある人に触られても抵抗感が少ないところ。衣類を介しても心地よさは感じますので、気軽にタッチしてさすったりするとよいでしょう。

触れ方によっても違った効果があります。圧をかける刺激は不安や興奮を落ち着かせるので、元気がないとき、混乱してパニックになっているようなときはギュッと肩を抱きしめたり、手を握ったりしてあげましょう。また皮膚や衣類の上から圧力をかけずに素早くさすると覚醒します。日中、**ウトウトと傾眠気味のときは手や背中をササッとさするのが効果的です。**

触れることでオキシトシンが分泌するまでには10分くらい。毎日のよう

興奮、緊張が収まるタクティール®ケア

スウェーデンの未熟児ケアから生まれたタッチセラピー「タクティール®ケア」。認知症の興奮や攻撃性、緊張などが劇的に収まり、リウマチなどによる痛みの緩和効果も注目され、日本の病院や介護施設などでも行われている。

マッサージとは違って押したり揉んだりせず、背中や手などに施術者の手のひらを密着させ、5㎝／秒くらいのスピードで動かし、10分くらいかけて行う。高齢者の多くが訴える不眠や便秘は背景に不安や緊張状態があるが、「施術後は体がポカポカ温まり解消した」という声が多数。また

に、まめに触れられる機会があると落ち着いた精神状態が維持できます。

肌触りのよい衣類や寝具でも癒やせる

直接肌に触れる肌着やパジャマ、シーツ、布団なども工夫の余地があります。**ベルベットやシルクなど滑らかで柔らかい天然素材**がオキシトシンを増加させるという研究結果があり、逆にゴワゴワした肌触りの悪い衣類を着るとストレスホルモンが増加するという結果も。また気持ちよさを感じる神経が集まる顔に触れる枕、枕カバー、クッションの素材にも気を遣って。柔らかなクッションに顔をうずめたり、抱き枕に全身をゆだねたりすれば、皮膚への影響も大きくなります。

オキシトシンが出るのは皮膚に触れたときだけではありません。目を見て話す、やさしく声をかける、ほめられたり共感したり、しっかりコミュニケーションが取れて心が通い合ったときに出るのです。

実はマッサージを受ける人より施術する人のほうが、オキシトシンが多く分泌されています。それは施術する人が「心地いいかな？」「癒やされているかな？」と受ける人のことを思いやるから。そんな思いやりをやりとりすることが認知症の人と家族にとっても大切なのです。

緊張がほぐれて涙を流す人も少なくないという。「最初は触られることに抵抗を感じる人もいますが、小さい頃、頭をなでられると安心したり、痛いところにお母さんが手を当てると不思議と治ったりという経験がありませんか？　人に触れられる安心感は誰もが知っています。心を込めて少しずつ距離を縮めて」（タクティール®ケアインストラクター　原智代さん）

※「タクティール（Taktil）」は日本スウェーデン福祉研究所の登録商標です。

輝いていた頃を思い出す回想法
その快感が認知症の改善に！

Point

①昔を思い出して語ることで脳が活性化
②本人が子どもの頃に焦点を当てると効果的
③聞く側も一緒に思い出の世界を楽しむ

教えてくれた人
日本回想療法学会会長
行動科学博士
小林幹児さん

思い出す、話して共感する喜びが脳を刺激する

認知症でつい最近のことを覚えていられなくても、古い記憶は残っています。受け身で介護される今の立場を離れて、自分が輝いていた頃の記憶をたどり、それを人に伝わるように自分の言葉で話す。これだけでも脳は活性化し、認知症リハビリの回想法として広く行われています。

特に10～15歳頃の出来事に焦点を当てる「心療回想法」は、食事、排泄、

家族もうれしい紙芝居を使った回想レク

静岡県静岡市の介護福祉士・奥田真美さんが発案した『人生紙芝居』。勤務先のデイサービスで利用者の人生を本人、家族から聞き取り、10枚程度の紙芝居に仕立てて披露する。色塗りなどの制作にほかの利用者や職員が参加することで主人公の生き方を理解し、「よくがんばったね」「いい旦那さんだね」などと認め合う関係が生まれる。何より

衛生維持などの日常生活動作（ADL）が保たれる傾向が検証され、介護施設や訪問介護の場でも大いに成果を上げています。10～15歳頃はADLが完全に自分のものになって人として充実する時期で、この頃の記憶がしっかりあると「自分が何者か」という認識が失われず、認知症になっても不安感が少ないと思われます。

心療回想法ではまず「思い出す」ということが重要です。何かを思い出そうとして頭の中を必死に探し、探り当てたときの興奮と快感は誰にも経験があると思います。それは人の話で笑ったときの快感とは別の、自分の中からこみ上げる能動的な喜びで、より脳を活性化するのです。

　また探り当てた記憶は、頭の中で映像のような形で思い出されますが、それを目の前の人に伝わるように言葉を選び、語るという、知的で複雑な作業でも脳はフル稼働。自分が語った思い出話が聞き手に伝わり、共感できた喜びも脳にはよい刺激になります。

本人が人生を振り返り語ることで、仕事に打ち込み家族のためにがんばった自分を思い出し、自信を取り戻す。認知症などのために老親の理解が難しくなったと思う家族が、若い頃を知ることで絆が深まったと喜ぶ声も。紙芝居作成のコツは奥田さんの著書『新しい回想レクリエーション「人生紙芝居」』（講談社）にも。

『人生紙芝居』では自分が主人公に
写真提供：奥田真美

聞き手のコツは「どんな?」を聴く1H話法

高齢者にとって子どもの頃は60~70年以上前のことで、なかなか思い出せないこともあります。心療回想法では専門の療法士が当時の社会の出来事を伝えたり、写真を見たりしながら細かく質問を投げかけたりして一緒に回想します。これらをきっかけに個人的な出来事の記憶にたどりつくと、せきを切ったように語り出すことも多い。多くの人が自分の人生の思い出を誰かと共有したいのだと感じます。

聞き手の質問のコツは、5W(いつ、誰が、どこで、何を、なぜ)には一切こだわらず、1H(どんな)を聞くことです。本人の頭の中に浮かんでいる思い出の映像について、たとえば運動会のシーンなら「観客はどんな雰囲気だった?」「クラスの友達とはどんな話を?」「走っているときはどんな気持ちだった?」と、場面のディテールを聞くのです。

聞く側は自分の知らない話なのでつい全体像を把握しようとしてストーリーを追ったり、理由を聞いたり、矛盾を指摘したりしがちですが、本人が思い出の像を存分に楽しむことが大切。ちなみに「嫌だ」「つらい」など抽象的でネガティブな言葉を発するだけではあまり脳が活性化しません。

全国各地で開催されている「聞き書き」

医療や介護の現場でも行われている「聞き書き」は、高齢者が語る自分の人生の話を、取材者の解釈は加えず本人が発した言葉にできるだけ忠実に書き起こし、冊子などにまとめるもの。

高齢者が人生を振り返り、人に話すことで元気になる効果が注目される一方、完成した作品は地域の文化や歴史を後世に残す資料としても重要視されている。

三木のり平の聞き書き『のり平のパーッといきましょう』(小学館)などの著作がある作家の小田豊二さんは「聞き手が知りたいことではなく話し手が話したいことを聞くのがコツ」

話したくなさそうなら別の話題に変えましょう。

また認知症の影響でなかなか言葉が出てこないこともありますが、先を急かさず根気よく言葉を待ちましょう。「そのときの空は晴れてた？　それとも夕焼け？」「こんな気持ち？」などと、聞き手が少しだけ手伝うのもよいでしょう。思い出の世界を一緒に楽しみましょう。

古い写真、老親が好きだった音楽などが好材料

思い出話を共有する相手は、やはり家族が理想です。しかし子ども世代は自分の親としての姿しか知らず、共通の思い出はすべて子ども目線のものばかりでしょう。老親が自分の人生を歩んでいた輝く時代の話を、ぜひ新たな気持ちで聞いてみてください。

たとえば**家に眠っている古い写真を引っ張り出したり、老親が子どもの頃に夢中になった音楽などを流したり**すれば、思い出の扉を開けるよいきっかけになります。

子ども世代が親の歴史を知ることで、家族としての新たな絆が生まれるでしょう。今後の親の人生に伴走していく上でも役に立つと思います。


と語る。

認知症などで聞き取りにくくても、人生の先輩から学ばせてもらおうという気持ちで好奇心を持って聞くことが大事なのだ。聞き手になるための聞き書きボランティア養成も全国各地で盛んに行われている。

小田豊二さんが講演で使う手作り紙芝居

気づきにくい認知症の人の孤独感
聞き役に徹する傾聴の心得

Point
① 暴言、暴力の背景には孤独感がある
② なぐさめ、励ましもNG。ひたすら聞く

言葉の通じない外国に放置されたような孤独感

認知症の人の心を自分事として想像するなら、言葉の通じない外国に一人取り残された感じでしょうか。助けを求めても通じない。何かを強いられたり制止されたり。自分がどうなるのか、先行きの見えない恐怖から身を守るため頑なになり声を荒らげる。家族を困らせる暴言・暴力、介護拒否などの背景にはそんな深い孤独感があります。ではその外国で、言葉が

教えてくれた人
シニアセラピー研究所
代表理事
公認心理師・臨床心理士
原千恵子さん

地域にいる傾聴ボランティア

傾聴は聞く側もかなりのエネルギーを使うので、プロでも1回1時間と時間を決めて行うほど。家族が行うのが難しければ、公認心理師や臨床心理士などの資格を問わず、一定の講習を受けて地域活動の中で行う傾聴ボランティアもある。問い合わせや依頼は各市区町村の社会福祉協議会や地域包括支援センターへ。

通じて自分の苦境を理解してくれる人に巡り合えたらどんなに救われるでしょう。生きる気力もわいてきます。その**理解者のように寄り添う技法が「傾聴」**です。プロが療法として行う場合は専門的な技術を要しますが、認知症の人を介護する家族にも取り入れられることがたくさんあります。

本人が自ら「話す」ことだけに集中する

傾聴は普段の会話や悩み相談とは違います。まず本人の発言を全面的に受容することが重要。話が事実と違っていても、本人がそう認識し、つらいことを受け止めるだけ。否定や意見、なぐさめ、励ましも言わない。「隣の人が私をいじめるから嫌」と本人が言えば「そう、隣の人がいじめるのが嫌なのね」と。こうすると言い分が受け入れられたことに安心し、発言がそのまま返ってくることで冷静になります。傾聴は、聞き手が問題解決をするのではなく、本人が話しながら自分で結論や解決策にたどり着くのを助ける技法です。人は誰でも自分のことを話したい、知ってほしいと思っています。人間は社会的な動物。他者との関わりの中に喜びや生きがいがあるのです。認知症のためにうまく話せなくても、「話したい」気持ちに目を向けて、焦らずじっくり聞いてください。

話を聞くときは斜めに座るのがベスト

心を解放して楽な気持ちで話すためには、聞き手が正面や真横ではなく、斜めの視界に入る程度、時々顔が見合わせられる位置がよい。口下手や、孤独や不安から心を閉ざしている場合は、屋外に出てみるのも手。閉鎖空間にはない自由な空気、道端の花などを愛でて心が動くと話すためのウォーミングアップになる。

平穏な生活をかき乱す、本人・家族それぞれの怒りの鎮め方

Point
①イライラや怒りに蓋をするのはNG
②しゃべる、歩くが特効薬

教えてくれた人
川崎こころのケアセンターセンター長
公認心理師・臨床心理士
稲富正治さん

怒ってもいい。大切なストレスのはけ口

何かとストレスの多い介護の場で常に冷静ならスムーズなのに、認知症の本人も向き合う家族も、事あるごとに怒りがこみ上げてしまう。乱暴な言動を伴うので慌てて抑えたくなりますが、**怒りの感情は本能的なもので**す。嫌な出来事などで脳に負のストレスが生まれると、発散する出口が必要になり、その一つが怒り。むやみに蓋をするとストレスは行き場を失い、

怒りクールダウンの方法をたくさん持って

日本アンガーマネジメント協会認定アンガーマネジメントファシリテーターの田辺有理子さんによると「怒りは自分の価値観を守る感情。認知症の老親の介護を機に、自分とは違う価値観を受け入れる発想の転換が必要」。無用なトラブルを避けるために手軽なクールダウン法を複数、持っておくとよい。

■怒りの温度計　怒りのピ

偏頭痛、帯状疱疹、突発性難聴などの病気、もちろん認知症の悪化も招きます。高齢者は体が硬くなるように心の柔軟性もなくなり、不満や悲しみが募って怒りやすい傾向に。中年の介護者なら更年期障害の影響も。厄介な感情と捉えず、大切なストレス解消の形として向き合いましょう。

落ち着かせるには意識を別のところに向ける

ストレスを発散して、**怒りを鎮めるのにいちばん有効なのは「おしゃべり」**です。話すと息を細く長く出すため自律神経が自然に整うのです。怒りの原因や気持ちを人に話して聞かせるうちに、冷静になれます。認知症の本人の怒りなら聞き役に徹して（「傾聴」の項も参照）。

また頭に血が上っている感じなら「体を動かす」のも有効。頭からいちばん遠い足を動かして歩くのです。その場を離れて見える風景を変え、エネルギーを発散することで、意識を別のところに向けられます。もし怒る老親と電話で話しているなら、「今どこにいるの？　何が見える？　寒くない？」などと状況を説明させると、落ち着いて話せるようになります。

日本人は気持ちを吐露するのが苦手。日ごろからおしゃべりの中で気持ちを伝え、心が軽くなる経験を重ねると、怒りともうまくつきあえます。

ークは6秒間。これを何とかやりすごすため現在の怒りレベルを数値で考えることで落ち着く。0度…穏やか　1〜3度…不愉快　4〜6度…平静を装いつつ怒り　7〜9度…バクハツ寸前　10度…激オコ！

■グー・パー　怒りを握りつぶすイメージで、握ったり開いたりを繰り返す。

■口角を上げる　笑顔を作り、鏡で見ると脳が勘違いしてポジティブになる。心理学ではフェイシャルフィードバック効果という。

介護のイラッを上手に乗り切ろう やさしい答え方・実践ドリル

頭では理解していてもストレスが募る認知症への対応。最初に返すひと言が肝心です。よくある家族のストレス事例に傾聴とアンガーマネジメントのプロが心通じる答え方を教えます。

教えてくれた人

シニアセラピー研究所代表理事
公認心理師・臨床心理士
原千恵子さん

日本アンガーマネジメント協会認定
アンガーマネジメントファシリテーター
田辺有理子さん

何度も繰り返す

「ねぇ今、何時？」

答 「10時だよ。時計を見やすい場所に置いたから見てね」

まず簡潔に返答を。本人の不安・心配を解消する環境を整えて「何度も聞かれると疲れるよ」と穏やかに伝えるのはOK。（田辺さん）

妄想でも本人の世界を共有

高齢者は社会的な役割を引退し、認知症などで衰えが際立ってくればなおのこと、不安で寂しいのです。表面的には不快な態度をとっても、心のつながりを求めています。傾聴はそんなつながりを築くための技法でもあります。

火の不始末を取り繕って…

「玄関に誰か来たのよ」

答 「けがはない？
火事にならなくてよかった」

まず本人を気遣う言葉からかけて。「危ないじゃない！」と叱責されて作話（記憶障害により事実と違う話を無自覚にすること）をするのも認知症ではよくあること。一大事であることは言葉を選んで共有すべき。（田辺さん）

面と向かって妄想を

「私の財布、盗ったわね」

答 「財布がないのは困ったね。一緒に探そう」

本人は本当に盗られたと思っているので「盗っていない」では火に油を注ぐことに。困っていることに共感し、味方であることを示して。（原さん）

たとえば認知症の老親が「月へ行ってきたの」と言えば、本人にはそれが真実。「そんなわけないでしょ」ではなく、「すごい！　どんなところだった？」と返せば、そこから対話が始まります。

日本人は常識や世間の基準を重視しますが、傾聴ではむしろそれらは外して本人だけを見るのです。一日のうちの短時間でよいので、じっくり話につきあってみてください。親が若かった頃の関わり方とは違うかもしれませんが、心さえ通じ合えばよい空気が生まれるはずです。（原千恵子さん）

魔法の言葉を持とう

アンガーマネジメントは自分の怒りを上手にコントロールして人とよい関係を築くための方法。認知症の老親と接するとき、どんなところで自分がイライラするか、な

悲観的な愚痴を延々と

「迷惑ばかりかけて…」

答 「そんなことないよ。でももっと楽しい話をしよう」

気持ちは受け止めた上で、前向きな提案をしてみましょう。こちらのガス抜きになります。提案を受け入れなかったらすぐ引いて、愚痴を深追いせず聞き流して。（田辺さん）

事実でないことを…

「誰かに狙われている」

答 「今確認してきた。大丈夫だよ」

現実に引き戻そうと躍起になるほど、わかってもらえないと感じます。被害妄想は強い不安の裏返しの場合も。やさしく寄り添って。（原さん）

ぜ怒るのかを考えて心の準備をしておくと冷静でいられます。

たとえばいつも自分をウンザリさせる言動が出たら、衝動的に反応せず、心の中で「さぁ今日も来たぞ！」「待ってました！」などとつぶやく。親と自分の状況を客観視するための魔法の言葉です。

また怒りは「こうあるべき」という価値観が裏切られたときに起こりやすく、認知症の思いがけない言動にうまく対応できない状況が腹立たしいのです。理想の介護を目指すのではなく親本人を見ましょう。親の言動がつらければ、正直に伝えてもよいのです。

アンガーマネジメントは練習することで体得できます。いろいろな方法を試して親とのちょうどよい距離を保ちましょう。（田辺有理子さん）

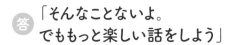

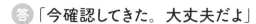

急いでいるのに…

もたもたする

答「ごめん！ 遅れると私が怒られるの」

急かすのはNGですが、必要に迫られることも。高齢者は「私を助けて！」と頼られると前向きになるので、時には演技も愛情です。（原さん）

服装や身だしなみが

だらしない…

答「この服のほうが素敵だよ」

認知機能の低下で身だしなみが整えられなくなります。本人も薄々気づいているので責められると傷つきます。前向きな提案に。（原さん）

わざわざ悪口を…

「あなたの髪型ヘンね」

答「そう？　どうするといいかな？」

介護する子どもを不快にさせるのは、気を引きたい、現役世代に対する劣等感、親として子どもの上にいたいという気持ち。闘わず、受け流して。（田辺さん）

アルツハイマー10年選手のウチの母④
生活・医療ライター 斉藤直子の場合

「大丈夫、悲しくなくなるよ」背中トントンで友を癒やす母

母がサービス付き高齢者向け住宅に転居して間もない頃、よく食堂で同席し、部屋を行き来するようになった婦人がいました。歳も近く、同じ東京出身。私に会うと必ず「あら妹さん？　お孫さん？　えっ娘さんなの？」と、お世辞ともおとぼけとも言い難い言葉をかけてくれました。そんな彼女、昼間はニコニコしているのに夜になると「家に帰りたい」と泣き出すと、教えてくれたのは母。「ここは認知症の人がたくさんいるのよ」と言うのです。ある夕方、サ高住の玄関先に彼女がしょんぼりと座り込んでいました。聞けば「何だか悲しくなっちゃったの」って。えっどうしたらいいの？　と怯んだ私をさし置いて、母が彼女を立ち上がらせ、背中をさすってはトントンさすってはトントン。「大丈夫、明日になれば悲しくなくなるわよ」とお母さんのように言ったのです。私の前では認知症で何かと世話を焼かれる老母だけど、新生活の場で友達を作り、認知症を気遣って励ましていることにちょっと感動。母にも悲しい夜があり、じっと夜明けを待つことがあるのかと胸が詰まりました。認知症でも人の本質は変わらないというのは本当。半世紀前、私にしていた背中トントンを覚えているのですから。

苦労の多い

排泄・食事・睡眠介護のコツ

歳を重ねると尿もれ、食が細くなる、食事中にむせる、
夜眠れずに昼間ぼんやりするなど、多くの人に共通の問題が起きてきます。
認知症があると不快感や苦痛を周りの人に伝えにくく、
またこれらの問題によるストレスが認知症の悪化を招くのです。
家族は加齢でどんなことが起きるかを知っておき、対策したり励ましたり、
老いと闘う老親を支えていきましょう。
実はそれが自分の老いの準備にもなります。

第4章

自信喪失させる尿もれ・頻尿は体操と最新尿ケア用品で乗り切る

Point

①尿もれケアの体操は高齢でも効果あり！
②一緒に試して尿ケア用品の抵抗感を減らそう
③排泄は人の尊厳。失敗を隠す気持ちを理解して

教えてくれた人

東京都健康長寿医療センター看護部
皮膚・排泄ケア認定看護師
野島陽子さん

高齢生活研究所所長
排泄用具情報館・むつき庵代表
浜田きよ子さん

筋力低下、ストレス、病気が原因の場合も

意思に反して出てしまう「尿もれ」、1日8回以上排尿がある「頻尿」など、排尿トラブルは40代以降男女ともに増えてきます。もれ方やもれる量も以下のような原因によりさまざまで、適切なケアで改善も期待できます。

■骨盤底筋の筋力低下

加齢により膀胱や肛門の開閉に関係する骨盤底筋が衰え、くしゃみなど

介護者は要注意！ 不快臭はうつの原因

尿もれは誰より先に本人が気づき、不快感と情けない気持ちは大きなストレス。認知症があるとその状況に対応できず、汚れた下着をクローゼットに隠したり大量のティッシュを下着に当てたりし、結果、家族が後

簡単・骨盤底筋体操

「瞬発力・持久力」1セットずつを1日2回（計80回）続けましょう

もれを防ぐ瞬発力をつけるためには「締めて」「緩めて」20回／セット。持久力をつけるには「締めて〜」と言いながら5秒間締めてから「緩める」を20回／セット。

でお腹に力が入ったときに尿が出てしまう。「腹圧性失禁」と呼ばれます。

■脳血管障害、糖尿病などの病気

突然、尿意や便意に襲われてもれてしまう「切迫性失禁」、尿を出したいのに出せない排尿障害を伴う「溢流《いつりゅう》性失禁」。これらの背景には脳梗塞や脳出血など、脳血管性認知症の原因でもある脳血管障害、男性では前立腺肥大症、女性では骨盤臓器脱、糖尿病、脊椎の疾患などが考えられます。また高齢になると増える尿路感染症、膀胱炎で頻尿になることもあります。

■精神的なストレス

心配ごとやストレスは頻尿の原因になり、夜間の頻尿のために不眠にも。

■身体機能の低下、認知症

トイレまでの歩行や便器での立ち座り、下着の上げ下ろしがスムーズにできない、認知

始末に苦労するのも「認知症あるある」だ。

認知症の人の行動を責めないのは基本だが、排泄物の臭いには要注意。杏林大学名誉教授で精神神経科医の古賀良彦さんによると、嗅覚は原始的な感覚で、排泄物などの悪臭もまた強烈なストレスに。これを「大切な親のため」と家族が理屈で受け入れようとすると、うつ状態に至ることもあるという。最近は介護用に消臭力が強力な洗剤や消臭剤も出てきている。感情入り混じる介護の場でも割り切って、汚れを洗ったり捨てたり、マスクをして処理するなど、不快臭はできるだけ断つことが大切だ。

症でトイレの場所がわからない（「第3章　見当識障害」「第4章　福祉用具」参照）などの理由で間に合わずにもれてしまう。

特に高齢女性の多くがリスクを抱える骨盤底筋の問題は、体操でかなり改善できることがわかっています。また病気やストレスが原因なら治療でピタリと止まることもあるので、まずは泌尿器科、失禁・頻尿などの専門外来を受診して原因を見極めることが大切です。（野島陽子さん）

「おなら我慢！」の要領で簡単、骨盤底筋体操

骨盤底筋は尿や便、おならを我慢するときに意識する筋肉です。この衰えによる尿もれは筋肉トレーニングで改善が期待できます。**高齢者には骨盤底筋のみに集中し、無理なく鍛える方法がおすすめ**です。

方法は簡単。おならを我慢するときの要領で「締めて、緩める」を繰り返すだけ。立つ、座る、寝るのいずれの体勢でもよいので気軽に始められます。注意するのは腹、尻、太ももに力を入れないことと息を止めないこと。「締める」「緩める」と声に出して行うと、息を止めずにできます。

この体操を半年ほど行った88歳の女性は軽い尿もれが止まりましたが、体操をやめるとまた始まりました。骨盤底筋も足腰同様、鍛え続けること

排泄の情報発信館『むつき庵』

浜田きよ子さん主宰の『むつき庵』（京都）と全国の『ミニむつき庵』では、排泄ケアの情報発信のほか、パッドからおむつまでケア用品の紹介や実際の当て方のコツなども伝授。

■むつき庵
https://mutsukian.com/

排泄問題は認知症のリスクも上げる

高齢者や介護者に向けて『排泄ケアナビ』を配信するユニ・チャーム（広報室渡邊仁志さん）によると、高齢者は尿もれが原因で気分が落ち込み、長時間の外出ができず、社会との接点が減って認知症リスク増のきっかけにもなるという。

■排泄ケアナビ（ユニ・チャーム）
https://www.carenavi.jp/

が重要。無理をせず、習慣にするとよいでしょう。（野島さん）

排泄ケア用品を「一緒に使ってみない？」

トイレで人に下着を下ろしてもらう、お尻を拭いてもらうことを想像してみてください。「排泄は人の尊厳に関わる」という意味がわかると思います。いろいろな原因で排泄を失敗したときの情けない気持ちも。今、介護する側の人もいずれは通る道です。ぜひその気持ちを心に留めて。

今は尿失禁用のケア用品がとても使いやすくなっています。交換しやすいパッドタイプ、動きやすい下着感覚のパンツタイプ、男性用など、昔のおむつのイメージとはかなり違い、これらを使いこなすことで介護する人・される人ともにストレスを軽減できます。尿もれは中年から始まりますから、**抵抗感を持つ老親には「一緒に試してみない？」などと、新しいものへの挑戦としてすすめてみては？** すでに使い始めた高齢女性同士などは新製品の使い勝手などの話に花が咲いたりしています。そんな明るい雰囲気にもっていくのも、家族の役目かもしれません。（浜田きよ子さん）

ケア用品をすすめるのは他人が効果的

排泄ケア用品は身近な家族のすすめだから受け入れ難い面もある。あえて説得をせず、入浴時の着替えにケア用品を忍ばせるとうまくいくこともあるという。ケアマネなど少し距離のある人から「最近はみんな使っているよ」とすすめてもらうのも手。（川崎市NPO法人コスモスの家ケアマネジャー水野正代さん）

高齢になると急増する便秘には水溶性食物繊維と生活リズム

Point
① 便意に気づきにくく便秘になりやすい
② 朝食、腸の温め、腹筋が重要
③ キウイ、オリーブオイルがおすすめ

便秘はうつの引き金にもなる高齢者の一大事

高齢になると腸管壁の弾力が衰え、伸びたり縮んだりしながら便を移動させる「ぜん動運動」の力が低下します。特に肛門にもっとも近くグッと**押し出す直腸の弾力が衰えるので便秘になりやすいのです。**加えて便の材料になる食事量や便通を促す運動量も減り、高齢者に多い肺気腫や心不全では便を押し出すための腹圧が弱まり、脳梗塞など脳血管障害による神経

教えてくれた人
松生クリニック院長
松生恒夫さん

要介護者は便意を我慢していることも

認知症などで介護される立場になると排泄を失敗する恐怖心や遠慮から便意を我慢したり、便意をうまく伝えられなかったりすることがあると、複数の介護専門職が口を揃える。便意はちょっとした緊張で喪失するデリケートなもの。介護者からタイミングを見計らってトイレに誘うことも大切だ。

機能低下、糖尿病や高血圧の治療薬の副作用、日常的な体の冷えや精神的ストレスも腸の働きを悪くして便秘を助長します。

そもそも便は直腸の手前、S状結腸に一定の量がたまると最大の「大ぜん動」が起き、一気に直腸に運ばれると脳に便意として伝わります。ところが老化により便の排出に関わるすべての運動機能が低下し、肝心の直腸の感覚も鈍るため、便意が感じられにくくなるのです。便は基本、トイレに座って出そうとしなければ出ませんので、便意がなければ直腸にたまる一方。時間とともに水分が吸収されて硬くなり、どんどん排便しにくい状態になってしまいます。

便意がなくても便がたまった状態は不快で苦痛。高齢者にとっては一大事で、一日中思い悩み、無気力になり、うつ状態へと負のスパイラルに陥ることもあります。一方で食事や生活リズムに気をつけて便通があると、それだけで大きな安心感にな

腸と脳（自律神経）のリズム

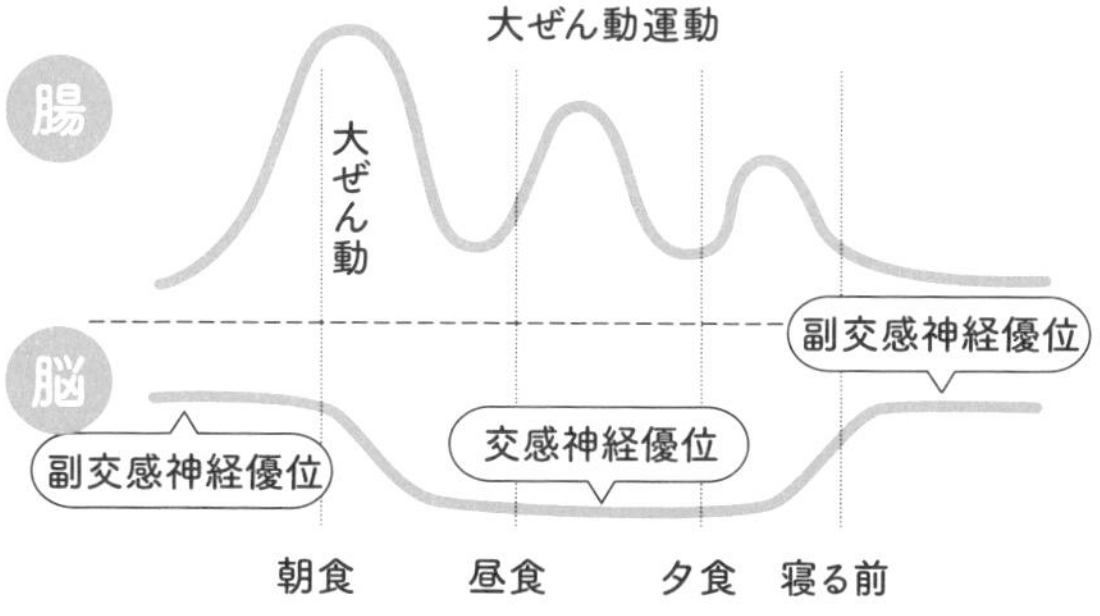

「の」の字で腸マッサージ

リラックスして仰向けになり、へそ（★印）から「の」の字を書くようにマッサージすると便通に効果的。腸の中を便が移動するのを促すイメージで軽く圧力をかけるのがコツだ。

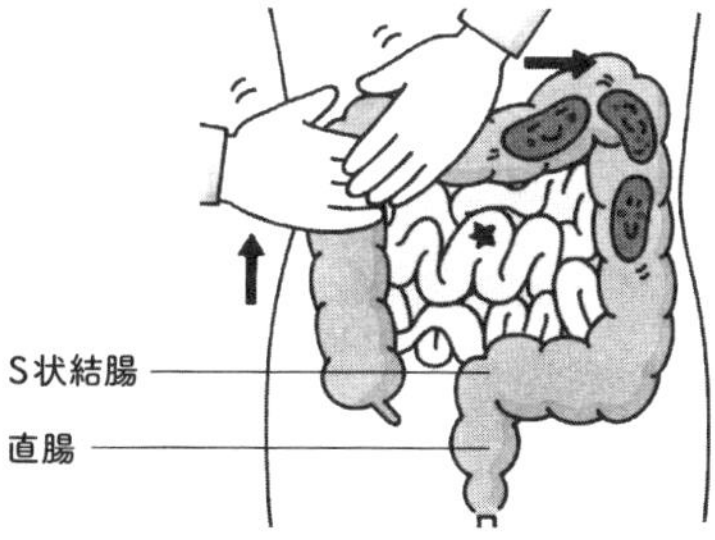

ります。腸をよくすることが健康長寿に直結するともいえるのです。高齢者の便秘の原因は単純ではないので、専門医を受診して原因を見極め、適切な対策をとることが重要。また日本人の死因に多い大腸がんの症状の場合もあり、急に始まった便秘には注意が必要です。

朝食が重要。姿勢よく歩いて腹筋も鍛えて

大腸の動きは「交感神経」と「副交感神経」の自律神経に大きく影響を受けており、ぜん動運動は副交感神経が優位のリラックスしたときに起こります。便通の最大のきっかけになる「大ぜん動」ももっとも副交感神経が優位になる朝に。**食事（夕食）から8〜12時間後の空腹状態で食べ物をとったときに起こりやすい**ので、朝食が重要なタイミングです。朝食をしっかりとった後、ゆっくり排便できる時間を確保することも大切です。

また高齢者に多い冷えやストレスは交感神経を刺激して腸の動きを悪くします。入浴や服装の工夫でお腹を温めるように心がけ、ウォーキングなどでリフレッシュしましょう。ウォーキングは腸腰筋を鍛えて腸管運動機能を高め、意識的に姿勢よく歩くだけで高齢者でも無理なく腹筋や背筋が鍛えられて排便力を後押しします。1日30分〜1時間くらいを目安に。

水分不足でも便秘に 1日1ℓ以上が目安

水分が足りないと便が硬くなり、排泄しにくくなる。高齢者はのどの渇きに気づきにくく、尿失禁や頻尿を心配して水分を控えていることも。1日1ℓ以上の水分をとるよう心がけたい。

硬い便が栓になって 肛門をふさぐ便塞栓

便が直腸に停滞する間に硬くなり、栓のように肛門をふさいでしまうことがある。この状態で下剤を使うと腸内の便は軟らかくなるがスムーズに排便はできず、硬い便の隙間からもれ出ていわゆる便失禁になる。自力で排泄するのが難しく、またかなり苦しいので即、

同じ食物繊維でも水溶性がおすすめ

腸によいものの筆頭は大腸のエネルギー源となる「酪酸」。短鎖脂肪酸の一種で食物繊維が分解されることで産生されます。ただ食物繊維には不溶性と水溶性があり、玄米や根菜などに多く含まれる不溶性食物繊維は消化が悪く、噛む力が弱い高齢者がたくさんとると便秘を助長することも。積極的にとるなら水溶性食物繊維が多い**キウイやバナナ、りんご、もち麦などがおすすめ**です。特にキウイは不溶性・水溶性の食物繊維の含有バランスが理想的。バナナには便通改善に効果的なマグネシウム、腸内環境をよくするオリゴ糖も豊富です。

エキストラバージン・オリーブオイルもヨーロッパでは古くから便秘解消効果が認められています。オレイン酸が小腸を刺激し大腸の中の滑りを促進。腸や体の老化防止も期待できます。1日30㎖以内、毎日とるとよいでしょう。ちなみに便秘対策によいとされるヨーグルトも腸の機能が落ちた高齢者には実は効果が薄く、たんぱく源としてはよいものの多量に食べれば乳脂肪過多で悪玉コレステロール値の上昇につながりかねません。若い頃の便秘対策そのままではリスクがあることも知っておきましょう。

専門医を受診して処置してもらうのが肝要だ。

ココアやミントティーもおすすめ

抗酸化作用の強いカカオポリフェノール豊富なココアも便通改善効果で知られる。ホットココアならココア油脂が腸を保温するので効果的。またペパーミントの主成分のメントールは腸をリラックスさせて便秘やストレスによる腹痛や膨満感を緩和する。ぜひホットで香りも楽しんで。甘みを足すならオリゴ糖を。

「パンツ汚れたら捨てていいよ」嫁姑の切ないおシモ問題の解決法

教えてくれた人

イラストレーター
ブロガー
なとみみわさん

「うんちが止まらないの……」

ばあさん（義母）は9年間一緒に暮らして介護しました。認知症もあったけれど、私の家事の手伝いも一生懸命やってくれる朗らかでかわいい人でした。でもおシモ問題はお互いに苦悩しましたね。

80代も半ばを過ぎ、足腰も弱くなってきたある日、私が帰宅すると家中に異臭。見るとリビングでばあさんが呆然と座り込み、「う、うんちが止まらないの……」って。そして床に点々とうんちが。さすがにどん引きしました。でもこれ、介護している友人たちに聞くと「高齢者あるある」らしい。ばあさんは便秘に苦しんでいて、便秘薬は飲んでいるけれど硬くなった便が栓になってなかなかスムーズに出ない。下着に染み出したり、逆にド〜ッと出ちゃったり。少し前から汚れた下着をベッドの下に隠すようにもなりました。おしっこのほうも歩くのが遅くてトイレに間に合わず、便器の脇に尿の水たまり。こ

れもまた臭い。

自宅が仕事場の私。毎日のようにトイレにはいつくばって床を拭くのも、リビングの大惨事を処理するのもつらかった。ばあさんのことは大好きだけど、裏腹に、どうしようもない不満と怒りと涙がこみ上げてきました。

命がけバトルの末に

それでもばあさんは、紙おむつだけは絶対に嫌だと言うんです。でも汚れた下着を嫁の私に洗わせるのも嫌。その複雑な気持ち、よーくわかった。女同士だもの。だから言ったんです。「パンツが汚れたら隠さずに捨てていいよ。新しいのをどんどん買ってくるから。そうすればお互い、気を遣わずにすむじゃん」って。しばらくは本当にパンツの大量買いをしていたのですが、そんなある日、ばあさんが家の中で動けなくなったんです。

原因は脱水。自力で立ったり歩いたりできず、トイレも手を貸さないと行けなくなりました。夜中に何度も寝室とトイレを行ったり来たりで、朝には二人ともげっそり疲れ切り、「ばあさん、このままじゃ二人とも寝られない。お願いだから紙おむつを使って」と叫ぶように言うと、「うん」とあっさり即答。その日から昼も安心、夜もぐっすり眠れるようになり、ばあさんの体調も回復しました。

もう最後は命がけのバトルという感じでしたね。案外、どこのウチもそうじゃないのかな。それでいいんじゃないのかな。

■なとみみわ インスタグラム
https://www.instagram.com/miwasowmen/

脳にも体にも影響する低栄養
食べやすくする工夫で改善を

Point
① 高齢者こそ毎日バランスよく食べることが必要
② 飲み込む機能の衰えを支える工夫を
③ 「口から食べる」は全身に影響する

教えてくれた人
東葛クリニック病院
在宅栄養専門管理栄養士
髙﨑美幸さん
東京都健康長寿医療
センター研究所研究員
管理栄養士
成田美紀さん
口から食べる幸せを
守る会理事長・看護師
小山珠美さん

「ちゃんと食べてる」でも低栄養

低栄養とは健康的に生きるために必要な栄養素が足りていない状態のこと。食べているように見えても高齢者は栄養不足になりやすい状態です。まず唾液の量が減り、噛み砕く力（咀嚼《そしゃく》）、飲み込む力（嚥下《えんげ》）が弱くなってスムーズに食べられず、味覚、嗅覚、視覚が衰えて食欲も低下しがち。食べること自体が億劫になって食べる量が減ってしまいます。消化機能が

咀嚼・嚥下しやすさがひと目でわかる

市販の介護食品に食べやすさをわかりやすく表示したのが「スマイルケア食」（農林水産省）。「栄養補給を必要とする人向け」青、「咀嚼に問題のある人向け」黄、「飲み込むことに問題のある人向け」赤など

落ちてくるので油っこい料理などが苦手になり、食べても栄養を吸収しにくくなります。また食べやすさを考えてやわらかく調理すると、その過程でビタミン類が喪失し、栄養価が下がってしまいます。（髙﨑美幸さん）

若い人に比べて活動量の少ない高齢者は「それほど食べなくても大丈夫」と思われがちですが、加齢で**予備力が低下していくので、きちんと栄養をとり続けないと少しのストレスで病気にかかりやすく、治りにくくなります。**筋肉量や筋力も減るので疲れやすく、歩く、小まめに動くといった身体機能も低下してしまいます。その結果、転倒や寝たきり、認知症悪化のリスクも。高齢者にとって食べること、栄養をとり続けることは最重要課題といってもよいのです。（成田美紀さん）

サラっとした水分、汁物が苦手になる

高齢者が低栄養のきっかけになる「食べにくさ」とは、まず歯を失ったりあごの力が衰えたりしてよく噛めないこと。唾液の分泌が減って舌の動きも悪くなるので食べ物を飲み込みやすい形にまとめられないこと。喉の筋力が衰え、食べ物をのどから食道へ移動させるのが滞ってむせかえり、誤って気管に入る（誤嚥）と誤嚥性肺炎に至ることも。無意識にしている

3分類8種類で表示される。

炭水化物のとり過ぎで認知症リスク増

日本神経学会の報告では、「炭水化物を主とする高カロリー食、低たんぱく質・低脂肪食が認知症リスクを高める傾向」という。

誤嚥や風邪の予防に「とろみ」がおすすめ

とろみのある飲み物、汁物は喉をゆっくり移動して粘膜の潤いを維持し、温かなものなら保温効果も。調理面でも味を強く感じるため塩分も控えられる。片栗粉、ゼラチン、粉状の高野豆腐、マシュマロなどで手軽にとろみをつけられる。（医学博士・管理栄養士 本多京子さん）

食べる工程の随所に支障が出てきます。これらを踏まえて、できるだけ食べやすくするために調理法や食材選びで工夫ができます（左図参照）。たとえば噛む力が衰えているなら**食材を細かめに刻む**。野菜は繊維を断つように切るとよい。舌の動きが悪くてなかなか飲み込めないようなら、**やわらかく煮込むなどでまとまりやすい状態に**。飲み込む力が衰えるとサラッとした水分は素早くのどを通過してしまい誤嚥しやすくなるので、**とろみをつけたりペースト状にしたりする**。咀嚼や嚥下しにくいものを避けるのも賢明です。

しかし口の中の不具合は本人が伝えてくれないこともあります。低栄養状態に気づく方法としては体重が目安。1か月後の体重が3％減（体重50kgなら1・5kg減）なら要注意。5％減ならかかりつけ医や栄養士に要相談です。（髙﨑さん）

量が食べられない高齢者こそ栄養バランスが重要

東京都健康長寿医療センターが高齢者の生活を調査したところ、低栄養になりやすい典型例が見えてきました。「メインのおかず（主菜）が少ない」「ご飯と漬物、麺類1品だけ」「手軽な菓子を食事代わりに」など。健

老親への作り置きは高たんぱく・減塩で

料理研究家で栄養士の今泉久美さんは東京と故郷山梨を往復し、老父のために料理を作り置く生活。気をつけるのはたんぱく質や脂質をきちんととること。独居は食べる気力が失せがちなので7品ほどを1度に作り、選ぶ楽しみも。肉・魚は小麦粉をつけて焼き、調味料を絡め、揚げびたしなど煮汁に浸して保存する料理もおすすめ。生野菜は防腐のため酢漬けやポン酢漬けに。保存袋に入れ空気を抜けば冷蔵庫で1週間ＯＫ。

康情報に惑わされ、意識して野菜をとる一方、肉などの動物性たんぱく質をとらない人も。いずれにしても何かしらは食べてエネルギーだけは維持されているので一見、元気かもしれませんが、たんぱく質とビタミン、ミネラルほか全体的に必要な栄養素が足りていません。この状態が続くと体力低下が加速してしまいます。栄養は多彩な栄養素をまんべんなくとり入れることで機能し、また中年世代までは「とり過ぎ注意」の意識がある動物性たんぱく質や脂質は高齢者にとっては重要。どうしても食べる総量が減りがちな高齢者こそ、必要な栄養素をまんべんなくとることが必要なのです。

気をつけて！

咀嚼・嚥下が難しい食べ物

パサパサしたもの

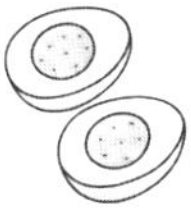

固ゆで卵、焼きいも、パン、クラッカーなど。

ペラペラしたもの

わかめ、のり、薄切りの生野菜など。

硬いもの

肉や根菜、豆など噛むのに力がいるもの。

すすって食べるもの

空気・食べ物・水分が一気に取り込まれるため誤嚥しやすい。

粉のついた菓子など

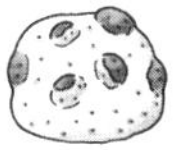

口の中の水分がとられ、餅も飲み込みにくい。

サラッとした具沢山の汁物

いろいろな硬さの食材ととろみのない汁は一気に口に入れると咀嚼も嚥下もしにくい。

酸味の強いもの

レモンジュースや酢の物など酸味が強いと飲み込みにくい。

コンビニでも手軽に栄養バランスを！

肉や魚を調理するとなると億劫になるが、すぐ食べられるコンビニ商品も大いに活用しよう。「サラダチキンや温泉卵などは手軽なたんぱく源。ツナやさばのオイル漬け缶は汁ごと使えば油脂分もとれます。コンビニに出掛けて種類豊富な惣菜やレトルト・冷凍食品などを眺めれば、食べる意欲もアップ」（管理栄養士ヨネヤマクミコさん）

バランスよく栄養をとるには次のように食品で考えるのがおすすめ。①肉類☑②魚介類☑③卵☑④大豆・大豆製品☑⑤牛乳・乳製品☑⑥緑黄色野菜☑⑦海藻類☑⑧いも類☑⑨くだもの⑩油脂（オイル）☑

この10食品から量は問わず1日1回でも食べたら☑。1日☑7個以上を目標に、☑がつかなかった食品は翌日にとるよう心掛けて。（成田さん）

食べて味わうことが脳の活性、体のリハビリに

「食べる」という行為は栄養摂取だけではなく、脳や全身に関わる効用があります。好物やおいしそうな料理を見ると唾液がジュワッとわき、あごを動かして噛むとどんどん出てくる。唾液は消化を助けるだけでなく、すぐれた抗菌、免疫機能を備え、健康に大きく寄与。手を巧みに使って料理を口に運び、噛んで飲み込んだ食べ物は、のどや食道の筋肉の動きで胃腸へと運ばれて消化され、栄養が吸収されます。この一連の動きにはたくさんの筋肉や神経、感覚が総動員され、指令を出しているのはすべて脳。「おいしそう！」「あぁ好きな味！」「喉越しが最高！」と味わうことも脳にはよい刺激になり、ストレスを緩和。前向きな意欲もわいてきます。加齢や認知症などで脳に支障があると食べる機能にも支障が出てきます。

食べる喜びを再確認する地域の食事会

一人で食事をする「孤食」は低体重や肥満、うつなどに関連するという調査もあり、社会福祉協議会やボランティアなどが、独居高齢者の支援のため食事会を催している地域も多い。

大妻女子大学教授で管理栄養士・医学博士の川口美喜子さんは高齢者率の高い都営戸山ハイツ（東京都新宿区）などで食事会を開催。「孤食の最大のリスクは食べる意欲をなくすこと。栄養バランスを考え、一人では作らない少し手の込んだ家庭料理を作ります。調理のいい匂いや旬の食材、みんなで食べる楽しさで、意欲のスイッチが入るようで

命に関わる誤嚥性肺炎のリスク回避のため胃ろう（胃に管を通し直接、栄養を送る方法）や点滴がすすめられることもありますが、同時に「口から食べる効用」を失うことになります。医療現場ではこの効用に着目し、治療と並行して食べるリハビリを行うようになってきて、実際に治療効果が高まったり回復が早まったりする事例も増えています。病気回復や生きるためには手術や薬だけでなく全身の総合的な力が必要なのです。

老いて機能が低下してきたときこそ、当たり前だった「食べる効用」を見直しましょう。**「舌ストレッチ」（左図参照）で食べる機能を鍛えたり、**調理の工夫、口腔ケア（「第6章」参照）などを駆使したりして、ぜひ食べることを大切に続けてください。（小山珠美さん）

す」と語る。

また孤立しがちなシニアのQOL向上を目指す千葉県流山市のNPO法人東葛地区婚活支援ネットワークでは、月1回集まってみんなで朝食を作って食べる「シニア食堂®」を主催。「参加時だけでなく、料理のおもしろさやおいしさを共感したことで一人の時間も潤すのが食の魅力です」（同法人副代表　松澤花砂さん）

＼ いつでもどこでも！ ／

食べる機能を上げる舌ストレッチ

1. 舌を前下方向に出す

5秒キープ

2. 舌を左右に動かす

5秒キープ

3. 舌を上あごにつける

5秒キープ

4. 口中を舌でなめ回す

右回り10回・左回り10回

便秘や高血圧の要因にもなる不眠
光を浴び、体を動かす過ごし方が鍵

Point
① 認知症があると睡眠障害は起きやすい
② 一日のスケジュールを決めて生活リズムを守る
③ 睡眠薬は睡眠の専門医に相談を

活動不足、ストレスでますます眠れなくなる高齢者

睡眠は脳や体の疲れを癒やし、機能を回復させるために不可欠ですが、不眠は多くの高齢者が抱える悩みです。人の体には、脳内にある「体内時計」と呼ばれる機構による24時間周期のリズムが備わり、意識しなくても夜は睡眠モードに、日中は覚醒モードに切り替わります。血圧や体温をはじめ、睡眠を促す「メラトニン」と呼ばれるホルモンの分泌なども、すべ

教えてくれた人
睡眠総合ケアクリニック代々木
理事長
井上雄一さん

大いびき、むずむず 気になったら受診を

高齢者に多いこんな病気も睡眠を妨げる。ストレスがきっかけの「精神生理性不眠症」、大きないびきや無呼吸が起こる「睡眠時無呼吸症候群」、蹴るような不随意運動が起こる「周期性四肢運動障害」、脚の不快感で眠れない「むずむず脚症候群」など。

高齢者の生活は 昼夜のメリハリを

てこの体内時計が刻むリズムに従って変動しています。
ところが高齢になるとリズムの振幅が小さくなり、睡眠と覚醒のメリハリがなくなるのです。**日中、エネルギーを使う活動が減る**ことが大きな要因。メラトニンの分泌には強い光が関わりますが、高齢者はまぶしいのが苦手で日中、遮光したり、夜は足元が危ないので家中を明るくしたりと、メラトニン分泌のリズムが乱れる要因もたくさん。またアルツハイマー型認知症や脳血管性認知症があると、さらに不眠や中途覚醒などの睡眠障害が起きやすく、レビー小体型認知症の場合は睡眠中に激しい体動が起こるレム睡眠行動障害が特徴的な症状。睡眠の悩みはより深くなります。

メラトニンは光に弱いため、朝日をしっかり浴びると分泌が抑制され、覚醒できる。朝日を浴びた約14時間後に再び分泌が始まるが、夜、照明が明るすぎれば分泌が抑えられて不眠に。また日中、暗い室内に閉じこもっているとメラトニンが出続け、居眠りすることに。（埼玉県立大学健康開発学科教授　有竹清夏さん）

よい睡眠のコツ

朝

起床は決まった時間に

就寝時間がバラバラでも起床時間を決めるとリズムが整う。朝日をしっかり浴びて。

昼

家事や外出で活動的に

できるだけ体を動かす。どうしても眠いときだけ20〜30分の昼寝を。

夕

散歩なら夕方がおすすめ

15分〜30分の有酸素運動で心地よい疲れが。

夜

就寝の90分〜2時間前に入浴

入浴直後は体温が高く入眠しにくい。自然に眠くなってから布団に入るのがよい。

不眠を悩みすぎない。日中を充実させることを第一に

高齢者のよい睡眠のためには、やはり体内時計のリズムを守ることがいちばん重要。現役世代と違って通勤などがない分、メリハリがつきにくいので、**「朝、定時に起床。カーテンを開けて日光を浴びる」「〜時までに家事をする」など、ある程度スケジュールを決めておく**とよいでしょう。ただし目覚めてしまうからと、日の出前から起きて散歩などの活動を始めないこと。高齢者は体内時計が前倒しにずれやすいので、起床時に日光を浴びられる日の出を基準に。

日中はできる限り家事や外出をして活動的に過ごしましょう。日光を充分浴びて、エネルギーを使うと、夜、メラトニンがしっかり分泌されてよく眠れます。昼食後など午後、**どうしても眠いときは20〜30分の昼寝**を。

午後の眠気が気になる人は、特に夕方の散歩がおすすめです。15〜30分の有酸素運動で体温が上がり、適度に疲れてよい睡眠が期待できます。

入浴は就寝時間の90分〜2時間前が理想。ゆっくり湯に浸かり、体温を上げておくと、寝るまでの間に体温が下がる過程で眠気が起こります。

夜間の照明はメラトニン分泌を妨げないよう、オレンジ色のやわらかい

快眠には枕と敷布団の組み合わせが大事

よい眠りのためには枕だけを選んでもダメ。『眠りのプロショップSawada』店主で上級睡眠指導士の沢田昌宏さんによると、まず体重や体型によって背骨にストレスをかけない敷布団を選び、その硬さによって選ぶべき枕が変わるという。

敷布団は硬すぎると体にストレスがかかり、やわらかすぎると腰痛の原因に。高齢者は基礎代謝量が低いので、温湿度調節ができるようマットレスに直寝ではなく羊毛敷布団などを敷いて。

枕は仰向けで敷布団と頸椎の隙間を埋める高さを基準に選ぶが、寝姿勢でも最適な枕は人それぞれ。万人

光（電球色。「第7章 照明」参照）にして、**布団に入る時間は「自然に眠くなるタイミング」がベスト**。ここで「○時には必ず就寝」などと決めたり、眠ることにこだわりすぎたりすると、かえって眠れなくなることもあります。昼間、元気に活動することが重要なので、そこに支障がなければ「眠れなくても気にしない！」という気持ちでいるほうがよいのです。

不眠は血圧、血糖値の上昇に関係する

ただし不眠が続くと、昼夜逆転して日中の活動ができなくなったり便秘などの不調を招いたり、血圧や血糖値も上がりやすくなります。高血圧の治療で薬が効かず、実は不眠が隠れていたというケースも少なくありません。またうつ病との関連も指摘されていて、不眠が原因でうつ病を発症したり、うつの前駆症状として不眠になったりすることも。

つらい症状が続く場合は受診しましょう。クリニックではまず生活改善を指導しますが、よくならない場合は睡眠薬を処方します。認知症がある場合、睡眠薬によって覚醒度が悪くなるので、適切な薬を選ぶ必要がありますが、最近は認知症に悪影響のない薬も出てきています。睡眠薬の処方は精神科医、心療内科医、睡眠の専門医※に相談してください。

向けはないので、ぜひ靴のようにフィッティングを。

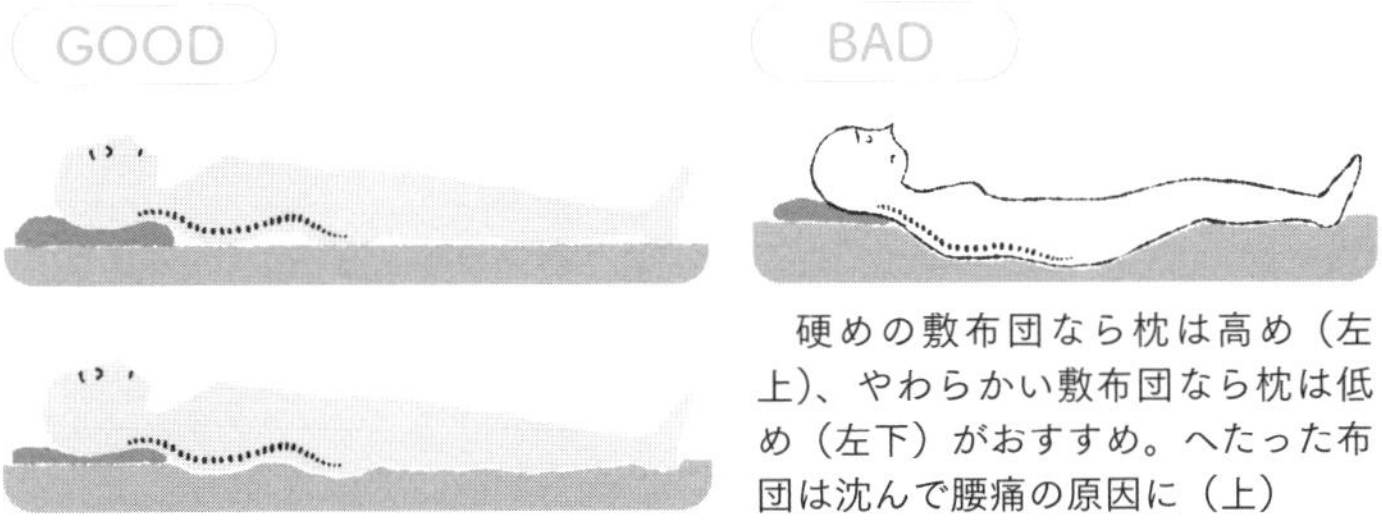

硬めの敷布団なら枕は高め（左上）、やわらかい敷布団なら枕は低め（左下）がおすすめ。へたった布団は沈んで腰痛の原因に（上）

※睡眠の専門医は日本睡眠学会のHPで検索できます。
https://jssr.jp/list

できないことを工夫で乗り越え生活の自信を取り戻す作業療法

Point

① 作業を単純化して本人ができるように伝える
② 折り紙一つでも「できた！」という自信が力になる
③ ほめられることで社会の一員であることを実感

「できる！」の自信がBPSDを軽減することも

「作業療法」とは障害を負った人が社会生活に復帰するための機能回復訓練（リハビリ）の一つ。運動機能に関わる理学療法、会話や嚥下能力に関わる言語聴覚療法と並んで、認知症ケアにも深く関わっています。各療法士は国家資格を持ち、介護保険サービスの訪問リハビリをはじめ、医療機関や介護施設などでリハビリを行っています。

教えてくれた人
文教学院大学
保健医療技術学部
作業療法学科教授
大橋幸子さん

下着から順に着る練習も作業療法

訪問リハビリで個別に行われる作業療法は本人の苦手なことに応じて多岐にわたる。たとえば「着替える」という作業の手順がわからなくなり、着替えられなくなっているときは、下着↓ブラウス↓ズボン↓カーディガンと、着る順番を一緒に練習。その中で「着る順番がわからない」「筋力などの衰えで腕を袖に通す動きができない」「手指の動理学療法や言語聴覚療法が主に体の機能回復を目的とするのに対し、作業療法は日常生活や人生といった幅広いフィールドで、本人が自分らしく暮らせるようにするのが目的。この「本人が」ということが重要で、できないことを介助するのではなく、本人の別の機能を引き出したり住まいの修繕などで環境を整えたり、広い視野に立って「自分でできる工夫」をします。この視点は介護をしている家族にも役に立つと思います。

たとえば家の中での事例。記憶障害のために今、使いたい物をどこに片づけたか忘れてしまうと、家中を探して疲れ果てたり、それを使う用事をあきらめたり、忘れる自分が不甲斐なくいら立ったりして暮らしが滞ってしまう。こんな場合は、**よく探す物を、探す状況に合わせて見つけやすいところに、わかりやすい表示をつけて「置き場所」を設置**します（P145図参照）。これで本人は記憶障害があっても自力で先に進めるわけです。認知症の人は、自身の症状にも周囲に世話をかけていることも気づき、少なからず情けない気持ちでいますから、人にやってもらうのではなく、自分でできるということに大きな意義があるのです。

また通所介護・リハビリ施設などでは、**見当識障害で季節や月日がわからなくなる症状のリハビリに、カレンダーの手作り**が行われたりしています。利用者とおしゃべりを楽しみながら「今は雪の季節、冬なのだな」

きが悪くボタンが留められない」などが見えてくる。

するとと着る順番に服を重ねておいたり、腕を通しやすい・ファスナータイプの服などを用意したりと、できる工夫が浮かぶのだ。またゆっくり練習を繰り返すことで、自力で着替える機能が回復することもあるという。

ちなみに理学療法は、立ち座り、歩行、着替えや食事など生活上の動作がスムーズにできるようストレッチやマッサージ、訓練などを行う。

言語聴覚療法は文字や絵を使ってコミュニケーションの訓練、発声・呼吸・音読などの訓練、また食べ物を飲み込む訓練などを行う。

「来月は9月、夏も終わりだな」と心の中で確かめて安心できる。そのほか手芸や折り紙、ぬり絵、園芸、木工、体操、歌、楽器演奏などさまざまなアクティビティが行われていますが、いずれも作業療法的な意味合いがあります。自分の好きなこと、得意なことに集中して完成させたり、みんなで楽しさを分かち合ったり、さらに完成させた作品をほめられたりすると「自分が社会の中で認められた」という大きな自信が得られるのです。社会で働く現役世代はにわかに理解しにくいかもしれませんが、高齢になり認知症で自尊心を失いかけた人にとって、ほめられるという細やかな出来事がとても重要。実際に「暴言、放尿、唾吐きなどで周囲を困らせ意思疎通も難しかった認知症の人が、大きなちぎり絵を完成させて絶賛されると行為がおさまった」といった事例もたくさんあります。

文字、絵、音などを駆使して工夫

実際の生活の中では、家族や介護者が代わりにやってしまったほうが効率的で、そうせざるを得ない場面も多いのですが、ぜひ作業療法的な工夫も取り入れてみてください。

基本は「できるだけ失敗を回避して成功体験を多くすること」。そのた

作業をすることは心と体を元気にする

紀元前から精神病の治療法として運動や音楽とともに作業が行われていたといわれているが、18世紀頃、近代精神医学の祖といわれるフランスの精神科医フィリップ・ピネルが行った道徳療法が近代の作業療法の起源。精神疾患のある人が仕事や遊び、趣味などの作業を行うことで、残存する能力や健康な面が引き出されることがわかり、療法に発展したという。

めにもまず本人をよく見て、どんな症状があってどんなことができないかを知ること。そしてできない部分を助けるために、**本人がすべき作業はできるだけ単純な工程にし、短文で大きく書いて、作業する場所に表示する。**ただし言語や文字を理解する機能が衰えている場合もあるので、絵を添えたり、音で注意喚起したり、それぞれの人に合わせた工夫が必要です。

そして家族にいちばん大切にしてほしいのは、本人の自尊心を守ること。認知症になっても老親の人生キャリアはすごいのです。できることを「すごいね、さすがだね」と大いにほめ、「教えて」と甘えてください。自信を失いかけた老親の大きな力になります。

＼ 作業療法のヒント ／

「作業を単純化、明確に表示」

探し物が見つかる場所を作る

いつも探す物はよく探す場所に「ここにあるよ」とわかるよう文字と絵で表示。

定時に行うことは音で知らせる

毎日の服薬などを忘れるなら、薬カレンダーが見える場所にアラームをセットして注意喚起。

操作手順はシンプル表示で

手順を踏むのが苦手になったら、作業を大きく短文で、操作する場所から見えるところに貼る。

物や環境の工夫でできることを増やす！　福祉用具

Point
① 慣れ親しんだ生活用品や住環境も見直しを
② 福祉用具専門相談員に相談しよう
③ 福祉用具選びは本人の意志が大事

鳩時計に変えたら生活リズムが戻った！

高齢者にとっては長く使ってきた生活用品や住まいの状態がいちばんで、自分が老いて使えなくなったら仕方がないと思いがちですが、物や環境は変えることができます。

たとえば認知症で時間の感覚が鈍くなり昼夜逆転になりかけた人に、正時に音が鳴る掛け時計に変えることを提案したところ、音が鳴るたびに時

教えてくれた人
K-WORKER
福祉用具専門相談員
住環境コーディネーター
山上智史さん

ペットボトルを軽く開ける方法

「手の力が入らずペットボトルの蓋が開けられなくなったという人に『ボトルをテーブルに置いて、蓋をしっかりつかんだままボトルのほうを回してみて』と伝えると、難なく開いて喜ばれました」（山上智史さん）。

計を見て時刻を意識するようになり、生活のリズムを維持できました。また大事な予定を忘れる不安に苛まれている人は、予定を書き込む月間カレンダーのすぐ横に、今日が何月何日かが表示されるデジタル日めくりカレンダーを設置したところ、自分で予定を管理することができるようになりました。介護する人はつい介助方法ばかり考えますが、**「物を変えてみる」という小さな発想の転換でグッと視野が広がります。**何より、人に助けてもらうのではなく、自分でできるということに大きな意味があります。

できないと思っていたことができることは、自立して暮らそうとする高齢者にとって大事だという。

手すりの設置で得られる安心感は大きい

福祉用具貸与・販売事業所などにある「福祉用具」も、まさに介護・介助が必要な人ができるだけ自立した日常生活を送るため、リハビリを支援

手すりを多用しよう

手すりがあるだけで安全性も安心感も格段によくなる

するための用具です。代表的なのは「手すり」。高齢になり筋力が衰えると、歩く、立ち上がる、座るという何気ない動作に不安を感じるようになります。長年、慣れ親しんだ家の中でも、**つかまるところのない廊下や玄関では転倒の恐れから動くことが億劫になる**ことも。そこにしっかりつかめる手すりがあると、安心して移動ができ、気持ちも前向きになります。

家の中でいちばん事故の多い浴室では、**浴槽をまたいで湯に入るとき、浴槽の中で立ち上がるときが転倒のハイリスク**。適切な場所に手すりや滑り止めマットが設置されていると、本人の「慎重に入ろう」という注意を促すことにもつながります。

筋力やバランス力が衰えてきた人は、「杖」を使うことでリズムがとりやすく、歩行も安定。また福祉用具の「靴」は転倒しにくいようつま先が上がっていて軽く、着脱のしやすい作りが基本です。

物で解決するアイデアをくれる福祉用具専門相談員

福祉用具には貸与品と販売品があり、関連する取り付け工事ほか段差や傾斜解消などの「住宅改修」とともに、一部は介護保険を使うこともできるのでケアマネジャーにも相談を。また福祉用具事業所に配置されている

歩行に自信が持てる福祉用具の靴と杖

福祉用の靴はしっかりとしたかかとで支え、つま先が上がっているのでつまずきにくい。高齢者に多い外反母趾やむくみ、O脚などの悩みに対応し、マジックテープなどで着脱もスムーズなデザインが多い。おしゃれなものも増えている。

杖はベーシックな一本杖から四点杖などの安定感のある多点杖、腕から支えるロフストランドクラッチなど、種類が豊富。それぞれ使い勝手や身長による適切な長さなども違うので、福祉用具専門相談員にじっくり相談を。多点杖、ロフストランドクラッチ、松葉杖などは介護保険適用のもの

介護保険サービスの専門職、「福祉用具専門相談員」は福祉用具に関する情報を持ち、用具の使い方だけでなく、不安や困りごとを解決するアイデアやアドバイスをくれます。ぜひ相談してみてください。

ただし物は使う人が前向きに使いこなしてこそ活きます。理論上の安全性や機能性が必ずしも本人の快適とは限りません。福祉用具選びも本人の意志を尊重し、使いこなせるかどうか、どんなフォローが必要かということまで考えましょう。

もある。

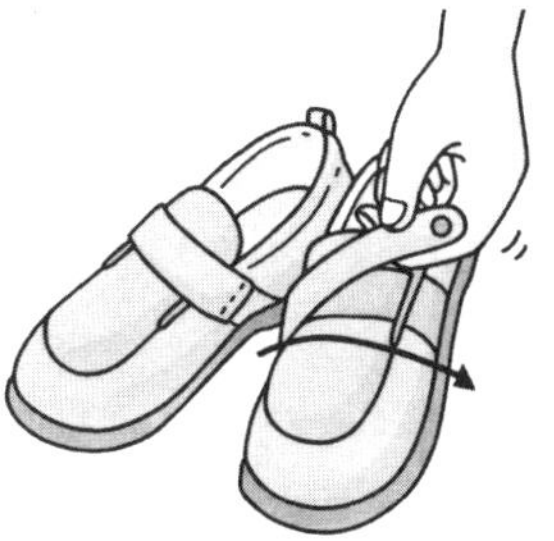

介護保険が使える 福祉用具・住宅改修

福祉用具貸与

介護度別給付限度額の範囲指定事業所から。

車いす、車いす付属品（クッションなど）、特殊寝台、特殊寝台付属品、床ずれ防止用具、体位変換器、手すり（工事不要のもの）、スロープ（工事不要のもの）、歩行器、歩行補助杖、認知症高齢者徘徊感知機器、移動用リフト、自動排泄処理装置

特定福祉用具販売

同一年度で10万円まで。

ポータブルトイレ、自動排泄処理装置交換可能部品、排泄予測支援機器、入浴補助用具、簡易浴槽、移動用リフトつり具部分

住宅改修

1住宅20万円まで。事前申請が必要。

手すりの取り付け、段差や傾斜の解消、滑り止め床材への変更、引き戸への取り替え・新設・扉の撤去、洋式便座への取り替え、転落防止柵の設置、これらに付帯する工事

グッズで見守り・防犯遠距離介護を支える室内カメラとオレオレ詐欺撃退の電話機

教えてくれた人
介護作家・ブロガー
工藤広伸さん
日本防犯学校副校長
防犯アナリスト
桜井礼子さん

身近に感じる室内カメラ

便利なグッズを駆使し、東京から岩手に住む認知症の実母の遠距離介護を実践する工藤広伸さん。見守り室内カメラ『Eufy IndoorCam 2K Pan & Tilt』（Anker）を愛用中。

「私が朝起きて母の映像をチェックし、母が映っていなくてもカーテンが開いていたら、今日も元気に生きているなというくらいの気軽な感じ。もう私の生活の一部ですね。

カメラは居間と台所、寝室、廊下、家の外にも向けて設置。母が起きている時間の8割くらいはカバーでき、画質がきれいなので様子もわかりやすい。カメラを通じて音声をやりとりできるので、万一母が倒れたら声をかけ続けられるし、在宅医療スタッフや救急車も東京から手配できます。

動体検知と連動した録画機能を設定していて夜中の母の様子もチェックでき、いつ誰が訪ねてきたかも記録できます。

講演会などで受信側のスマホ映像をお見せすると、介護している家族からは驚きとともに『すぐ買いま

■工藤広伸 ブログ「40歳からの遠距離介護」
https://40kaigo.net/

す』の声が続々。距離のある介護のポイントは何より安全ですから、これは究極の見守りといえますね」

老親には防犯対策付きの電話機を

高齢の親を持つ立場からも防犯の啓発活動を行う桜井礼子さんは、いっこうに減らないオレオレ詐欺などの特殊詐欺から老親を守るため防犯対策機能付きの電話機をすすめています。

「オレオレ詐欺被害者の約78％は、自分は騙されないと思っていたという調査も。総じて今の高齢者の防犯意識は若い世代に比べても低く、犯罪も巧妙化しているのです。

対策はシンプル。犯罪者と老親を接触させないことです。相手に通話録音を警告したり迷惑電話からの着信を拒否できたり、電話機の防犯対策機能も進化しています。対策をしていることで犯意を喪失させる効果もあります。また一部の自治体では防犯電話機購入に補助金を出すところも出てきています。

これだけ世間で騒がれている詐欺に遭遇し運悪く騙されてしまった高齢者は、深く傷つき、悔やんで自殺してしまう事例もあります。老親には『いつでも味方だよ』と伝え、相談できる環境も作ってあげてください」

ご用心!
騙されやすいのはこんな人
あら～ そうなの カッパが？
ウンウン
話を親身に聞く受け身の人
曲がったことが大キライ!
まっすぐすぎだよ!
カタ カタ
まじめでルールに厳しい人
私の相談相手はアンタだけよ……
よしよし
交際・行動範囲が狭い人
ワシをだまそうなんぞ100年早いわ!!
騙されない自信がある人

■日本防犯学校 YouTube「梅と桜の防犯チャンネル」
https://www.youtube.com/channel/UCRgD8SLT-CymsWgrTJXOb6w

アルツハイマー10年選手のウチの母⑤
生活・医療ライター 斉藤直子の場合

シャンプーに『シャンプー』と書いたらまた自分で洗髪できるようになった！

診断から４年目頃、会うたびに母の髪の汚れが気になるようになりました。それまでは寝る前、サービス付き高齢者向け住宅の自室のユニットバスにゆっくり浸かるのが習慣でしたが、その際に洗髪を忘れるようになったのです。でもそこで「入浴ができなくなった」と思うのはまだ早い。サ高住の介護スタッフに相談すると、洗い場で母が座るちょうど目の前の壁に、洗う手順を書いた『お風呂の順番』を貼ってくれました。そしてシャンプーボトルにはことさら大きな文字で『シャンプー』と。「こんなことで…」と正直思ったのですが、驚いたことに母はまた自分で洗髪するようになったのです。母の場合、文字を理解する力は残っていて、小さい表示では届かない「シャンプー」の文字を目に飛び込む大きさにするという工夫が功を奏したのです。

10年目の今は入浴も忘れるようになったので週２回、ヘルパーさんに手伝ってもらっていますが、体や髪はできるだけ自分で洗うよう、声がけだけに留めてもらっています。なぜなら「自分でシャンプーを泡立てて、かゆいところをゴシゴシ洗うほうが断然気持ちいい！」という当たり前のことを、あのとき改めて気づかせてもらったからです。

切実な不安を解消

介護にかかるお金・保険・住まい

専門的なサービスや物、施設などを利用しながら介護をする今の時代、
かかる費用は切実な問題です。どんなことにどのくらいかかるのか。
リスクに備える保険や制度はどんなものがあるか。
また老いや認知症で本人の自宅暮らしが難しくなったとき、
どんな住まいの選択肢があるかを紹介します。
これらの知識を持っておくことで、
行く先々で家族を悩ませる介護の不安が軽くなります。

第5章

認知症介護の費用は介護費用＋α まずは収支と費用軽減策の把握を

Point
① 認知症による出費の可能性を知っておく
② 助成や費用軽減策をとことん活用

教えてくれた人
河村修一さん
カワムラ行政書士事務所
ファイナンシャルプランナー
行政書士
認知症サポーター

介護費用は親のお金でまかなうべき

介護にどのくらいお金がかかるかは多くの人の不安。実際の介護経験者の大規模調査（左図参照）で、ある程度の金額も示されていますが、プロによる介護から食事の宅配、通院の付き添い、見守り、話し相手まで、介護保険や民間企業、自治体などが行うさまざまなサービスを駆使する今の介護は、いくらでもお金をかけることができます。それだけにまずは我が

介護保険の居宅サービス利用限度額

自宅や通所で利用する介護サービスは要介護度別の限度額内の利用分が保険適用に。それを超えた分は全額自己負担になる。

利用限度額
（月額・1割負担の場合）

要介護1	16万7650円
要介護2	19万7050円
要介護3	27万0480円
要介護4	30万9380円
要介護5	36万2170円

出典：『介護事業所・生活関連情報検索』厚生労働省

主な居宅サービスの利用料例

◯訪問介護

身体介護 **396円**／回
（30分以上1時間未満）

生活援助 **183円**／回
（20分以上45分未満）

◯デイサービス

（3時間以上4時間未満の場合）

要介護1 **368円**／回
要介護2 **421円**／回
要介護3 **477円**／回
要介護4 **530円**／回
要介護5 **585円**／回

※料金は基本料金で地域・施設により異なる。通所時の食事代など別途、諸費用がかかる。
出典：『介護報酬の算定構造』厚生労働省

施設サービス例 自己負担の目安（月額）

◯特別養護老人ホーム

（要介護5・1割負担の場合）

多床室
約10万4200円

ユニット型個室
約14万1430円

※料金は施設サービス費＋居住費＋食費＋日常生活費（施設により設定される）の目安。
出典：『介護事業所・生活関連情報検索』厚生労働省

介護費用は月額平均8.3万円

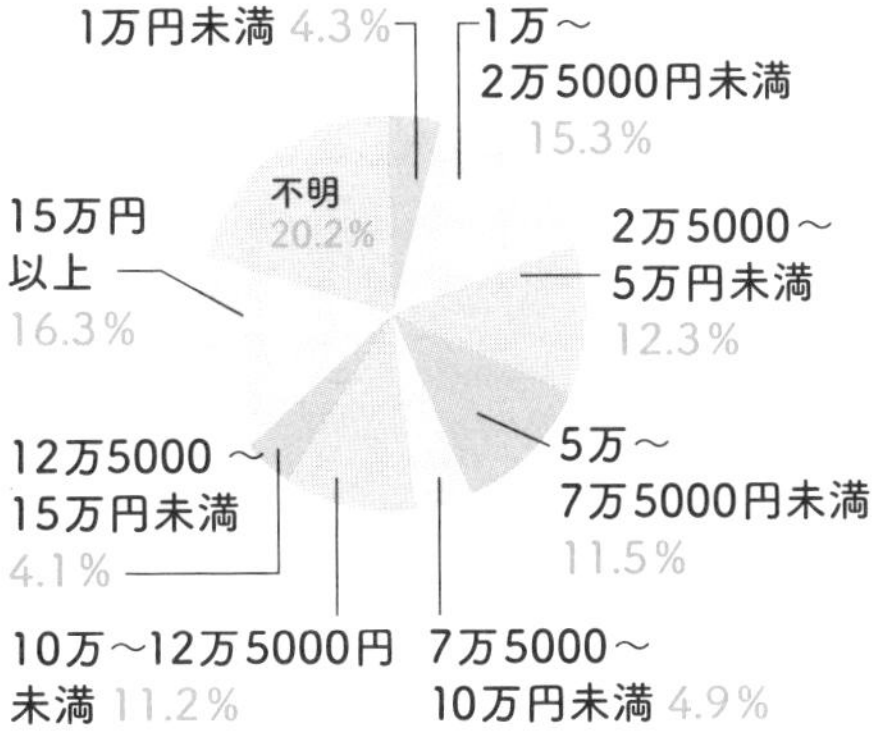

出典：『2021年度　生命保険に関する全国実態調査』生命保険文化センター

要介護度が上がるほど介護費用も増

要介護1 **5.3万円**
要介護2 **6.6万円**
要介護3 **9.2万円**
要介護4 **9.7万円**
要介護5 **10.6万円**
介護保険利用なし **6.9万円**

出典：『2021年度　生命保険に関する全国実態調査』生命保険文化センター

生命保険文化センターが全国400地点の一般世帯（世帯員２人以上）4000世帯に調査。過去３年間に介護経験のある人にかかった介護費用を聞いたところ、**「月々の費用は平均8.3万円」**。**「15万円以上」**と答えた人がもっとも多く、要介護度が高くなるほど費用がかかっていることもわかった。また介護を行った場所別では**「在宅で平均4.8万円」「施設で平均12.2万円」**という結果も。このほか住宅改修や介護用ベッドの購入などの**「一時的な支出費用は平均74万円」**だった。

家が必要とする介護にいくらかかるかを確認。介護費用と税金、保険料、医療費などを合わせた「支出」と、親の年金額などの「収入」を確認して、大まかな収支と合わせて預貯金などの「資産」を把握しましょう。突然始まる介護では、必要に迫られるままお金が出ていきがちですが、親の介護は親のお金でまかなうのが大原則です。

認知症があると、そうでない場合と比べても出費が多くなる可能性はあります。たとえば車の運転ができなくなるためタクシー移動が増える。火の扱いが危うくなるため調理器具をＩＨに買い替えたり、配食サービスを頼んだり。病気入院する場合は、差額ベッド代のかかる個室限定となり、家族が24時間の付き添いを求められることもあります。私自身の親たちの認知症介護経験の中でも、現金やキャッシュカードを紛失したり、同じ食品を繰り返し買って無駄にしたり、また認知症進行抑制のために自費サービスの話し相手を頼んだこともありました。

ただ症状の出方は個人差も大きく、対応の仕方次第で軽減することもできるので、認知症だから必ずこれらの出費が必要ということではありません。認知症の介護経験者からもどんな出費があるかなどの情報収集を行いつつ、いざというときに慌てないように準備しておきましょう。

遠距離介護なら航空機も割引に

離れたところにいる家族の介護を目的とする場合に使える航空運賃の割引がある。ＡＮＡの『介護割引』は、要介護・要支援認定された人の「二親等以内の親族」などの適用範囲、介護者と要介護者の最寄り空港を結ぶ1路線のみなどの適用路線といった利用条件や事前登録の必要がある。

介護費用節約の裏ワザ、世帯分離

現役世代の子どもと老親が同居しながら別々の世帯として住民票を分けることを世帯分離という。これにより所得の少ない親の世帯が住民税非課税になれば、国

介護費用の軽減策、介護保険課にも相談できる

親の介護費用がかさむ、親の収入が少ないなどで子ども世代が負担する場合も、子ども世代の生活や老後資金が危うくなるようなら見直しが必要です。

ケアマネジャーに相談して予算内で必要な介護サービスが利用できる方法を検討。介護保険サービスだけでなく、社会福祉協議会の見守り事業や地域のボランティアを利用する方法もあります。また介護費用を軽減できる制度（左参照）も積極的に利用しましょう。独自の助成制度を行う自治体もあるので、市区町村の介護保険課などに問い合わせを。

民健康保険料が減額されたり、高額介護サービス費などの自己負担額上限が下がって介護費用をより軽減したりできる。

介護費用が軽減できる制度

高額介護サービス費

1か月の介護保険サービスの自己負担の合計が負担限度額（非課税世帯の場合２万4600円）を超えたとき、差額分が払い戻される。介護保険証を提示して市区町村の窓口に申請を。

高額介護医療合算制度

医療保険と介護保険の１年間の自己負担の合算額が限度額（70歳以上の非課税世帯の場合31万円）を超えたとき、差額分が支給される。市区町村に申請を。

特定入所者介護サービス費

特別養護老人ホームや老健などの介護保険施設、ショートステイを利用する際、原則として全額自己負担の食費と居住費（滞在費）が、所得や資産が一定以下の場合、負担限度額を超える分が介護保険から支給される。市区町村に申請を。

特別障害者手当

精神、身体に著しく重度の障害があり、日常生活で常時特別の介護が必要な20歳以上、在宅の人が対象。障害の基準や所得制限があり、対象になる場合は月額２万7980円が支給。市区町村に申請を。

生活保護

世帯の月々の収入が国の定めた最低生活費（単身者で10～13万円くらい）を下回る場合、月収と最低生活費の差額が支給。居住地を管轄する福祉事務所に申請を。

■FPによる介護とお金・遺言・相続のご相談
（カワムラ行政書士事務所）
https://www.kawamura-fp.com/

老親が加害者になるリスクも再考
今すぐ始めるべき保険の見直し

Point

①個人賠償責任保険の加入は必須
②高齢者の生命保険・医療保険はカットできる
③認知症になると保険請求・解約が難しくなる

認知症の人の賠償もカバーする個人賠償責任保険

万一のときに備えて加入する保険。老親が現役を引退したときが、実は大きな見直しのタイミングです。保険で備えることが不可欠なことと、そうでないことを整理するのがポイントです。

まず保険で備える必要があるのは、人に損害を与えたとき、その賠償をカバーするための保険。というのも高齢で認知症も心配な老親が、何に対

教えてくれた人

FP&社会福祉事務所
OfficeShimizu
ファイナンシャルプランナー
社会福祉士
清水香さん

認知症のリスクが再認識された事故

2007年愛知県大府市で認知症の男性(当時91歳)が電車にはねられて死亡する事故が起きた。JR東海はこの事故による遅延に伴う振替輸送費などの損害賠償を男性の妻と長男に求め、一審では「家族が認知症の男性の監督義務を怠った」として720万円の賠償を命令。その後、最高裁まで争われて、2016年「家族に賠償責任なし」として

してどんな損害を与えるか、どのくらいの賠償をする事態になるかは予測不可能。場合によってはこちら（加害者）側の生活が破綻するリスクもあり、保険で可能な限り高い金額を備えておく必要があるのです。また認知症で責任無能力者とされた場合、監督義務者として配偶者や子どもに賠償責任が及ぶこともあります。そんなときに役に立つのが「個人賠償責任保険」です。

本人またはその家族が、日常生活上の偶然の事故によって他人に死傷、財物損壊などの実損を与え、法律上の**損害賠償責任を負った場合に、被保険者が負担する賠償金などを補償するもの**で、未成年者や精神上の障害などで責任能力がない場合は監督義務者（未成年者の親、認知症の人の親族など）が負う賠償も補償されます。一世帯に一つ入っておくべき保険です。

個人賠償責任保険は自動車保険や火災保険の特約として昔からあるので、すでに加入しているかもしれません。ただ近年、認知症高齢者が増加する社会のニーズにも合わせ、補償内容も広がりを見せています。たとえばかつては補償対象が同居親族に限られていたのが、最近は別居でも監督責任を負っている親族、後見人まで被保険者とする保険も出てきています。また事故が起きたときに保険会社が示談交渉をしてくれるかどうかも重要です。加入もれや補償内容を再チェックしてみましょう。

JR側の逆転敗訴が確定した。

この事故を巡って多くの議論が起こり、認知症の人の家族は本人が死傷するだけでなく加害者となりうるリスクを改めて認識。また自治体が個人賠償責任保険の契約者となって保険料の一部か全額を負担し、認知症の住民が被保険者になる形で認知症の人や家族を守る取り組みも全国で広がりを見せている。

生命保険・医療保険の見直しで家計費の節約を

生命保険文化センターの調査※では生命保険（個人年金保険を含む）に加入している世帯の年間払い込み保険料は60代後半で約44万円、70代後半約31万円、80代後半約36万円。家計にもかなりの負担になっていると思われます。しかしケガや病気でかかる費用は、ある程度、必要な金額の予測がつきます。**家族を支える現役から退いた老親には、基本的に生命保険は不要。**また公的医療保険には、一定額以上の医療費の自己負担額が戻る高額療養費制度もあり、さらに医療保険でカバーしなければならないほど医療費が必要になるかどうか、再考の余地があります。これらを整理することで、払っていた保険料分を別のことに使うこともできるのです。

一方で**火災保険などによる自然災害への備えは必須。**自然災害で家が全半壊することを考えた場合、数千万円レベルの損害を被るおそれがあるため、住宅再建ができる金額を保険で備えるのが基本です。選ぶべき保険や補償は家のある場所や建物によりますから、災害の危険度が検索できる居住地の自治体が作成する『ハザードマップ』などをチェック。住まい周辺の環境を把握した上で、リスクをカバーする保険・補償を選びましょう。

個人賠償責任保険はクレカにセットも

個人賠償責任保険は自動車保険や火災保険、共済保険などの特約としてつけるのが一般的。クレジットカード会員向けの保険もあり、カード会社を窓口に加入することもできる。保険料は月額数百円、年額2000円前後で保険金額は最高1億円から無制限まで。

電車を止めて大損害！に対応する特約も

大府市のJR東海の事故で請求されたのが「遅延損害」。これは人や物に対する実損ではないため、一般的な個人賠償責任保険では補償されない。そこで登場したのが「電車等運行不能

※「2021年度生命保険に関する全国実態調査」

認知症の人の代理で保険請求・解約ができる制度

認知症で判断能力が低下して意志の確認ができなくなった場合、金融機関の口座管理と同様、原則、保険の請求や解約ができなくなります。しかし認知症診断で即、凍結されるわけではありません。本人の意志が窓口でのやり取りで確認できれば取引は可能。ある程度の段階まで丁寧にサポートすれば、保険やお金の管理についての意志を表明できるはずです。

とはいえ保険は請求しなければ保険金が受け取れません。請求時に意思確認ができなくなる可能性も考え、**契約中の保険に関して、家族などが代わって手続きできる制度を早めに導入**しておくことをおすすめします。

まず「指定代理請求制度」は被保険者本人が病気などで保険金や給付金を請求する意思表示ができない場合、あらかじめ指定した代理人が請求できる制度。多くの保険会社では配偶者か3親等までの親族を請求人に指定でき、契約途中での指定や、指定後の変更もできます。また「保険契約者代理制度」なら契約者代理人が解約まで行うことができます。さらに「家族情報登録制度」を利用すれば、事前に登録した家族などが契約内容を照会でき、保険証券の紛失などがあっても請求もれを防ぐことができます。

賠償追加型特約」。
また個人賠償責任補償のほかに、被害者が死亡時の見舞金補償や行方不明時の捜索費用補償などを取り扱う損害保険会社もある。

親の認知症対策として考えたい
家族信託※と成年後見制度

Point
① 親の介護費用対策に使える家族信託
② 認知症になってしまったら成年後見制度

教えてくれた人
司法書士みそら総合事務所代表
司法書士
家族信託専門士
酒井俊行さん

家族間で自由に設計できる家族信託

親が認知症などで財産管理が難しくなったときの対策として注目されている「家族信託」と「成年後見制度」。それぞれにメリット・デメリットがあり、補完し合って高齢社会に役立つ仕組みです。

たとえば親が認知症で判断能力が低下すると、親名義の定期預金の解約や不動産の売却、管理、運用ができなくなります。介護費用を本人の財産

信託財産に多いのは金銭・不動産・株式

金銭を信託する場合は委託者の口座から現金を引き出し、受託者が開設する信託用口座に送金する。不動産は委託者が住んでいる家や投資用の賃貸物件も信託できる。賃貸物件の修理や建て替えなども信託を行うことでスムーズ。

上場株式を信託する場合は証券会社に信託用口座を開く必要がある。

※「家族信託」は一般社団法人家族信託普及協会の登録商標です。

から使うこともできなくなりますが、事前に親（委託者）と子（受託者）が家族信託契約を結んでいれば、これらの問題もスムーズに解決できます。

具体的な仕組み（下図参照）は、「委託者」（財産の持ち主）と「受託者」（財産の管理・運用・処分を託される人）、「受益者」（管理・運用・処分による利益を受ける人。委託者と同一ＯＫ）を決め、「信託財産の範囲」と「信託の目的」（「親の安心安全な生活のため」など）を定めます。信託財産は便宜上、受託者名義に変更されますが、金銭なら信託用口座を新たに開設して受託者個人の財産とはしっかり区別。受託者が解約した定期預金、家賃収入、不動産の売却益などはすべて受益者に給付されます。

委託者が元気なうちは自分の財産の使い方を受託者に指示することもでき、認知症になったらあらかじめ定めた目的に沿って管理してもらう。受託者の責任と判断で積極的に運用してもらうこともできます。**信頼できる家族間で柔軟に財産管理ができるのが家族信託の大きなメリット**です。

ただし認知症を発症し、判断能力が不充分になった後では家族信託の契約は結べないので、早めから検討して導入する必要があ

家族信託の仕組み

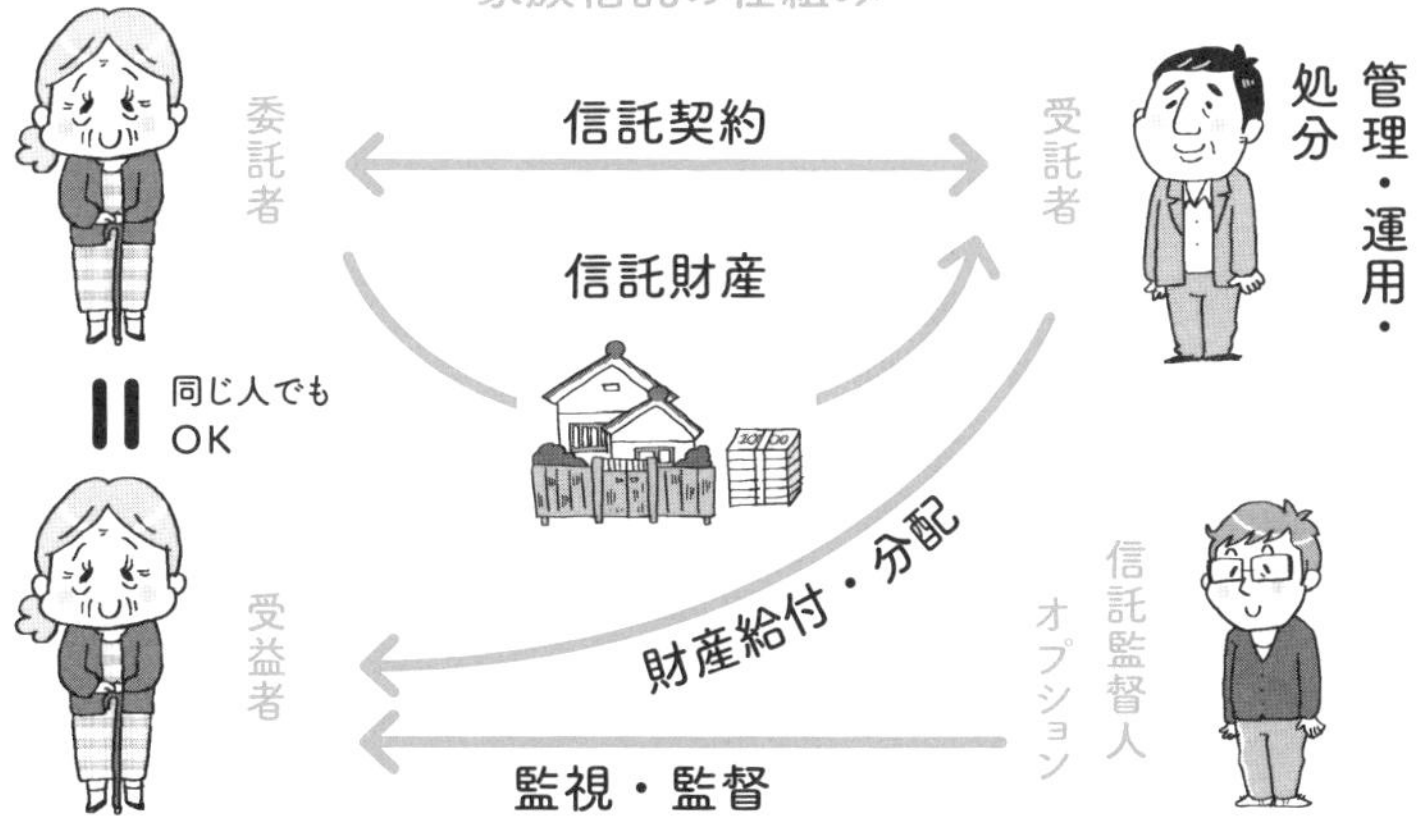

ります。また契約内容を巡り、受託者を含む兄弟間でトラブルになることがあり、必要に応じて受託者の管理状況を監督する「信託監督人」をつけることもできます。信託監督人は親族のほか司法書士などにも頼めます。

裁判所の選任者が行う成年後見制度

対策をしないまま親が**認知症になり、前述のような困りごとにぶつかった場合は成年後見制度が唯一の選択肢**になります。

この制度は認知症などで判断能力が不十分な人の生活や療養看護を支援し、財産を守るのが目的。そのため生活費の管理、必要に応じた定期預金の解約や不動産売却などは、裁判所が選任した「成年後見人」が行います。また本人の住まい、介護施設、介護サービスなどの契約が行えるのも成年後見人の権限。これは家族信託ではできません。

ただし成年後見制度は裁判所への申し立てが必要で、後見がスタートするまでに1~2か月程度かかります。また後見人は司法書士や弁護士が選任されることもあり、必ずしも家族がなれるとは限りません。また一度、後見制度の申し立てが始まると、本人の判断能力が回復するか亡くなるまで中止できず、後見人は年1回の裁判所への報告義務が課されるなど制約

認知症発症前に決めておく任意後見制度

成年後見制度では本人が後見人を選ぶことはできないが、認知症発症前、充分な判断能力があるうちに任意後見人を自由に選んでおける任意後見制度がある。判断能力が低下した後、任意後見人に代行してもらいたいことを公証人役場で公正証書にし、後見が必要になった段階で家庭裁判所が任意後見監督人を選任。その監督下で任意後見人が契約で定められた特定の法律行為を行う。本人が締結した契約（詐欺被害の場合も）について成年後見人は取消ができるが、任意後見人はできないといった違いがある。

や負担が大きいのが難点。それでも認知症になったとき、きちんとした法律に従って大切な財産を管理できます。

成年後見制度 手続きの流れ

1. 申し立て準備

申し立てできるのは本人、配偶者、4親等以内の親族、市区町村長などに限られる。主治医の診断書、住民票、戸籍抄本などの書類を準備。居住地管轄の地域包括支援センター、社会福祉協議会でも教えてくれる。

↓

2. 申し立て

本人の居住地管轄の家庭裁判所へ。

↓

3. 審理

申し立て書類の審査のほか必要に応じて申し立て人の面接、調査、親族への照会、認知機能などの鑑定も。鑑定費用は5万～10万円前後。

↓

4. 審判

裁判官が後見人を選任。申し立てからここまで1～2か月。

↓

5. 審判確定

審判が届いてから2週間経過すると審判が確定。

↓

6. 後見スタート

成年後見制度の利用で月額数万円の費用がかかる。

家族信託 契約の流れ

1. 相談・打ち合わせ

法律や税制などの専門家に相談しながら、家族の事情や希望に合ったプランを立てる。

↓

2. 信託契約書作成

契約書を作成し、委託者・受託者がそれぞれ署名、捺印する。相談した専門家への手数料は信託財産の評価額の1％程度が相場。

↓

3. 公正証書作成

必須ではないが、金融機関で信託用口座を開設する際や、トラブル防止のためにもあるとスムーズ。手数料は5000円～。

↓

4. 信託用口座開設・不動産登記

不動産の信託登記には登録免許税の納税が必要。固定資産税評価額1000万円の建物なら4万円を納税。登記申請を司法書士に依頼する場合、別途手数料が必要。

↓

5. 信託スタート

家族信託・成年後見制度の相談先

■弁護士　信託契約書の作成をはじめ、紛争や相続にも詳しい。兄弟間の関係が悪く、トラブルが起きそうな家族信託の相談にはおすすめ。

■司法書士　主に登記の専門家。不動産登記を必要とする家族信託や相続対策も相談できる。成年後見分野でも実績があり、後見人の中でもいちばん多く選任されている。

■行政書士　契約書や遺言書の作成、遺産分割協議書作成の支援なども相談できる。

■所沢相続・遺言相談室（司法書士みそら総合事務所）
https://www.misora-office.net/

在宅か別居か施設入所か？ 親子ともに幸せな介護の場所の選び方

Point
① 子の生活を犠牲にしない介護スタイルを
② 在宅・別居・施設の長所短所を冷静に分析
③ どこで介護してもコミュニケーションが大切

「同居で面倒を」の古いイメージをアップデート

三世代同居が多く、老いたらそのまま在宅介護が自然の流れだった時代は過ぎ、今は要介護の高齢者の独居も珍しくありません。核家族の中で仕事や子育てを担う世代が、親の介護で昔ながらの形を踏襲するのは難しいのです。それでも高齢者とその子世代には意外と「介護は一緒に住んで食事や排泄の介助」といった固定概念が残り、「在宅介護？ 無理なら施

教えてくれた人
介護・暮らしジャーナリスト
太田差惠子さん

親の介護が同居家族の仕事だった時代が

今の80代が親の介護を担っていた1980年、高齢者の子どもとの同居率は約7割（「厚生行政基礎調査」厚生省）。主に息子夫婦と同居し、介護は嫁の仕事だった時代があった。そんな親の姿を見て育った50～60代もまた、「介護は家族で。食事や排泄の介助も当たり前」という介護観が根強い。およそ40年後の2019年「国民生活基礎調

設？」などと介護の形態ばかりを悩む人も多いよう。今こそそんな古い介護観をアップデートすべきです。

まずは子世代が自分の生活に基軸を置き、そこから親に何ができて何ができないか、親がどんな助けを必要として何を望んでいるかを合わせ、どこで、どんな介護をするかをプランニングするのが今の介護スタイルです。

介護の場所・スタイルは互いのストレスまで考えて

同居で在宅介護か、遠距離・近距離含め別々の住まいから通う別居介護か、あるいは施設介護か。物理的、経済的な条件も関わってきますが、メ

査」（厚生労働省）では高齢者の6割が独居か夫婦のみ。三世代同居は1割を下回った。

同居介護

メリット

互いに安心
余分な費用や時間が不要

デメリット

互いにストレス
仕事に支障がでやすい

別居介護

メリット

親との関係を客観視できる
抱え込みに陥りにくい

デメリット

移動時間や費用がかかり疲労
行き届かない不安感がある

施設介護

メリット

プロに委ねる安心感がある

デメリット

費用がかかる
親への罪悪感がある

施設入所検討のタイミング

食事ができない
排泄の失敗が増える
火の始末ができない
家族の疲弊が限界
介護離職が頭をよぎる

■太田差恵子のワークライフバランス
https://www.ota-saeko.com/

リット・デメリットをよく知っておくことが大切です。

同居の場合は、フレキシブルに対応できて安心感が違います。半面、24時間体勢で子のテリトリーへの影響が大きくストレスも相当。子が親の住まいに移る場合は仕事にも少なからず影響があります。逆に子の生活圏に親を呼び寄せる場合は、新しい環境に対する親のストレスに要注意。別々に暮らしていた親子なら目に見えない生活観の違いが生まれてしまいます。「親子だから何とかなる」と安易に考えないほうが賢明です。また同居ではどうしても**「自分しかいない」と抱え込みやすく、うつや介護離職のリスクも高く**なります。介護保険サービスなどもうまく活用しましょう。

別居介護の場合は距離がある分、自分がくつろげるテリトリーを守れるのが何よりのメリット。必然的にケアマネジャーなどの介護専門職が介入する場面も多いので、全体を考えて相談でき、「自分はここまで、後はお任せしよう」などと線引きもしやすくなります。ただ距離によっては移動の費用や労力がかかり、心身の疲労は侮れません。自分が通える回数や介護力をしっかり決めて割り切らないと「介護が足りないのではないか」「もっとできるのでは」と罪悪感に苛まれる人も多いよう。いずれにしても自分の心と体力の限界を常に意識しておくことが大切です。

コミュニケーションこそ最高の親孝行

兵庫県尼崎市で在宅医療を行う長尾クリニック名誉院長・長尾和宏さんは、老親の状態と家族の介護力に応じて自宅・施設・病院を行ったり来たりする介護も可能だという。「自宅には数日、後は施設のショートステイで過ごす人、要介護5の親を介護スタッフと連携して働きながら在宅介護する人、天涯孤独の認知症で在宅医療と訪問介護を使って独居を通す人も。孝行は介護の形ではなく、会いに行ったり電話をしたり、心を通わすことがいちばんなのです」（長尾さん）

施設入所は看取りまで視野に入れて

認知症や老化が進み、食事や排泄、入浴などの支障が大きくなってくると、介護の負担も大きくなります。**介護する家族が疲れて眠れない、虐待しそう、離職がよぎるようになったら、施設入所を考えるタイミング**です。

特別養護老人ホームや認知症に特化したグループホーム、民間の有料老人ホーム、賃貸住宅に安否確認などのサービスがついたサービス付き高齢者向け住宅など、選択肢はたくさん。介護の負担は大幅に減り、プロに委ねられる安心感も大きいのですが、老親にとっては暮らしの場であることを忘れずに。手厚い介護や医療的ケアが必要か、自由を確保した自立生活が大切か、看取りまでお願いできるかどうか。個々の施設の特色や雰囲気も含めて、何より本人の気持ちを最優先に検討しましょう。

要介護が高いほど長くなる同居介護者の介護時間

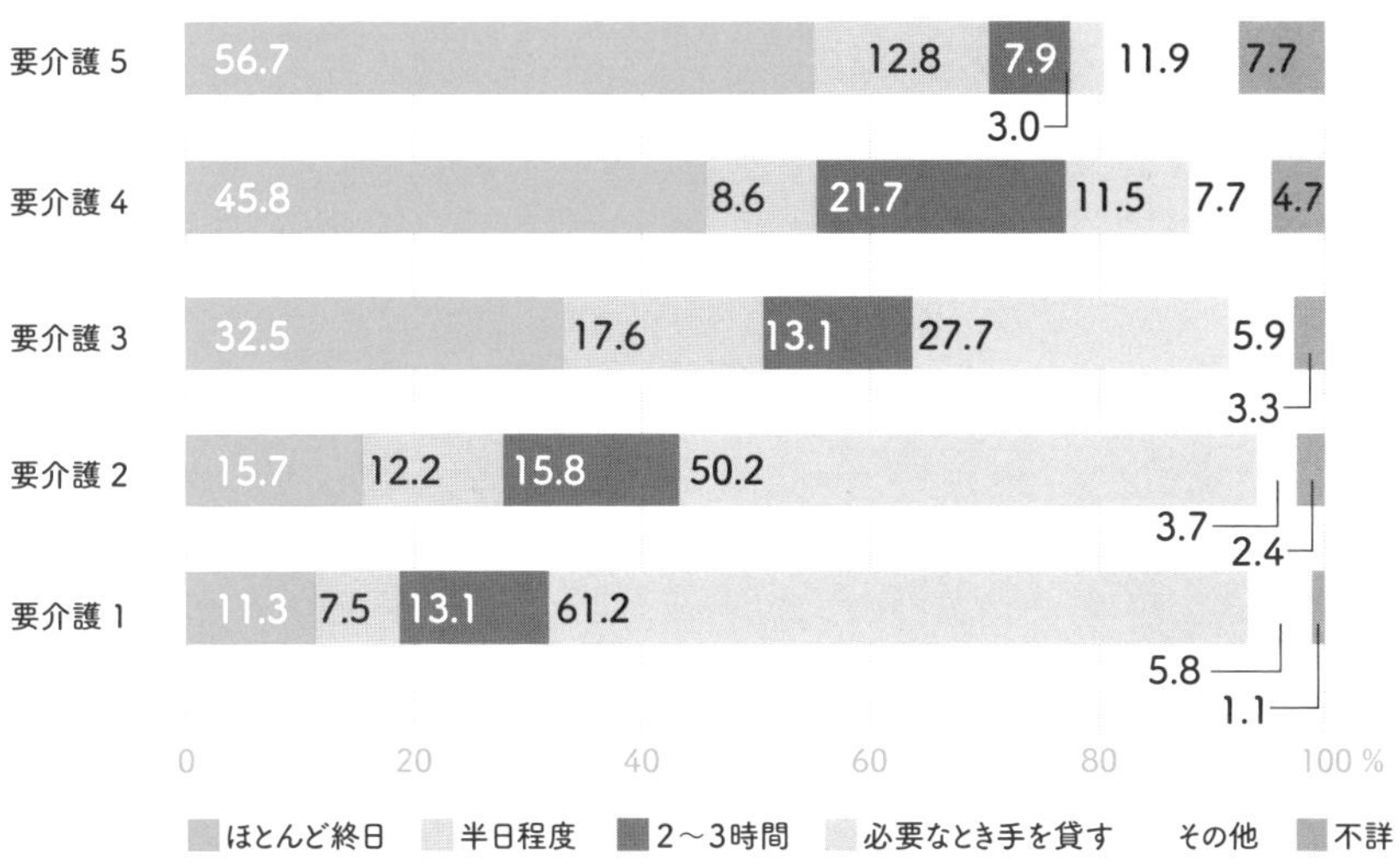

出典：「国民生活基礎調査（2019）」厚生労働省

予算、立地、介護、医療の必要性でしっかり選ぼう老人ホーム

Point
① 最初に必須条件に照らして消去法で絞り込む
② 見学は必ず。先に家族だけでチェックを

立地だけは介護家族視点で選ぶ

親の介護を託す施設を探そうとすると「快適」「安心」といった曖昧な基準を掲げがちですが、公的な介護施設から民間の老人ホームまで物件は数多いので、**絶対に譲れない必須条件に照らして物件を絞り込んでいくことから始めましょう。**老人ホームやサービス付き高齢者向け住宅などの種類も絞らずに、まず条件に合わない物件を消去していく方法です。

教えてくれた人

老人ホーム検索サイト『みんなの介護』編集長
松本裕介さん

電話相談も好評の『みんなの介護』

施設の種類や入居条件も多くて複雑な老人ホーム探しは根気がいる。掲載施設数トップのサイト『みんなの介護』は、施設の説明や選び方のアドバイス、介護保険や認知症などの情報も豊富。電話でプロの相談員が対応し、施設の資料請求から見学予約、入居までサポート。相談は無料。

介護施設・老人ホームの種類

	種類	概要	条件	費用
公的施設	特別養護老人ホーム	入浴・排泄・食事のケア、機能訓練、健康管理などを目的とした施設。費用が安く人気で待機者多数。個室、多床室のほか、少人数のグループ単位のユニット型個室も増えている。	入居可能な要介護度 要介護3〜 認知症 ○ 看取り ○	入居金（相場） なし 月額（相場） 10〜14.4万円
公的施設	介護老人保健施設	病院退院後などに介護・リハビリをしながら在宅復帰を目指すための施設。理学療法士などの専門的なリハビリが受けられるが入居期間が限られている。	入居可能な要介護度 要介護1〜 認知症 ○ 看取り ○	入居金（相場） なし 月額（相場） 8.8〜15.1万円
公的施設	ケアハウス（軽費老人ホーム）	自立生活に不安があり家庭環境や経済状況などで在宅介護が困難な人が対象。食事や生活支援を受けながら暮らせる。助成制度がある。自立型（自立〜）と介護型（要介護〜）がある。	入居可能な要介護度 自立〜 認知症 △ 看取り ×	入居金（相場） 0〜30万円 月額（相場） 7.5〜12.4万円
公的施設	介護医療院（2024年廃止予定の介護療養型医療施設の転換先）	長期療養と生活支援を目的とした施設。重度の要介護者に手厚い医療ケアを提供するⅠ型とリハビリで在宅復帰を目指すⅡ型がある。	入居可能な要介護度 要介護1〜 認知症 ○ 看取り ◎	入居金（相場） なし 月額（相場） 8.6〜15.5万円
民間施設	介護付き有料老人ホーム	人員、設備など国が定める基準を満たした特定施設で介護保険サービスが使える。食事、入浴、排泄などの支援のほかレクリエーションや設備面でも充実している。	入居可能な要介護度 自立〜 認知症 ◎ 看取り ◎	入居金（相場） 0〜1380万円 月額（相場） 14.5〜29.8万円
民間施設	住宅型有料老人ホーム	自立段階から入居でき、介護が必要になれば外部の介護サービスも自由に選択できる。多彩なレクリエーションやイベント、旅行などを実施する施設も多い。	入居可能な要介護度 自立〜 認知症 ○ 看取り ○	入居金（相場） 0〜380万円 月額（相場） 8.8〜19.1万円
民間施設	健康型有料老人ホーム	介護の必要がないアクティブシニア向け施設。食事や生活支援サービスはあるが、介護が必要になった場合は退去になる施設が多い。	入居可能な要介護度 自立のみ 認知症 × 看取り ×	入居金（相場） 0〜1億円 月額（相場） 12〜40万円
民間施設	サービス付き高齢者向け住宅	安否確認、生活相談サービス、床面積25㎡以上が義務付けられた賃貸住宅。自由度が高い。特定施設の指定のある施設から外部の介護サービスを利用する施設まで幅が広い。	入居可能な要介護度 自立〜 認知症 ○ 看取り △	入居金（相場） 0〜27万円 月額（相場） 11.1〜20.0万円
民間施設	グループホーム	認知症に特化。専門スタッフのケアを受けながら家庭的な雰囲気の中5〜9人の共同生活をする。介護保険の地域密着型サービスで施設のある市区町村に住民票のある人が対象。	入居可能な要介護度 要支援2〜 認知症 ◎ 看取り △	入居金（相場） 0〜16万円 月額（相場） 8.3〜13.8万円

◎充実した対応　○受け入れ可能　△施設により対応が異なる　×受け入れ不可
※入居金、月額の相場は『みんなの介護』に掲載の施設のデータをもとに同サイトが算出（一部施設を除く）

■みんなの介護
https://www.minnanokaigo.com/

必須条件の筆頭は「予算」です。入居一時金（不要な物件もあり）のほか月額費用、介護費用、医療費、食費など、この先月々支払い続ける費用が出てきます。これに対して年金や貯蓄でいくらまで払えるか、具体的な数字で出す必要があります。この条件が合わなければどんなによい物件でも入居できませんので、シビアに線引きします。

次に「立地」。これは家族のキーパーソンが訪問しやすい場所、生活圏内を第一候補にするのがおすすめです。老親が住み慣れた地域もよいのですが、入居後も何かと支援は必要で、家族が親の新生活に積極的に関わるためにも大事な条件なのです。

「どんな介護を希望するか」も重要。要介護の状態や性格なども考えて、いろいろと手厚いケアを望むのか、あるいは自由度を重視するか、ここは本人ともよく話して生活シーンを想像しながら意向を固めておきましょう。

そして「医療の必要性」は入居条件として施設側からも提示されますが、認知症をはじめ、胃ろうなどの定期的なケアが必要な場合は、医療スタッフの常駐が必須になります。

この4つの条件に照らすとかなり物件が絞られてくるので、資料請求をして必ず見学をしましょう。

自宅でも施設でもないもう一つの住まい方

介護施設などの制度上には位置づけられていないが確かなニーズがある住まい、その代表格「グループリビング」。高齢者などが集まって共同生活を営むいわばシニア版シェアハウスといったところ。介護保険サービスを使って介護を受けながら暮らすこともでき、認知症でも共同生活に支障がない限り入居することが可能だ。

シンボル的存在のCOCO湘南台（神奈川県藤沢市）は上野千鶴子さんのベストセラー『おひとりさまの老後』（法研）で紹介されたことでも話題になった。（グループリビング運営協

議会理事　土井原奈津江さん）

雰囲気やスタッフの誠実さは現地で肌実感で

現地見学はまず家族だけで。生活する場ですから、建物や居室、共用部分の清潔感や使い勝手、提供される介護やリハビリの内容、医療との連携体制、退去になる条件、看取り体制、食事やレクリエーション、家族との面会の決まりなど、チェック項目はたくさん。雰囲気や居心地のよさ、スタッフの態度など、現地に行かないとわからないこともあります。また施設長とはゆっくり話をして運営や介護の方針などを聞いたり、できれば食事やイベント実施中の入居者の姿や表情などを観察したりして、本人が快適に楽しく過ごせるかどうかを肌で感じながら確認してみてください。

　こうして物件を厳選してから、改めて本人を案内しましょう。事前に収集した情報を話しながら一緒に見て歩くと、老親も新たな生活への思いや期待が膨らみ、前向きに決断ができるよう。入居体験ができるところもあります。物件の周りを一回り歩いて、街の雰囲気を知っておくのもおすすめ。「親を施設に入れる」ことに抵抗を感じる人も少なくないようですが、今や老人ホームはサービス業としても各社しのぎを削り、成熟しつつあります。老親にとっては新たな暮らしの始まりでもあるのです。

写真提供：NPO法人COCO湘南

■高齢者グループリビング支援ネットワーク
https://www.glnet-groupliving.org/

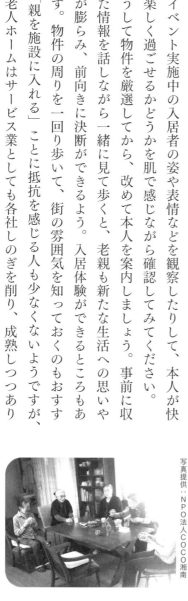

「彼女らは猛烈にがんばっている」グループホームでの暮らしに学ぶ認知症の人の心

教えてくれた人
ミニケアホーム・きみさんち
理事長
林田俊弘さん
管理者
志寒浩二さん

症状もひっくるめて受け止める

グループホームは認知症の人が家庭的な環境と地域住民との交流の中で、生活支援や機能訓練などをうけながら少人数（5～9人）で共同生活を営む住居です。「きみさんち」（東京都練馬区）の小ぢんまりとしたダイニングには、誰からともなく5人の入居者が集まって思い思いに過ごしています。

グループホームの定義として「家庭的な環境」とありますが、入居者さん同士は家族という感じではありません。認知症になると少なからずうまくいかないことが出てきて、本人も焦るし家族も困惑。そんな環境が本人には大きなストレスで、妄想や暴言で家族を困らせてどんどん厄介者になってしまう。ここは、そんな場所から離れ、認知症が理解される環境で「自分らしさ」を取り戻す場所なのです。

ここで重視するのは自分の生活を自ら組み立てること。食事は料理が得意な人が職員と一緒に作ってみんなで食べる。お風呂に入らなくても強いられないし消灯時間もなし。大人数の施設ではどうしても規則にはめ込まれますが、認知症の人にはそれもつらいのです。

　混乱したりBPSDを発症したりすることもありますが、職員はそんな症状もひっくるめてその人を見ます。普段意識しませんが、私たちも自分の意思で生活しているからこそ楽しい。みんな自分らしく楽しく生きる自分を、再構築しているのです。（林田俊弘さん）

写真提供：きみさんち

認知症でも人として達者

ある人はもの盗られ妄想が激しくて精神科入院を経て入居。またある人は家族とうまくいかず地域の人の手助けでここへ。みんな認知症になったことで居場所を失いかけて来ました。そして世話好きなある人は自分が住み込みのヘルパーだと思い込み、ある人は自宅が工事中でここに仮住まいしていると思っています。認知症ならではの妄想や作話ということもできますが、自分の状況を合理的に説明するストーリーを作っているのです。「だから今、私はここにいるのよ」って。

　ぼくらは自分が自分でいることを説明するのに頭を使わないけれど、彼女たちは猛烈にエネルギーを使って自分の居場所を作っている。このたくましさ、すごいと思う。

　以前、１００歳を超えて亡くなったお仲間を送り出したとき、みんな取り乱しもせず「この人はただものじゃない。徳のある人だったよ」って。人の本質をちゃんと見て称えている。人としてぼくよりずっと達者。改めて尊敬の念がわきました。（志寒浩二さん）

アルツハイマー10年選手のウチの母⑥
生活・医療ライター 斉藤直子の場合

母が選んだ終の棲家は〝どこかに行ける気がする〟駅近のサ高住

「直子の家のお客にはなりたくない」とは、10年前父が急死して、今後どうしたいか母に尋ねて返ってきた名セリフ。私が親元を離れてからもう四半世紀、仲は悪くないけれど一緒に暮らせるかは確かに別問題。母にはもう記憶障害やもの盗られ妄想が出始めていたけれど、自らの人生を熟考していたことに驚き、思わず母を二度見したのを覚えています。

とはいえ認知症の母の独居はすぐに限界が来ました。介護施設入所には猛烈な抵抗感があった私が「引っ越す？」と曖昧に切り出すと、「そうしよう！」と意外にも前向きな二つ返事。そこから精力的な終の棲家探しが始まったのです。いざ世間に目を向けてみると老人ホーム以外にも自由度の高いサービス付き高齢者向け住宅（サ高住）など選択肢は多く、一緒に見学して「ここがいい」と母が即断したのが今のサ高住です。ごみごみした幹線道路沿いですが、賑やかな商店街や駅が徒歩圏内。老人は静かな環境がよいというのも思い込みで、おかげで転居以降、気軽に都心の美術展などにも連れ出せるようになりました。今も散歩で通りかかると「駅はどこかに行ける気がしていいわね」と母。心の奥を語る大事なセリフ、聞き逃してはいけませんね。

見逃さないで!

認知症を悪化させる体の病気・不調

「親が認知症になったら生活習慣病や歯周病などの治療を急ぎなさい!」
という認知症専門医もいます。高齢になると誰にも起こる病気の管理が
認知症にとっても重要なのです。
直接、認知症のリスクを上げる病気もありますが、
周囲に不調を伝えるのが苦手になるためそれらの病気を悪化させ、
その苦痛がまた認知症悪化を招くからです。高齢期に多い病気を知って、
受診のタイミングを見逃さないようにしましょう。

第6章

高血糖・糖尿病は認知症の危険因子
よく動いて、血糖コントロールを

Point
① 高齢者は高血糖・糖尿病でも肥満とは限らない
② 何もせず動かないのが最大のリスクになる

歳をとるだけで血糖値は上がりやすい

糖尿病は高血糖の状態が続く病気で、悪化すると生活の質にも関わるさまざまな病気（下段参照）の引き金になります。脳に関しては**認知機能の低下を招いてアルツハイマー型認知症や脳血管性認知症のリスクを高め**、一方で認知症により食事や運動、服薬などが疎かになって血糖のコントロールが滞ることで、糖尿病が悪化するという相関関係にあります。

教えてくれた人
国立国際医療研究センター病院
糖尿病情報センター長
大杉満さん

糖尿病になると…

手足のしびれを伴う「神経障害」、失明リスクがある「網膜症」、人工透析が必要になる「腎症」が三大合併症。動脈硬化による狭心症や脳卒中、風邪やインフルエンザなどの感染症にもかかりやすくなる。

3食同じリズムで

高齢者の血糖値対策には食べるリズムも重要。1日血糖値とは血液中のブドウ糖の量で、食事をすると一時的に上がり、すい臓から出るインスリンの働きでエネルギーに変換されますが、加齢でインスリンの働きも衰えるので、歳をとれば誰でも糖尿病のリスクは上がります。中年までは食べすぎが主な原因で「高血糖や糖尿病＝肥満」という印象ですが、高齢者の場合は必ずしも血糖値が肥満体形や体重に反映されるとは限らないので、医療機関での定期測定が必要です。

高すぎも低すぎもよくない高齢者の血糖値

高齢者の糖尿病増加率が高い大きな要因は、ごはんやパンなどの糖質（炭水化物）に偏った食事。おかずに多いたんぱく質や脂質が不足して筋肉量が減った結果、活動量が減り、血糖は消費されず、血糖値が上がるという悪循環に。とはいえ高齢者の場合、血糖値が低すぎるのも危険です。低血糖になると脳が働かず動悸や震えが出て、頻繁に起こると**転倒や心筋梗塞、脳梗塞、認知症などのリスク増、死亡率が高まる**こともわかっています。高齢者は一人一人にちょうどいい血糖値を維持することが重要なのです。健診で定期的な血糖値や糖尿病リスクをチェックし、多彩な栄養がとれるようといろいろな食品を食べ、活動的に過ごすことが大切です。

3回脳や体に栄養を送り続ける意識を。いろいろな食品をよく噛んで食べることで血糖値の急上昇、急降下も防止できる。（管理栄養士・日本糖尿病療法指導士・松岡里和さん）

家事は適度な全身運動

立ち座りや移動も高齢者には貴重な筋トレの機会。家事は足腰、手先から脳までしっかり使う全身運動なので、家族が手助けしすぎるのはNG。

息切れ、脚のむくみには要注意 認知機能の低下を招く心臓病

Point

① 高齢者は総じて心臓機能が低下している
② 激しい運動もじっとして動かないのもNG

教えてくれた人
さいたま市民医療センター病院長
百村伸一さん

心臓の衰えは認知機能低下にも直結

高齢になると心臓病が増えてきます。その前段階で血圧が高くなり、血管が弾力を失う「動脈硬化」が起こることがまず大きな原因。冠動脈で動脈硬化が起これば「狭心症」「心筋梗塞」、また「心臓弁膜症」の引き金にも。脳の血管で起これば脳血管性認知症のリスクにもなります。

拍動のリズムが不規則になる「不整脈（主に心房細動）」も年齢ととも

調味料は別皿でつけると減塩に

塩の成分、ナトリウムは水分を体にため込む性質があり、とり過ぎると血液量が増えて心臓の負担に。味噌汁は1日1杯、減塩調味料や香辛料なども上手に利用。また調味料は煮含めたり全体にかけたりせず、別皿にとってつけるようにすると調節できる。

に増えてきます。血栓ができやすくなり脳に飛べば「心原性脳梗塞」に。小さな血栓が脳の微細な血管を詰まらせ、認知機能を低下させることも。これらの心臓病の結果、血液を全身に運べなくなり心臓に大きな負担がかかる状態を「心不全」といい、入院が必要となり命を縮める状態。認知機能低下に影響することもわかっており、高齢者では増加の一途です。

減塩とほどよい運動を心がけて

心臓病や心不全は、少しの動作で「ゼィゼィ」「ハーハー」と息が切れる、脚がむくんで脛の骨の上を押すと凹んだまま戻らないといったことで周囲が気づくこともできます。息苦しいため不眠を訴え、体を起こすと楽になる（起坐呼吸）なら心不全の可能性も。すぐに受診をしましょう。

心臓病の大もとは高血圧ですから、**塩分制限（1日6g未満）を心がけ、心臓病予防には週3回、30分以上のウォーキングなどの有酸素運動**がおすすめです。また激しい運動は心臓の負担になりますが、安静に徹して動かずにいると心臓を含めた全身の機能が落ちてしまい逆効果。適度な運動が心不全の予後をよくすることもわかっており、心臓リハビリの場でも有酸素運動を中心に行われています。

適度な運動が効果的 心臓リハビリ

心臓病や心不全の治療後などに認定の病院やクリニックで行われている心臓リハビリテーション。心臓に負担がかからない適度な運動療法で動脈硬化の進行予防や血管機能の改善をはじめ、体力や筋力を維持して全身の状態をよくすることがわかっている。本人に合わせて運動プログラムを組み、食事などの生活習慣の指導とともに行われる。日本心臓リハビリテーション学会のHPで全国の心臓リハビリの実施施設が検索できる。

■日本心臓リハビリテーション学会
https://www.jacr.jp/

歯周病は認知症や心臓病にも影響
噛んで食べることが脳を活性化

Point

① 歯周病菌は歯を失わせ、認知症、生活習慣病も誘発
② 口内細菌と戦う唾液はしっかり噛むことで出る
③ 訪問歯科も利用して口腔ケアを継続

口腔ケアは高齢者の健康の要

筋力が衰えて運動量が減り、食欲や食べる量が減り、栄養状態が悪くなりさらに体力が落ちるというフレイル（「フレイル」の項参照）の先で、口の中では「オーラルフレイル」と呼ばれる状態に陥りやすくなります。まず噛む力が減ることで口の中の殺菌を担っている「唾液」の量が減ります。そのため口の中には、歯周病菌をはじめとする細菌が増加。嚥下機能

教えてくれた人
ふれあい歯科ごとう
代表・訪問歯科医
五島朋幸さん

歯ブラシは小さめヘッドがおすすめ

セルフケアの基本は歯ブラシによるブラッシング。「歯ブラシ」はヘッドが小さめ、毛先はまっすぐ切り揃えたストレートカットのものが細部までよく磨ける。高齢者に好まれる天然毛は雑菌が繁殖しやすいので、ナイロン毛のやわらかめのものがおすすめ。

「ワンタフトブラシ」は細い毛束で歯と歯茎の境目や歯並びの悪い部分の磨き

（飲み込む力）が衰えてくると、細菌が高齢者の死因としても恐れられる誤嚥性肺炎の原因になります。歯周病は歯を失ういちばんの原因でもありますが、歯茎の炎症部分から血液にのって歯周病菌が全身に回ると、狭心症や心筋梗塞、脳梗塞、糖尿病のリスクを高めます。そして**アルツハイマー病の原因物質であるアミロイドβたんぱくの生成・蓄積を促進し、認知症の発症や悪化を招く**こともわかっています。

口腔ケアが全身の健康を守るために重要であることはいうまでもありません。そもそも動物は食べることで生命をつなぎ、歯やあご、舌などの動きと脳の機能は直結しています。訪問診療先の高齢者が入れ歯の調整をし

唾液腺マッサージ

唾液が分泌される３か所をやさしく刺激することで出やすくなる。１か所５秒ずつぐらいでOK。

①耳下腺

耳の前、上の奥歯のあたりに指の腹を当て回すように。

②顎下腺

あごの骨の内側。耳の下からあご先にかけて押し上げる。

③舌下腺

あごの先端の内側、舌の付け根に。指を当てて押す。

残しを除去するのに有効。歯ブラシと併用するのが理想的だ。

「電動歯ブラシ」は腕の力や手先の動きの衰えをカバーして楽に汚れ落としができるが、振動に慣れるのに時間がかかることも。重さや大きさなど本人の使い勝手を重視して選ぶこと。歯科医師や歯科衛生士に相談するとよい。（訪問歯科衛生士・口腔栄養サポートチーム　レインボー代表　篠原弓月さん）

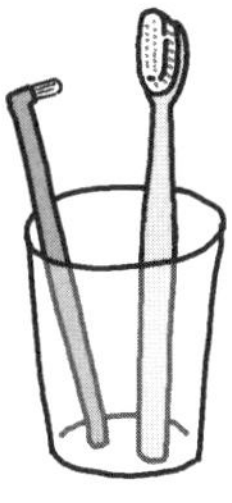

てうまく食べられるようになると、それまでぼんやりしていた意識がハッキリしたり、逆に食べられなくなると目を開けることさえしなくなったり、しっかり噛んで食べることで脳が活性化する様を何度も目の当たりにしてきました。歳を重ねるほど口腔ケアを丁寧にして、本人も家族も、口から食べることを最後まであきらめないでほしいと思っています。

セルフケアと歯科受診、訪問歯科も活用して

歯周病菌や口内細菌の塊である歯垢を落とすために毎日の歯磨きはとても大切。口内細菌は就寝中にもっとも増えるので、**就寝前と起床時の歯磨きを重点的に行い**ましょう。またできるだけ唾液を減らさないよう水分摂取を心がけ、唾液腺マッサージ（P183参照）も有効です。

しかし歯磨きには手指の複雑な動きや腕の力が必要で、高齢者にとって隅々まで磨くのはかなり大変。長い時間丁寧に磨いているように見えて、片側の一部しかきれいになっていないということもよくあります。また歯周病は体の栄養状態や健康状態と連動していて歯磨きだけで防ぐことはできません。かかりつけ医で血糖値や血圧を診てもらうように、**歯科での治療や歯科衛生士による歯のクリーニングを定期的に行う**のがおすすめ。歯

歯磨きのすすぎ時に「ブクブクうがい」を

歯磨き剤は虫歯予防になるフッ素入り、清涼感が強すぎないマイルドなものを。

磨き方　小刻みに横方向に動かし歯を1本ずつ磨くつもりで丁寧に磨く。

すすぎ方　水を含んだら、頬を意識してしっかり膨らませてブクブク。口の中の汚れを取り除き、唇や頬の筋力アップにもなる。歯磨きのとき以外にもリフレッシュのために気軽に行って。

（篠原さん）

の痛みはもちろん、食事量が減る、頻繁にむせる、硬い食べ物を残す、口臭などは口の中の不具合や機能低下のサイン。受診のタイミングです。

通院が難しい場合は訪問歯科（「第6章」末のコラム参照）という手もあります。自宅に歯科医や歯科衛生士が訪問し、基本的に外来と同じ診療が受けられます。本人の生活の場でリラックスして受診でき、食生活や普段のセルフケアの状況なども見て親身なアドバイスが受けられます。

入れ歯、ブリッジなどは早めに相談を

歯周病などで歯が抜けると、硬い物が噛めなくなるだけでなく舌が動かしづらくなるのが問題。誤嚥もしやすくなるので義歯をすすめています。選択肢は「入れ歯」（総入れ歯、部分入れ歯）、残っている歯を土台にして人工歯をかぶせてつなげる「ブリッジ」、外科手術で人工歯根を埋め込み人工歯を取り付ける「インプラント」。インプラントは歯周病や骨粗しょう症があるとできません。また要介護者の場合、外して洗浄できる入れ歯は介護者にとっても楽です。メンテナンスまで考えて選択しましょう。

認知症が進むと型取りなど入れ歯を作るプロセスから困難になることもあります。早い段階から歯科にかかり相談することをおすすめします。

栄養・運動・社会参加の三位一体で支える老親のフレイル対策

Point
① 社会との接点が減ることから衰えが連鎖
② 本人の生きる意欲がわく支援を

教えてくれた人
ふくろうクリニック等々力
理事長・院長
認知症専門医
山口潔さん

社会参加が疎かになったら要注意

■身体的フレイルは筋肉が減って身体機能が低下する「サルコペニア」、骨・関節などの運動器の不調で移動機能が低下する「ロコモティブ症候群」、口腔機能が低下する「オーラルフレイル」。■心理的フレイルはMCI（軽度認知障害）、軽度の認知症、抑うつなど。■社会的フレイルは閉じこもりや経済的困難などで孤立すること。多くは社会と

「歳だからしかたがない」で片づけないで

フレイルとは加齢に伴う予備能力の低下により、感染症などのストレスに対して回復力が弱まった状態のこと。放置すると生活に支障が出て死亡率も高まりますが、意識的な治療やケアで維持や改善が見込める段階でもあります。「歳だからしかたがない」と本人も家族も思いがちですが、長寿の時代、老後をできる限り生きがいある時間にするため、「フレイル外

来」を開設する病院やクリニックも増えています。

具体的には■身体的フレイル■心理的フレイル■社会的フレイルの三つがあり、これらが連鎖して自立度の低下が進むと考えられています。一つの不調や症状だけでなく「ほかに体の不具合がないか、不安がないか、生活で困りごとがないか」と全体を見る必要があるということです。

の関わりが減ることに始まり、心が落ち込み、口腔ケアが疎かになり、低栄養が進んで身体機能が落ち、結果社会参加しづらくなる。

本人の「楽しく長生き」の意欲を支えて

フレイルの指標としては①体重減少、②歩行速度低下、③記銘力低下、④主観的疲労感、⑤身体活動量低下などがあり、下表も参考にフレイルが気になれば最寄りのフレイル外来やかかりつけ医に相談を。

日常生活の中では、自力で歩き続けることを目標に**「片足立ち」「スクワット」**（「ひざ痛・腰痛」の項参照）を行ったり、骨や筋肉のもとになる**たんぱく質、カルシウム、ビタミンD**の摂取を積極的に。地域のコミュニティなどにも誘いましょう。ただ「要介護にならないようフレイル対策をしなさい」と家族が言うだけでは意味がない。本人が運動や食事、社会参加に価値を感じ、自分の人生にも価値を感じて「もっと楽しく長生きしたい」と思うことが大切。そんな気持ちで取り組めるよう支えてください。

フレイルチェック※

次のチェック項目に答えて合計3点以上ならフレイル、1～2点はフレイル予備軍。

症状・不調チェック	1点	0点
①6か月で2～3kgの体重減少があった	YES	NO
②以前に比べて歩く速度が遅くなった	YES	NO
③5分前のことを思い出せない	YES	NO
④最近2週間わけもなく疲労感がある	YES	NO
⑤ウォーキングなどを週1回以上行っていない	YES	NO

※ふくろうクリニック自由が丘「ロコモ・フレイル外来」提供

■ふくろうクリニック自由が丘 https://www.296296.jp/jiyugaoka/

命を落とすこともあるせん妄
慌てず落ち着いて対処を

Point
①興奮・錯乱だけでなく無気力・昏迷もある
②救急車を呼んでもOK。医療機関と連携を

認知症の人は発症しやすいが区別すべし

せん妄はさまざまな原因で起こる「意識障害」です。特に高齢者、認知症がある人、脳卒中など脳血管疾患になったことがある人はハイリスク。症状は二通り。**興奮や錯乱が起きる過活動型は、突如、人格が変わったように大暴れをして**、ケガをする事態になることも。時間や場所、目の前の人がわからなくなり混乱したり、無防備になり命に危険が及ぶような事

教えてくれた人
たかせクリニック
理事長・訪問診療医
高瀬義昌さん

せん妄が起こりやすいタイミング

直接原因　脱水・薬剤・便秘・脳神経疾患・感染症・手術・呼吸器や循環器障害。
促進原因　心理的ストレス・環境の変化・感覚の遮断（閉じこもり）・安静のための不動。

高齢者に多いのはショートステイ利用や旅行のときなど。楽しい家族旅行でも違う環境に適応するためストレスが伴う。

故に至ったりすることもあります。逆に**ぼんやりと無気力、昏迷状態になる低活動型**も。いずれも数時間から数日で収まり、認知症に症状が似ていますが、区別して対処する必要があります（下段参照）。

要注意！　高齢者には多い脱水もせん妄の原因

入院中に起こりやすいことは知られていて「せん妄は病院で起きるもの」と思われがちですが、どこでも発症します。原因は脳神経疾患、感染症、睡眠薬（ベンゾジアゼピン系）・抗うつ・胃薬（H２ブロッカー）などの副作用。また意外に多いのが脱水。発汗や発熱で水分と電解質が失われて電解質異常になると、脳の神経細胞の働きが妨げられるのです。この場合は速やかに経口補水液を飲ませましょう。

せん妄が起きたら、まず家族自身が冷静になり**本人を受け入れる姿勢を見せて落ち着かせ**、**安全を確保する**こと。力づくで抑えたり、低活動型の場合に無理に活動させたりすると逆効果になることも。興奮が収まらないときは救急車を呼んでもかまいません。認知症があってせん妄を繰り返すと、重篤になることも多いので、かかりつけ医に相談の上、大きな病院の精神科や各都道府県の認知症疾患医療センターを受診すると安心です。

突然・一時的が認知症との違い

認知症と区別できる、せん妄のわかりやすい特徴がある。認知症があってもいつもと表情や反応が違うと思ったらせん妄を疑って。

突発的　さっきまで機嫌よくしていた人が激変する。認知症の場合は変化が緩やかなことが多い。

話が支離滅裂　認知症の場合、事実とは違っても一貫したストーリーがあるが、せん妄は自分が自分でなくなって混乱しているので一貫性がない。

一時的　せん妄は数時間から数日で収まるが、認知症は基本的に回復しない。

脳の機能の衰えを示す傾眠 病気が隠れていないか確認を

Point
① ウトウトする傾眠は意識障害の第一段階
② 人生のゴールまでの道のりを考える節目

感染症や脳卒中、脱水、薬の影響もチェック

日中のウトウト居眠りはよくある風景でもありますが、昏迷・昏睡と続く「意識障害」の第一段階。活動量が少なく昼夜逆転気味の高齢者全般に起こりがちですが、認知症の人は無気力状態を伴うことも多くなります。生活リズムを維持するためにはやさしく声をかけたり散歩に誘ったりするのがよいのですが、病気の兆候の場合もあります。高齢になると誤嚥や排

教えてくれた人
東京都健康長寿医療センター
総合内科・高齢診断科
部長
岩切理歌さん

老親の衰えを慌てず騒がず見守って

高齢者専門病院で老年病専門医として日々診察する岩切さんは、高齢になれば、

泄障害などが原因で肺炎や尿路感染症が増えますが、発熱や咳などの目立つ症状が出ず、食事がとれなかったり傾眠状態になったりするので要注意。転倒などによる**慢性硬膜下血腫**（「転倒」の項参照）、**老人性うつ**（「老人性うつ」の項参照）、**睡眠時無呼吸症候群など睡眠の病気**の場合も。また睡眠導入剤や抗アレルギー剤など中枢神経に作用する薬の影響の可能性もありますので、気になる傾眠はかかりつけ医や薬剤師などにも相談を。

血圧・脈拍数・呼吸数の変化を受診の目安に

高齢者の体の状態は個人差が大きく、受診が必要かどうかの目安も本人の平常値との比較で見ましょう。普段から「バイタル」と呼ばれる血圧・脈拍・呼吸・体温を測定記録し、いつもと様子が違うときに測って大きな変化があれば、体内で何かが起こっているサイン。また自力で水分と栄養がとれないのは高齢者には命取り。2食続けて食べられなければ受診を。

傾眠は脳機能が落ちやすくなっている状態で、生命維持の難しい段階に入ってきた一つの節目。ゴールまでの道のりを意識し、延命治療や最期の迎え方を考える段階ともいえます。本人に関わる医療や介護の専門家たちとよい信頼関係を築いておくことが大切です。

傾眠自体はごく自然なことでもあると語る。

「たとえば認知症が進んで日中ほとんど傾眠状態でも、介助があれば食べられて安定した健康状態を長く維持する人もいます。これも一つの老い方でその人なりの生き方。加齢の衰えをハッキリ自覚するのもつらいもので、それらを忘れるように居眠りするのも本人には大切な安らぎかも。そんな面も含めて見守ってあげてください」（岩切さん）

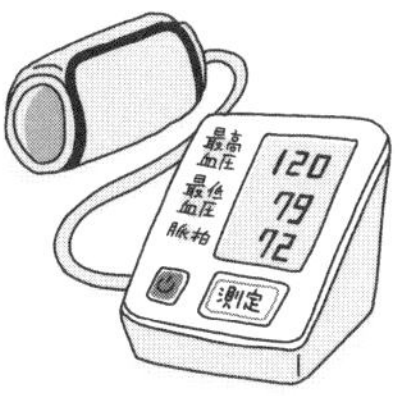

夏でも冬でも命取りになる脱水
1日8回コップ1杯の水分摂取を

Point
① 高齢者は脱水症状が出たときには重篤
② 緊急時用に経口補水液を常備しておく

命の危険一歩手前の「かくれ脱水」に気づいて

体の中で体液（血液やリンパ液ほかの液体成分）は体温調節や栄養・酸素の運搬、老廃物の排出など重要な働きをしていて、不足するとさまざまなダメージがあり、体重の3％以上が失われると脱水症と呼ばれます。

高齢者は小児や成人に比べても体液の量が少なく、夏の高温、冬の乾燥で体の水分が奪われ、食事量が減って水分摂取量も減りがちで、常に脱水

教えてくれた人
白十字訪問看護ステーション
統括所長
秋山正子さん

手作りの経口補水液

水500㎖に対して砂糖大さじ2強（20ｇ）、塩小さじ1／3弱（1.5ｇ）を混ぜる。

いつもと違い元気がなければ脱水を疑え

若い人に比べてもともと体内の水分量が少ないので、脱水症状が出たときにはすでに危機的状況。左図のような「かくれ脱水」の状態を要チェック。

の高リスク状態。脱水症になるとめまい、集中力低下、頭痛、食欲不振、吐き気、筋肉痛、麻痺、こむら返りなどが起き、認知機能が低下して話がちぐはぐになることも。熱中症や心筋梗塞、脳卒中、せん妄の引き金にもなり、めまいで転倒や骨折、誤嚥のリスクも。重度になると痙攣や意識消失と、命にも関わります。高齢や認知症の人はのどの渇きや初期の不調を自覚しにくく周囲に訴えられないこともあるので、脱水症になる手前の「かくれ脱水」(下段参照)を見つけたら、即、対処しましょう。

起床時・食事時・入浴前後・就寝前には水分補給

普段は3度の食事をしっかりとることが水分補給のベースになります。また一度に多量を飲むと排出されやすくなるので、少しずつこまめに。「起床・朝食・間食・昼食・間食・夕食・入浴前後・就寝」のタイミングで**1日8回コップ1杯**、水分をとる習慣をつけるとよいでしょう。

脱水の兆候があるときは、体液に近い水と塩分(ナトリウム)を速やかにとる必要があり、「経口補水液」がおすすめ。嚥下機能が衰え気味の人にはゼリータイプのものもあります。水やお茶など塩分を含まないものは利尿を促し、逆効果になることもあるので注意しましょう。

手の甲をつまむとすぐ戻らない
爪を押すと数秒赤みが戻らない
手が冷たい
舌が乾き気味

薬の多剤併用が不調の原因にもかかりつけ薬局・薬剤師を作ろう

Point
① 薬を減らすことで不調が回復することもある
② 決まった薬局・薬剤師と薬の情報を共有して

転倒、抑うつ、便秘……薬には副作用もある

病気を治療したり症状を緩和したりする薬ですが、高齢になると複数科で薬が処方されるようになり、腎臓や肝臓の機能が低下して薬が効きすぎたり副作用のために別の薬が追加されて数が増えてしまったりします。

夫と死別した寂しさから不眠になった70代の女性は、精神科と整形外科でそれぞれ睡眠薬を処方されて頻繁に服用するようになり、もうろうとし

教えてくれた人
ケイ薬局薬局長
日本女性医学学会認定薬剤師
宮原富士子さん

いつでも相談できるかかりつけ薬剤師

「かかりつけ薬剤師制度」では薬による治療や健康、介護に関する豊富な知識と経験をもつ薬剤師が24時間、相談対応。外出が難しい患者宅に薬を届け、薬の説明、残薬の確認も行い、処方医や医療機関との連携も強固にする。まずかかりつけ薬局を決め、資格をもつ薬剤師の中からかかりつけ薬剤師を選任し、同意書署名で依頼。処方箋1枚あたり60

て知人に電話をかけまくるという状態に。また10年前にパーキンソン病と認知症の診断を受けた男性は病気の治療薬、症状改善薬のほか下剤や睡眠薬など常時7種類を服用していると激しい暴言が始まりました。いずれも薬の副作用に気づき、処方内容を整理することで収まりました。

転倒、記憶障害、せん妄、抑うつ、食欲低下、便秘、失禁など「高齢だから」と見過ごされがちな症状が薬の副作用ということもよくあります。「飲んでおけば安心」ではなく、「この薬は何のため？　いつまで服用を続ける？」という意識を持ち、医師としっかり共有することが大切です。

薬局・薬剤師とのよい関係を築いて

処方薬はどこの処方箋受付薬局でも受け取れますが、複数の診療科にかかり薬が増える高齢期は電子化も進む「お薬手帳」の利用はもちろん、薬局とのつき合い方をもっと密にすべき。老親の身近でかかりつけ薬局やかかりつけ薬剤師を決め、認知症の状態や生活などまでよく知ってもらいましょう。医師とは別の角度から薬を通じた助言をもらえたり、薬剤師が直接、医師に問い合わせたりすることも。薬の飲み忘れなど、認知症ならではの相談もぜひ。かかりつけ薬局・薬剤師は力強い味方になります。

～100円程度のかかりつけ薬剤師指導料がかかるが、相談などは無料。

活用しよう！ 健康サポート薬局

厚生労働大臣が定める基準を満たし各都道府県への届け出で標ぼうできる「健康サポート薬局」。かかりつけ薬剤師・薬局の機能に加え、市販薬や健康食品、栄養管理、介護などに関する商品、情報を備え、イベントなども開催。地域の健康・介護の情報発信源に。

■eお薬手帳（日本薬剤師会の電子お薬手帳）
https://www.nichiyaku.or.jp/e-okusuri/index.html

80代ではほぼ100%が白内障 紫外線から大切な目を守って

Point
① まぶしがる、掃除が疎か……などで周囲が察知
② 外出時には紫外線カットのサングラスが必須

曇りガラス越しのような見え方

目の中で厚みを調節してピントを合わせる役割の「水晶体」が劣化して白濁し、見えにくくなるのが白内障。加齢が主な原因で70代では9割、80代以降はほぼ全員が白内障といわれるほど多い病気です。水晶体を人工レンズと入れ替える手術で、失明まで至ることはほとんどありませんが、症状の個人差が大きいのです。全体に暗く感じたり、まぶしく見えたり。

教えてくれた人
二本松眼科病院
副院長
眼科専門医
平松類さん

周囲が気づける白内障の症状

白内障の兆候は、左図のようなことが起きる場合もある。「ひどくまぶしがる」のは乱反射した光を感じているから。また色の濃淡が見えづらいため暗い台所でコンロの炎が見えず「調理を失敗」することも。細かい汚れに気づかず「掃除が疎かになる」、段差の陰影が見えず「階段を踏み外す」事例には階段に目立つ色のテープを貼って予防を。

物が二重、三重に見えたり微妙な濃淡が見えにくかったり。元来の老眼や近眼も進むので、加えて曇りガラス越しのような見え方になります。

少しずつ進行するので本人は自覚しにくいのですが、早めに受診することで、進行を遅らせる点眼治療の効果も上がります。特徴的な症状（下段参照）を見極めて受診を。また年1回は眼科検診（眼底検査）をおすすめします。白内障をはじめ、視野が欠けて失明にも至る「緑内障」、視力が低下する「黄斑変性症」などもチェックできます。

認知症の人の白内障手術は早めに検討を

白内障の発症・悪化の要因は「紫外線」。季節を問わず屋外ではサングラスを。濃色グラスでは瞳孔が開いて紫外線に被ばくしやすくなるので、**透明か、グラスを通して目が見える程度の薄い色**のものがおすすめです。

白内障手術自体は比較的低リスクで安全なもので、基本的な手術は健康保険の適用も。ただ術後の感染症の管理が必須で、認知症が進行して行動が制御できないと手術が難しい場合もあります。テレビや本、観光旅行など人生の喜びのほとんどは「見る」ことが関わります。認知症の人はきちんと定期検査をして、白内障手術は早めに検討しましょう。

調理をよく失敗する

階段を踏み外す

難聴を放置しない。音の刺激が少ないと脳の萎縮が進むことも

Point

① 聞こえが悪いと認知症やうつのリスクも高める
② 補聴器外来のある耳鼻科の受診を

教えてくれた人
木場たかはし耳鼻咽喉科院長
髙橋正時さん

耳が遠いと人づきあいにも支障が出る

「大音量でテレビを見ている」「会話中、何度も聞き返す」などから周囲の人が先に気づくことが多い難聴。老化による加齢性難聴は耳の奥にある内耳という領域の感覚神経や神経細胞が加齢により消失するのが主な原因で、音を感じにくい状態「感音難聴」とも呼ばれ、残念ながら完治はしません。中耳炎により鼓膜に穴が開いたりすることが原因で、音がうまく伝

認知症予防にも補聴器で聞こえ改善

世界の認知症の専門家からなるランセット委員会が「認知症になりやすい12要因を改善することで約40％予防が可能になる」（「プロローグ」P16下段参照）とした中で、もっとも大きなリスク因子が難聴。早期に補聴器を使い聞こえを改善することをすすめている。

わらない「伝音難聴」の場合は治療も可能。また高齢者にはよくありますが、自分で耳掃除をして耳垢が奥に押しやられてしまう「耳垢栓塞《じこうせんそく》」は、耳鼻科で掃除をするだけで聞こえがよくなることもあります。

いずれにしても聞こえが悪いと、会話についていけず人との交流が滞り孤立しがち。**音による情報が減るため認知機能の低下も助長し、うつや認知症悪化も。**また外では車の接近などに気づかず事故のリスクも高まります。歳をとれば誰でも「耳が遠くなるもの」と周囲は見過ごしがちですが、本人はとてもリスキーな状態。ぜひ耳鼻科の受診をおすすめします。

補聴器は耳鼻科連携の専門店で

補聴器を使って聞こえをよくすると、生活の質は大きく改善します。視力が落ちたら眼鏡を使うように補聴器も活用してほしいと思いますが、自分の状態に合った補聴器選びは専門知識も必要で、補聴器の「よく聞こえる状態」に慣れるまでに少々時間もかかります。機器自体は専門店以外でも買えますが、補聴器相談医※のいる耳鼻科で検査を行い、**認定補聴器技能者に適切な補聴器選びやフィッティングをしてもらうことをおすすめし**ます。廉価な集音機は耳を傷めることもあります。

目立たないタイプの補聴器も続々登場

補聴器には、内蔵マイクが音を拾って伝える「気導補聴器」と頭蓋骨を振動させて伝える「骨導補聴器」がある。

気導補聴器には3種類。

耳穴型　耳の穴にすっぽり入れて目立たない。オーダーメイドが一般的。

耳かけ型　耳の後ろに本体をかけてイヤホンで聞く。

ポケット型　本体をポケットなどに入れてイヤホンで聞く。介護者がかたわらで調節するのが楽。

骨導補聴器は眼鏡のつる部分を振動させる眼鏡型などがある。

※補聴器相談医は「日本耳鼻咽喉科頭頸部外科学会」HPで検索できます。　https://www.jibika.or.jp/

皮膚の乾燥が認知症のイライラを誘発することも。保湿を心がけて

Point
① 病原菌などから守るバリア機能が低下する
② 保湿剤は1種類で充分。たっぷり使う

皮膚の乾燥によるかゆみは大きなストレス

皮膚は紫外線や寒暖差、病原菌などから体を守るバリアの役割をしています。高齢になると皮膚のすべての層が薄くなり、皮脂の分泌も減って水分保持力も衰えるため、とても乾燥しやすい状態に傾きます。バリア機能が果たせず、かぶれや湿疹、皮膚感染症などのリスクが高まり、乾燥が進んで**皮膚表面が白い粉のようにはがれ落ちたり、浅いひび割れが生じたり**

教えてくれた人
田村クリニック2院長
皮膚科専門医
武藤美香さん

保湿剤はたっぷりつけて効果が出る

塗り薬や保湿剤、日焼け止めなどは適切な量を塗って初めて充分な効果が得られるが、多くの人が「少なめ」に使う傾向。主に塗り薬の効果を得る分量の目安としてFTU（フィンガーチップユニット）という単位があり、皮膚科でも推奨している。チューブタイプのクリームは大人の人差し指の第一関節分にのせた量（約0.5g）、ローションは手

する**「老人性乾皮症」**と呼ばれる症状も増えてきます。

皮膚が乾燥すると防御反応としてかゆみを感じやすくなり、高齢者には大きなストレスになります。認知症などで周囲に不快感を伝えられなかったり自分で適切な保湿ができなかったりすることで、イライラや不安感、強いストレスに。またストレスによって皮膚の乾燥がより進むこともわかっています。同じ環境下に暮らしていても老親の皮膚の乾燥やかゆみが起こりやすいことを念頭に、保湿を心がけてあげてください。

保湿化粧品の成分にも要注意。シンプルがベスト

市販の保湿化粧品には保湿成分以外に、美白や香料など余分な成分が含まれ、それらが刺激になり皮膚炎を起こしたり悪化させたりすることも。高齢になったら**皮膚バリアを修復する「セラミド系保湿剤」「ヘパリン類似物質」**などがおすすめで、**1種類で充分**なのです。ただしたっぷり使うこと（下段参照）。皮膚科を受診すれば適切な保湿剤のアドバイスや処方もできます。紫外線や冷房も皮膚の乾燥を助長しますので、夏場も薄手の長袖で素肌をさらさないことが大切。熱い風呂、洗いすぎ、石鹸や洗浄剤の使いすぎ、こすりすぎにも注意しましょう。

のひらに出した直径2㎝の量で1FTU。左を目安にたっぷり塗ろう。

顔・首	2.5FTU
片腕	3FTU
片手	1FTU
片脚	6FTU
片足	2FTU
体の前面	7FTU
体の背面	7FTU

後遺症もつらい帯状疱疹 認知症の人は要注意

Point
① 免疫力の低下が発症のきっかけになる
② できるだけ早い段階での治療が大切

発症率は70～80代がピーク

帯状疱疹の原因は、多くが子どもの頃にかかる水ぼうそうの病原菌「水痘・帯状疱疹ウイルス」。水ぼうそうで増殖したウイルスが治った後も体内に潜伏し、**加齢やストレスなどで免疫力が低下することで再び活性化して発症するのが帯状疱疹です。**50代から患者数が急増し、発症率のピークは70～80代。高齢者は気をつけるべき病気です。

教えてくれた人
まりこの皮フ科院長
皮膚科専門医
本田まりこさん

合併症にも要注意!!

水ぼうそうのウイルスはほぼ全身に潜伏しているので、帯状疱疹は「頭」「顔」「首」「胸」「腹」「背中」「下肢」など感覚神経のある部位ならどこでも出る。発症部分の神経が侵されるため、さまざまな合併症も起こり得る。たとえば耳周辺の帯状疱疹は、めまいや難聴、顔面麻痺、味覚障害など。額や目の上の場合は角膜炎や視力低下、悪化すると失最初はピリピリした痛みやかゆみから始まり、ウイルスが神経を破壊しながら皮膚表面に出てくる痛みが4日～1週間。体の左右どちらかに特徴的な帯状の赤い発疹が出て、やがて水疱、膿疱、かさぶたになり、はがれ落ちると治ります。ここまで約3週間ですが、早い段階で皮膚科を受診し治療を始めれば、皮膚症状も痛みも軽くすみます。

高齢者は後遺症や合併症のリスクが大

ところがリスクの高い高齢者は初期症状に気づかず治療が遅れて重症化するケースが多いのです。帯状疱疹が発症する部位の神経が侵されるのでさまざまな合併症（下段参照）もあります。また皮膚症状が治まった後に痛みが残る「帯状疱疹後神経痛」に移行し、数か月～10年以上つらい痛みが続くこともあります。下着が触れるだけでも痛み、不眠やうつの引き金になることも。特に糖尿病、認知症があると感覚が鈍くなりやすく痛みを訴えられないことも多いので、家族や周囲の人が気をつけてください。

帯状疱疹は免疫が低下しているサインでもあります。**糖尿病やがんなど免疫を低下させる大きな病気が隠れている可能性もありますので、**発症後は検診や人間ドックをおすすめします。

明の可能性も。またウイルスが脊髄の深部に及ぶと運動麻痺や筋の萎縮、ごくまれに脳まで達すると脳炎、髄膜炎、最悪は命の危険も。早い段階から医療機関（皮膚科）にかかっておくのが安心だ。

帯状疱疹は予防接種で予防できる

50代から生活習慣病やがんが増えて免疫力も落ち、帯状疱疹のリスクが一気に上がることを受け、2016年から50歳以上を対象とした予防接種（自費）が始まっている。最寄りの皮膚科クリニックなどで接種でき、接種費用の助成を行う自治体もある。

認知症の人に重要な外出を妨げる
ひざ痛・腰痛はまめに動いて予防

Point
① 治療は重要。でも動かないとますます悪化
② ひざ・腰に負担をかけずに鍛えるロコトレ

強い痛みは迷わず受診。慢性の痛みは動きながらケア

ひざや腰をはじめとする骨や関節に、急激に発症した強い痛みがある場合、また発熱（37．5度以上）がある場合は即、受診しましょう。

ただ知っておいてほしいのは、人の体は負担がかかると組織が傷み、それに伴う痛みが出ますが、同時に体内では組織の修復が始まっています。高齢になると修復に時間がかかり関節の変形などで慢性的な痛みも出ます

教えてくれた人
伊奈病院副院長・整形外科部長
高齢者運動器疾患研究所代表
石橋英明さん

高齢者に多い骨・関節の病気

変形性ひざ関節症　ひざ軟骨がすり減ることで痛む。
細菌感染・痛風　ひざ関節の痛み、腫れ、熱感が出る。
変形性腰椎症　背骨の間にあるクッション材の役割の椎間板が薄く変形して痛む。
椎間板ヘルニア　椎間板が飛び出ししびれや痛みが。
脊柱管狭窄症　一定時間・距離を歩くと痛みが強くなり、休憩や前かがみの姿勢で楽になる。足のしびれも。

が、痛みを恐れて長期間動かずにいると修復は進まず、骨や筋肉が衰えて逆に悪化してしまいます。**しっかり治療をして医師の指導を仰ぎながら、できるだけ動き続ける**気持ちで。少し攻めの姿勢が回復を早めます。

骨・関節・筋肉などの運動器の障害のため移動ができなくなる状態を「ロコモティブ症候群」といい、要介護になる大きな要因。認知症の人にとっては重要な外出の機会や意欲も奪います。『ロコモーショントレーニング』（ロコトレ）はロコモを予防し、ひざや腰に負担をかけずに筋肉が鍛えられるよう考えられています。慢性的な痛みだけならぜひ挑戦を。痛むようなら回数を減らすなど無理なく、しかし継続が大切です。

骨粗しょう症・圧迫骨折　加齢により骨がもろくなり、転倒や、あるいは気づかないうちに骨折していることも。腰や背骨が強く痛む、急に背骨が丸くなる、身長が縮むなどは受診を。

大腿骨骨折　転倒などで股関節が強く痛む。即、救急車を。

継続で効果大！

ロコトレ

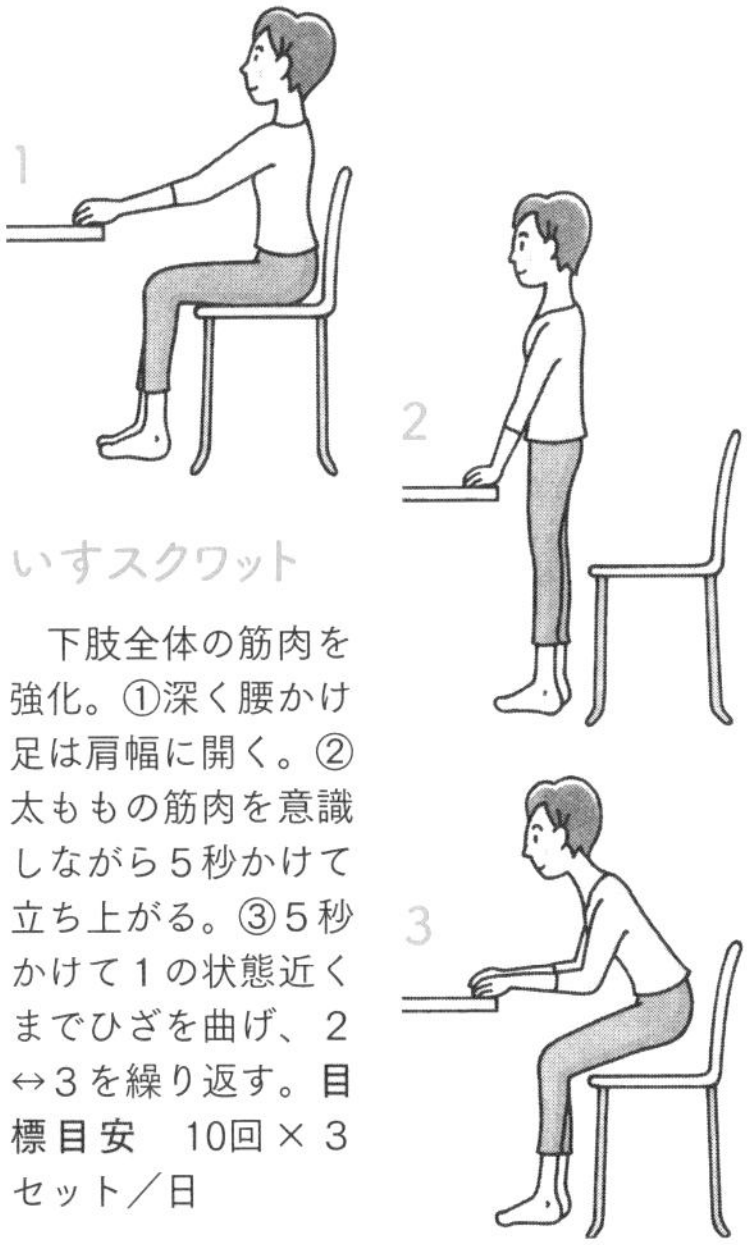

いすスクワット

下肢全体の筋肉を強化。①深く腰かけ足は肩幅に開く。②太ももの筋肉を意識しながら5秒かけて立ち上がる。③5秒かけて1の状態近くまでひざを曲げ、2↔3を繰り返す。**目標目安**　10回×3セット／日

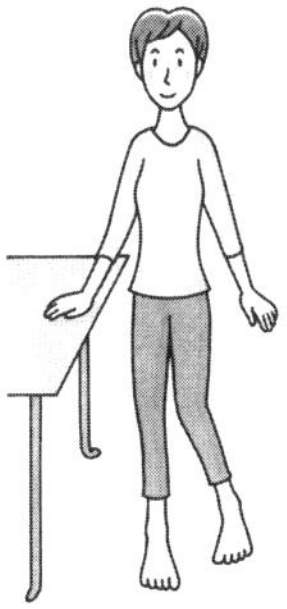

片足立ち

バランス力がつき転倒防止に効果的。背筋を伸ばして立ち、片足を床につかない程度に上げ、1分間キープ。**目標目安**　片足各1分間×3回／日

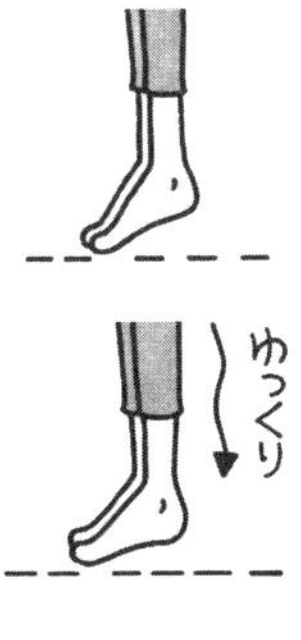

かかと上げ

ふくらはぎの筋肉を強化。足を肩幅に開いてまっすぐ立ってゆっくりかかとを上げ、同じペースでゆっくり下す。**目標目安**　50回／日

認知症の人は転倒しやすい
事後は慌てず症状をチェック

Point

①予防策は歩く・またぐ・昇って降りるを意識すること

②「けが」「異状」「頭を打ったか」をまず確認

教えてくれた人

東京リハビリテーション総合研究所所長
武藤芳照さん

セコム医療システム顧問
救急救命士・看護師
武石嘉子さん

要介護、寝たきり、閉じこもりのリスクも

転倒は脚力だけでなく、視覚や足裏の感覚、平衡感覚、反射神経、全身の筋力など、さまざまな機能の衰えが原因です。人は不意に転ぶとき、反射的に手を地面について頭などの強打を回避しようとしますが、高齢者はこれができず、歩行に重要な**大腿骨の骨折や頭部の硬膜下血腫**など寝たきりにもつながる事故になりやすいのです。また転ぶ恐怖心が残り、閉じこ

転倒予防の杖、靴、靴下選びにも要注意

杖は安定して楽に歩けて、転倒防止に有効だが、身長に応じた杖の長さやつき方のコツなどがあり、福祉用具専門店にいる専門相談員に、本人がしっかりレクチャーを受ける必要がある。また靴には履き慣れて楽に感じる重心位置があり、デザインに転倒防止の工夫を施した靴でも慣れない履き心地がストレスになることも。滑り止めつきの靴下も

もりや廃用症候群にも。思いのほか大きなダメージになります。

有効な予防策は全身機能を総合的に高める、すなわち「歩くこと」です。脚の筋肉だけを鍛えるだけではなく、**陽光を浴びながら「歩く」「またぐ」「昇って降りる」を意識して20分を目安にしっかり歩く。**速歩きではなく、むしろゆっくり。週4日くらいのペースで継続を。（武藤さん）

後から症状が出る慢性硬膜下血腫に要注意

転んだときすぐ確認すべきは**「骨折」と「脳の損傷」**です。これらは動かすと悪化することがあるので、できるだけ動かさずに下表をチェック。一つでも当てはまれば救急車の要請を。頭部打撲でよく発症するのが硬膜下血腫。急激に出血する「急性」の場合はすぐに意識障害などが発症しますが、ジワジワ血腫ができる「慢性」は、打撲直後は無症状。数週間〜数か月後に頭痛や嘔吐、認知症のような症状が出ます。**頭部を打ったときはできるだけ早く検査のできる病院を受診**してください。

また独居で転倒して動けなくなる事例も少なくありません。室内の複数か所に電話子機などの連絡手段を配置し、さらに緊急時に近所の人に入室してもらう方法などを相談しておくと安心です。（武石さん）

すり足気味の人にはかえって危険な場合もある。物の機能だけで家族が選んで与えるのではなく、本人が使いこなすところまでフォローして。（武石さん）

✓ 当てはまれば救急車！

- ☐ 意識がない
- ☐ 頭痛、吐き気、嘔吐がある
- ☐ 四肢体幹の痛み、腫れ、変形、動きの障害（骨折の可能性あり）

外反母趾ケアとマッサージで外に出て歩きたくなる足に

Point
① 外反母趾や巻き爪、タコが外出を億劫にさせる
② マッサージと保湿のセルフケアが有効

ひざ痛、腰痛の原因にもなる

外反母趾は足の親指の関節が外側に曲がって変形するもので、遺伝ほか、足先を圧迫する靴、すり足のような歩き方、足の筋力の低下も原因になります。ひどくなると親指が脱臼し、隣の指に重なるほど曲がることも。突出した部分が痛んで歩行困難になったりバランスが悪く転びやすくなったり、不自然な歩き方でひざや腰に痛みが出ることもあります。

教えてくれた人
足のナースクリニック代表
日本トータルフット
マネジメント協会会長
西田壽代さん

お風呂上がりに心地よいマッサージ

左図を参考に①足の骨と骨の間に手指を置いて、筋肉をなぞるようにゆっくりマッサージ。②足の骨の上に手指を添えて、やさしく左右に動かしてほぐす。

お風呂上がりに行うのが効果的。かかとやすねの皮膚の乾燥はかゆみや痛みの原因にもなるので、保湿クリームをたっぷり使ってマッサージを。

筋力低下や腱が伸びることで足裏の横アーチ（土踏まず）が崩れる「偏平足」も外反母趾の要因。足裏に硬い「タコ」ができて痛みます。また外反母趾から爪が過剰に丸まる「巻き爪」になり、皮膚に食い込んで炎症を起こすことも。認知症の人が外出を拒むときには、足の痛みが隠れているかもしれません。要チェックです。

歩くことが予防に。マッサージは心のケアにも

医療機関での外反母趾治療は、矯正具、鎮痛薬などの薬物療法、手術もありますが、高齢者は治療の負担にも配慮し、痛みを緩和し、歩ける状態を維持することを目標に。しっかり歩くことが予防や悪化防止になるのです。外反母趾は整形外科、巻き爪など爪の異常は皮膚科が担当です。

セルフケアも効果的。硬くなった足先の筋肉をほぐす（下段参照）だけでも動きがよくなり、とても気持ちがいいのです。筋肉をほぐした後は、手のひら全体を使ってゆっくり足をさするだけでＯＫ。血行が促されてむくみがとれ、人にやってもらうと触れられる安心感が心を癒やすよう。高齢者施設などでフットケアを行うと、無口だった人が機嫌よく話し始めることもあるほどです。ぜひ家族でもやってみてください。

フットマッサージ

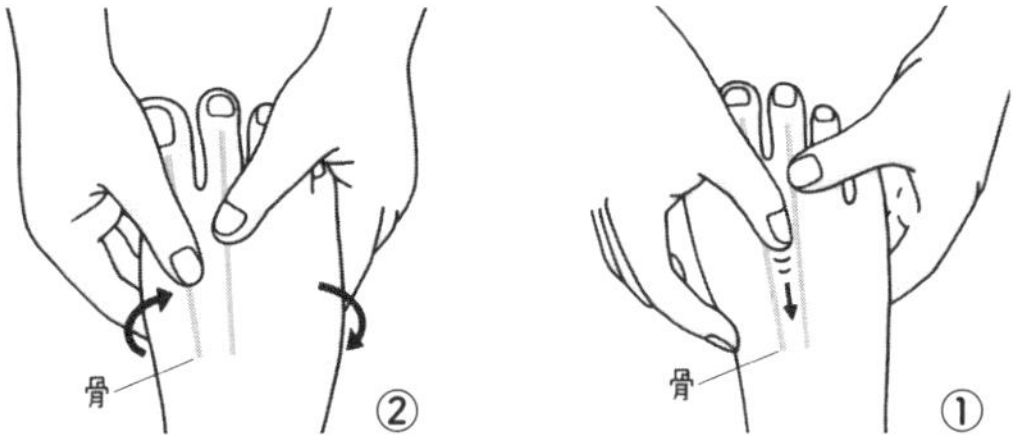

認知症と症状が似ていても
老人性うつは治療で治せる

Point

① 記憶力低下、腰痛…イメージと違う症状が出る
② 急な変化はうつの可能性大

高齢者のうつは見過ごされやすい

高齢者のうつは「悲観的になり意欲が低下し、不眠でつらい」といった典型的な症状以外に「記憶力の低下」「食欲不振」「不眠」など、認知症と間違われたり、高齢なら誰でもあると見過ごされたりする症状が出ます。「腰痛」「頭痛」「息苦しさ」を訴えることもあり、内科や整形外科で検査しても異常が見つからず、幸運にもうつが判明して治療すると痛みがうそ

教えてくれた人
ルネクリニック東京院
院長
精神科医
和田秀樹さん

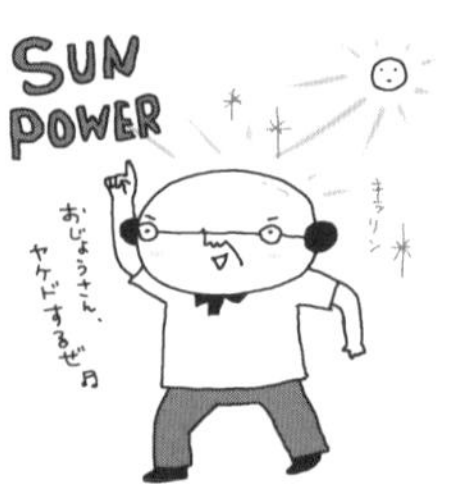
SUN
POWER
キラリン
おじょうさん、
ヤケドするぜ♪

肉食と日光浴で老人性うつの予防

セロトニンは加齢により減る傾向があり、基本、高齢者はうつになりやすい。セロトニンを維持するために、和田さんは「肉食」をすすめる。材料となるトリプトファン、セロトニンを

のように治るケースも少なくありません。このほか「自分は病気に違いない、迷惑をかけている、お金がない」といった非現実的な妄想や「イライラして多弁になる」「不安でソワソワする」も老人性うつには多いのです。

うつは治療できるが放置すると認知症リスクにも

うつの主な原因は「セロトニン」と呼ばれる精神を安定させる神経伝達物質が減ること。悲しい出来事などがきっかけになることも多いのですが、きっかけがなくても発症します。うつは認知症のように脳細胞が壊れるわけではないので、**減ったセロトニンを増やす薬物療法がよく効いて治すことができます。**しかし自然治癒はほとんど望めず、放置すれば悪化の一途。認知症のリスクを高めることもわかっています。食欲が落ちて栄養不足になり、体は不調で心は不安。それがエンドレス。「生きているのが嫌」と自殺に至ることも。うつこそ早期発見、早期治療が重要で、有効なのです。

認知症は症状の発出や進行もゆっくりなのに対し、うつは急に症状が出るのが見極めるポイント。認知症とうつが合併することもあり、症状は急で重いことが多いのですが、うつをきちんと治療すれば改善できます。急な変化に気づいたらぜひ精神科専門医を受診してください。

脳へ送るコレステロールを確保するためだ。また日光を浴びることでもセロトニンが増えるという。

「老いを上手に受け入れられないとうつになりやすい。今は『いつまでも若々しく』という風潮で、70代くらいまではがんばってもよいけれど、80代になったら老いも衰えも『まあいいか』という生き方にシフトチェンジを。家族もその時期を見極め、応援したり緩く寄り添ったりしましょう」（和田さん）

Column

本人らしく暮らす場で治療やケアが受けられる訪問診療・看護のすすめ

通院とは違う親密さが魅力

医療の受け方として、通院や入院のほかに「訪問診療」「訪問看護」があります。患者さんが診察室に通うのが難しくなった場合に、患者さん本人が暮らす地域や家、本人を支える家族がいる「生活の場」に医師のほうから伺って診る。不調や病気があっても生活の中で療養するという発想です。自宅に伺うと、何より本人がリラックスして受診できることが大きなメリットですが、その人が普段どんなふうに暮らし、どんな食べ物が好きで、どんな癖があるかなど、診察室ではわからないこともたくさん見えてくるのです。それらが病気の背景として関わることもあり、症状改善や予防のアドバイスもよりリアルにできます。訪問診療は健康保険が適用され、原則、通院困難な人が対象ですが必要と認められれば誰でも利用可。診療計画に基づいて定期的に訪問。24時間対応です。

また訪問看護は主治医の指示のもと、健康状態の観察や悪化防止、回復支援、療養生活のアドバイスのほか、点滴や注射などの医療処置なども行います。

教えてくれた人

たかせクリニック
理事長・訪問診療医
髙瀬義昌さん

ふれあい歯科ごとう
代表・訪問歯科医
五島朋幸さん

必要に応じて理学療法士、作業療法士、言語聴覚士が訪問してリハビリを行うこともあり、たとえば認知症の人への訪問看護では、本人の意欲がわく散歩や歌をとり入れるなど、本人に合わせたケアも親身に工夫します。訪問看護は内容により、介護保険・公的健康保険が適用になります。

訪問診療、訪問看護は■居住地の地域包括支援センター・在宅医療支援センター■ケアマネジャー■訪問看護ステーションへ。訪問診療を行うクリニックに直接、問い合わせてもOK。入院中は病院の医療ソーシャルワーカーにも相談可。（髙瀬さん）

入れ歯調整も途切れず診てもらえる

歯科医や歯科衛生士が自宅、施設に訪問して診療を行うのが「訪問歯科」。訪問診療と同様、通院困難な人が対象で、健康保険が適用。要介護認定があれば介護保険も適用に。

高齢になると虫歯や歯周病治療だけでなく、歯のクリーニングや入れ歯の調整など、歯科医が関わることがたくさんありますが、体に不調が現れると、どうしても歯科通院は疎かになりがち。病気療養中こそ口腔ケアが欠かせないので、訪問歯科なら途絶えることなく診療することができます。入れ歯の不具合で食べづらくなり、食事が滞りかけていたところ、食べる喜びが復活できたと喜ばれることが多いのも、訪問歯科医のやり甲斐です。訪問歯科を利用したいときは■各地区の地域包括支援センター■ケアマネジャーなどに相談を。（五島さん）

アルツハイマー10年選手のウチの母⑦
生活・医療ライター　斉藤直子の場合

認知症激化か脳梗塞？　と思ったら誰も気づかなかった帯状疱疹！

「お母様の様子が変で……脳梗塞かも」と連絡をくれたのは、母が週１回、通い続けているデイケアの職員。デイではいつも朗らかなムードメーカーの母が、反応薄く、食事も手をつけずウトウト傾眠状態。先週とは明らかに違うというのです。急ぎ母のもとへ行くと、確かに元気はないが意識はあり、本人は「大丈夫」と言い張る。いちばん困る、緊急事態かどうか微妙なこの状況。こんなとき訪問診療が入っているとすぐに相談できるのに、元気だからと通院にこだわったことがこんなところで裏目に。しかもその日は休診日。とりあえず#7119※に電話すると「緊急性はないようですね。認知症？　では認知機能が落ちてきているのかも」などというので、うっかり安心してしまった私。それでも帰る私を引き留めるように、ギョッとするほど赤くただれた帯状疱疹が、たまたまめくれた母のシャツの下にのぞいたのです。こんなになっても周囲にＳＯＳを発しない「認知症あるある」。でもそういえば、クリニックにも公民館にも「高齢者に多い帯状疱疹に気をつけて」というポスターが貼ってあったじゃないか！　母の異変に気づいた介護職員のプロ目線に敬服し、そのあとすぐ、訪問看護を導入したのです。

※救急相談センター事業　医療者や知識のある相談員が電話口での聞き取りで緊急性があるかどうかを判断。東京都ほか一部の都府県、市町村で行われている。

脳に刺激で進行を緩やかに

生きがいとワクワクのすすめ

認知症や介護のプロが口を揃えるのは「本人の奥にある意欲を引き出して」
ということ。認知症でできないことが増えたとき、
力になるのはほかでもない本人の「できることをがんばろう」
という気持ちです。やりたいことに夢中になるワクワクは脳の栄養。
それは「生きがいをもつことが認知症の進行を遅らせる」
との研究データ※も証明しています。
そんな生きがいを見つけるための情報をたくさん紹介します。

第7章

効用マーク

ワクワク　脳トレ！　癒やし

本章には生きがい探しのヒントとしてそれぞれ期待できそうな効用をマークで表示しています。参考に！

※『アルツハイマー病の病的変化と高齢期の認知機能との関係に及ぼす〝人生の目的〟の影響』米国ラッシュ大学（「プロローグ」参照）

外出

時や居場所が曖昧になる認知症
外出は喜びと活力あふれるケア

Point

① 家の中より屋外のほうが記憶を呼び起こしやすい
② 散歩・街歩きが体内の羅針盤機能の維持につながる
③ 外出の安全を守る地域の絆作りとヘルプカードを

刺激豊かな外に出ることで記憶がよみがえる

認知症があると、家族は心配して一人で外に出るのを制限しがち。もちろん本人の安全のための配慮ですが、実はその制限によるストレスが想像以上に本人にダメージをもたらし、家族の負担も増すのです。**人は誰でも自由に外出できないだけで体調を崩すほどのダメージがあることを、**奇しくもコロナ禍で多くの人が実感したと思います。

教えてくれた人

認知症介護研究・研修東京センター研究部部長
永田久美子さん

本人の行きたい場所リストを作ろう！

よい効果がたくさんある外出も、本人が行きたい場所に楽しんで行ってこそ。普段から行きたい場所、会いたい人などを聞いて書き留めておくといい。「どこへ行きたいか」を語り合うことは心理的な空間を広げる効果もある。介護サービスを利用するときにも、スタッフに親の思いを伝える情報として役に立つ。

外に出るとそれだけで、閉鎖空間の圧迫から解放されて緊張が和らぎ、風景や音、風、香りなど、屋内にいるより遥かに心地よい刺激があります。それがきっかけで認知症の人の中にたくさんしまい込まれている記憶がよみがえるのです。たとえば街中の看板を見て難しい漢字をスラスラ読んだり、図書館に行って昔の愛読書の筋を話し始めたり。普段発話が減った認知症の母親が、すれ違ったベビーカーの赤ちゃんを表情豊かにあやす姿を見て、一緒にいた家族がとても驚くといったこともよくある話です。認知症は新しいことが憶えにくいだけで、昔得た記憶やその人らしい所作は長く残ります。それが近時の記憶がなくなることですべてわからなくなったと家族は誤解し、いろいろなことを諦めてしまいがち。ぜひ一歩外に出て、本人の中にわき上がるものに注目してみてください。残っている力や意欲にも気づけると思います。

自分のいる時空間が把握できると落ち着く

今がいつで自分がどこにいるかなどの状況把握ができなくなる見当識障害は認知症に多い症状の一つ。家や施設に閉じこもりっぱなしで長くいると見当識が弱まり、自分のいる時空間が曖昧になって不安になります。屋

行きたい場所リスト

- 毎年恒例の花火大会
- 図書館や本屋
- 故郷の妹夫婦に会いたい
- 孫の服を買いに行きたい

外に出ることは時空間の見当識を保つためにも重要なのです。

慣れた散歩道で「あの角を曲がると我が家だ」と思ったり、空の色を見て「そろそろ夕方だ」と感じたりすることで体内にある羅針盤や時計のような機能を維持しています。外に出なければ誰でもこの能力が衰えますが、認知症の人はそれが著しく早いのです。外出は認知症の人には自分のいる時空間を五感で感じられる大切な機会。生活リズムが整って昼夜逆転、睡眠不足になるリスクも減らせます。

認知症の人の外出を守る絆作りを

一方で警察庁の調査※では認知症の人が行方不明になる事案は増加中。**認知症の人は、普段落ち着いていてもささいなことでパニックになりやすく、迷うと焦ってどんどん歩き帰れなくなる**という特徴を、家族はよく知っておく必要があります。そしてそんな心配がある人こそ、積極的に安全に外に出る機会をたくさん作るべき。普段から外に出て時空間の感覚を確かめながら、自分らしい時間を過ごすこと。さらに、言葉を交わせる顔見知りを増やすことが何より大切なのです。

同じ調査の中でも認知症の人の行方不明のうち96・8%が無事に所在確

頭に浮かぶ認知地図を充実させよう

自宅周辺や通い慣れた道は頭の中で風景を再現できる。これを「認知地図」という。高齢や認知症になると曖昧になりやすいが、外に出てランドマークを覚えるとそこにテリトリーが築かれ、自分の居場所に確信

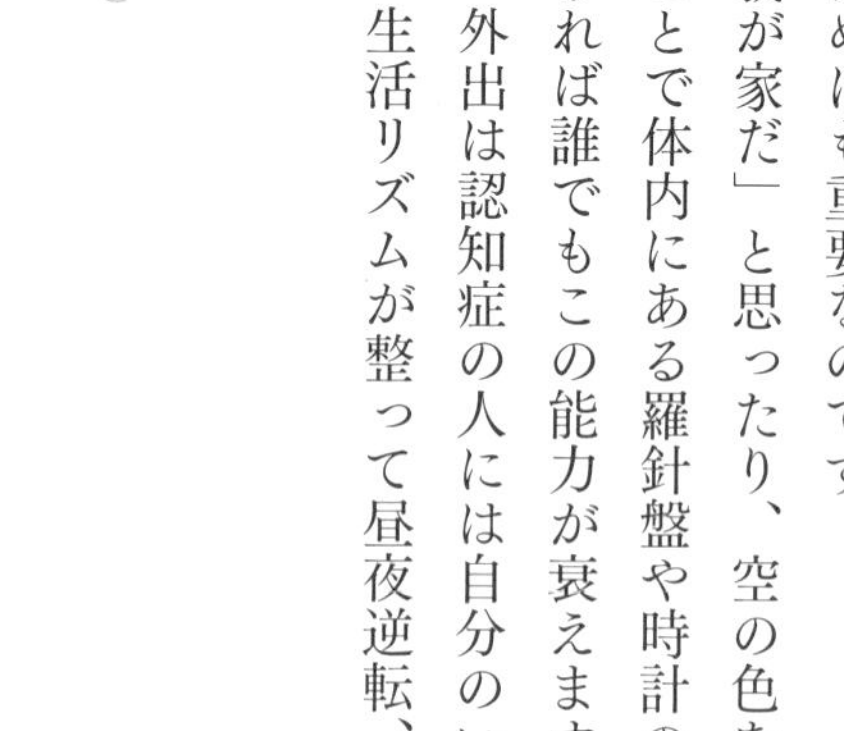

※「令和３年における行方不明者の状況」警察庁

認（うち当日中73・9％、1週間以内99・4％）されていることがわかっています。行方不明になりかけたとき、もちろん警察も探してくれますが、地域の顔見知りや商店の人などの声がけや連絡が、早期に見つける大きな力になります。親のよく行く場所や地域の知り合いをぜひ知っておきましょう。できれば一緒に歩いて自身も知り合いになり、連絡が取れるようにしておくと安心。本人には緊急連絡先を書いたヘルプカード（下段参照）の携帯もおすすめ。人のつながりは大きなセーフティネットになります。

が持てる。散歩を重ね、たとえば「あの桜、今年も見事だね」などと本人もワクワクするランドマークを増やすと心も安定する。（東京福祉大学社会福祉学部准教授・鄭春姫さん）

認知症をオープンにして助けを求める

認知症に対する見方も少しずつ変わり始め、緊急連絡先や助けてほしい内容を書いたヘルプカードを携帯し、助けを求める人も増えている。認知症介護研究・研修センターでは「希望をかなえるヘルプカード」を推奨し、作り方や試行調査結果なども配信している。

■認知症介護情報ネットワーク（認知症介護研究・研修センター）
https://www.dcnet.gr.jp/

外出

日光浴&リズミカル散歩で認知症改善、前向きな気持ちに

Point
① 心身を元気にするセロトニンは太陽光で促進
② リズムを刻む散歩・歌・ガム噛みも有効

BPSD（行動心理症状）を助長する閉じこもり

家にこもる生活を強いられたコロナ禍で、高齢者の認知症悪化やうつ症状の急増が指摘されました。要因の一つは幸せホルモンとも呼ばれるセロトニンの働きの低下。セロトニンはじっと動かないとすぐ分泌が減り、欠乏するとイライラや不安感、意欲低下のほか、体や顔に力が入らず顔も無表情に。認知症のBPSD（「第3章」参照）も助長します。

教えてくれた人
東邦大学名誉教授
脳生理学者
医学博士
有田秀穂さん

よい睡眠も得られるセロトニン効果

日中に分泌されたセロトニンの蓄え分は、夜の睡眠を促すメラトニンの合成に使われる。つまりしっかり分泌させておくことでよい眠りが得られ、逆に欠乏すると不眠に。

セロトニンをしっかり分泌させるのに有効なのは太陽光を浴びること。セロトニン神経の活性に必要な明るさは2500～3000ルクス以上。太陽光は晴天で5～10万ルクス、曇天でも1万ルクス。室内照明は500～1000ルクス程度ですから、これだけでも閉じこもりのリスクは明らかです。また**太陽光は、骨を丈夫にして感染症予防も期待できるビタミンDの合成も促す**ので高齢者にはより重要。若い人には当たり前で難なくできる太陽のもとでの活動を、高齢者は意識して行うべきなのです。

「いち、に」とリズムを刻む癖を

もう一つセロトニン分泌を促進するのがリズム運動。散歩は「いち、に」と同じリズムで歩くと効果的です。咀嚼や呼吸もリズム運動で、食事で噛むとき、ガムを噛むとき、ヨガや読経のときの腹式呼吸も一定のリズムを意識する。アップテンポの歌をノリノリで歌うのもよいのです。いずれも5分～30分間、集中して行うのがポイントです。

ハグやおしゃべりもセロトニンを増やす

ハグやマッサージ、ペットをなでるなど皮膚の触れ合いやおしゃべりなどの心の触れ合いは、動物の毛づくろいと同じ意味の「グルーミング」と呼ばれ、やはりセロトニンを増やす効果がわかっている。メールやSNSなどでの文字のやりとりではダメで声や顔を見聞きしながら心を通わせることが大事。

外出

介護タクシー・UDタクシーの利用で外出の機会を増やそう

Point
① 車いすでも利用しやすい福祉車両のタクシー
② 通院以外の楽しい外出目的にも使われる機運に

要介護高齢者が安心して乗れるタクシー

「介護タクシー」は正式には福祉輸送事業限定車。車いすやストレッチャー用のリフト、スロープなどが装備された福祉車両で、重度の要介護者でも外出できます。運賃＋介助料＋車いすなどのレンタル料がかかるため一般タクシーより割高。料金体系が複雑で使う事業所によって費用に差が出るのが注意点です。また介護保険が適用になる「介護保険タクシー」も

	タクシー		介護タクシー（福祉輸送事業限定車）	
	一般タクシー	UDタクシー	介護タクシー	介護保険タクシー
特徴	一般車	福祉車両	福祉車両・要予約	福祉車両・要契約・要予約
	どこでも乗れる			
対象	誰でもOK		公共交通機関での移動が困難な人	移動困難・介護保険が使える人
運転手の介護資格	なし	必須ではない（有資格者の場合も）	必須ではない（有資格者の場合も）	必須
用途	制限なし		制限なし	通院・入退院・行政、金融機関の手続き・選挙の投票など

教えてくれた人
情報サイト『介護タクシー案内所』運営責任者
滝口淳さん

あり、こちらはドライバーが必ず介護職員初任者研修（旧ヘルパー2級）の修了以上の有資格者。乗車前の支度から降車後の介助までサポートしてくれるのが心強いところです。利用はまずケアマネジャーに相談を。

また2017年に登場し、街中でもよく見るようになった「UD（ユニバーサルデザイン）タクシー」も、車いすのままでも乗降でき、高い天井や適所の手すりなど、乗りやすさが配慮されたミニバン型の福祉車両。UDタクシーと介護保険適用外の介護タクシーはドライバーが必ずしも介護の有資格者ではありませんが、高齢者・障がい者などの接遇・介助技能向上のための研修が推進され、スキルアップも進んでいます。

タクシーも駆使して外出を諦めないで

介護タクシーは通院目的で使う人が多いのですが、用途は自由。ベテランドライバーの方々によれば、どんなに介護度の高い人も車窓を追う目が輝き「外の世界を楽しみたい」という思いを感じるそう。観光利用に力を入れる事業所やドライバーも増えています。また各タクシー会社も従来の枠を超えて高齢者や要介護者の外出を支援するサービスを拡大中（下段参照）。介護タクシーは各市区町村にも登録情報があるので問い合わせを。

NPOなどが行う「福祉有償運送」

要介護・要支援、障がい者などを対象にNPO法人や市区町村・社会福祉協議会が自家用自動車で行う移動サービス「福祉有償運送」は、非営利のため比較的低料金。事前にサービスを行う団体に登録と予約が必要。福祉有償運送実施団体は市区町村に問い合わせを。

通院・買い物・墓参の付き添いも！

日本交通が行う「サポートタクシー」は介護職員初任者研修を修了したドライバーが送迎だけでなく買い物の手伝い、通院や入院時の手続き、墓参りや観光の付き添いもしてくれる。

■介護タクシー案内所
https://caretaxi-net.com/

■日本交通「サポートタクシー」
https://www.nikkotaxi.jp/care

外出

旅することは究極のリハビリ トラベルヘルパーに頼んでみよう

Point

① 旅人になることで受け身から能動的になる
② 家族だけではできない旅がプロに頼める

迷惑をかけないよう受け身に慣れる要介護高齢者

高齢者が「温泉や観光に行きたい」と思っていても言い出さない、いちばんの理由は「迷惑をかけたくない」から。旅行業界で長年、高齢者のニーズを探る中で感じたことです。受け身でいることに慣れているのです。それが旅人になると一変します。コーヒー1杯飲んでも「ありがとう」と感謝され、宿では「ようこそ」と歓迎される。**見知らぬ街を自分自身が**

教えてくれた人
日本トラベルヘルパー協会会長
外出支援専門員
篠塚恭一さん

自治体、旅行会社も高齢者の外出を支援

観光庁が推進するユニバーサルツーリズムは、すべての人が楽しむために作られた旅行で、高齢や障がいの有無を問わず気兼ねなく参加できることを目指している。各市区町村では福祉車両での通院送迎などの「外出支援」が行われたり、旅行会社が高齢や障がいに配慮・工夫した介護旅行やバリアフリー旅行などを企画、販売したりしている。

闊歩し、小さな出会いに「生きていてよかった」と思えるほど感激するのです。老親との旅行で家族が驚くのは、普段見せないイキイキした表情やよく話しよく動くこと。認知症で発語が減ったと諦めていたら、遥か昔の旅の思い出を克明に話し出したということも。五感を刺激する旅先の空気は受け身の心を開放し、持っている力を存分に発揮させるのです。

介護×旅の専門家、トラベルヘルパー

当協会が輩出する「トラベルヘルパー」は介護職員初任者研修（旧ヘルパー2級）の資格と、旅程管理などの旅行・観光の業務知識を兼ね備え、**旅行に同行しながら排泄、入浴、食事、乗り物移乗などの介助**をします。全旅程を任せることもできますが、たとえば現地までは本人と家族だけで行き、旅先の地元在住トラベルヘルパーが現地の案内や宿での介助を行う形でもOK。ガイドブックにはない旅ができて好評です。全国各地に1000人以上のトラベルヘルパーがおり介護施設や旅行会社でも活躍中。

最近ようやくケアとしての外出の重要性が理解され、国のユニバーサルツーリズム（下段参照）の仕組みも整いつつあります。旅は究極のリハビリ。高齢や認知症であきらめず、ぜひ親御さんを旅に誘ってください。

トラベルヘルパーと行くワクワクの旅

トラベルヘルパーが同行する「あ・える倶楽部」の介護旅行では、利用者の平均年齢82.5歳、要介護2～3。トラベルヘルパーが水着で入浴介助を行うことで父娘の孝行温泉旅行が叶うなど、家族だけでは難しい旅も実現可。国内外の旅行、墓参や結婚式参列のための旅、買い物や食事などの半日お出かけまでさまざまな外出を支援する。

■あ・える倶楽部
https://www.aelclub.com/

Column

自ら見に行くワクワク感が魅力 世界中に行ける『VR旅行』

教えてくれた人

東京大学先端科学技術研究センター『VR旅行』開発者
登嶋健太さん

本当は「出かけたい…」

VR（バーチャル・リアリティー　仮想現実）は、目の前の現実とは違う仮想空間をまるで現実かのように体験できること。『VR旅行』はゴーグル型のVRヘッドセットを装着していろいろな場所の景観を見る体験です。頭を動かせばヘッドセットの中で360度の風景がすべて見える。まるで別世界にいるようです。この体験会を全国の介護施設を中心に開催し、認知症の人をはじめとする多くの高齢者に楽しんでもらっています。

『VR旅行』を開発したきっかけは、ぼくが介護職員としてデイサービスでリハビリを担当していたときのこと。外出が難しい利用者さんに近所の梅園の写真を撮って見せたところ、とても喜ばれたのです。ただ梅の花が美しいというだけでなく、「ここに写っているベンチでよく花見をしたのよ」とか「この先に売店があったでしょう?」とか、周辺の景色を次々に思い出して話し出したのです。家と施設の中だけの生活が続く高齢者たちは、実は「外に出たい」と切望しているのです。そしてもっとリア

■VR旅行「ittaki.com」（一般社団法人デジタルステッキ）
https://www.ittaki.com/

ルな体験感がほしいと思いＶＲにたどりつきました。

普段のリハビリではあまり動きたがらない人たちが、『ＶＲ旅行』では腕を伸ばして指さしたり、祭の映像を見ながら一緒に踊りの手振りをしたり、夢中で大きく体を動かします。見たいという気持ちが自然とそうさせるのです。写真やテレビなど一方的に見せられるものと違い、自分から見に行けるのがＶＲ最大の魅力です。

映像撮影でも高齢者が活躍

『ＶＲ旅行』の映像は当初、ぼくが単独で国内外に出向いて撮影していましたが、２０１７年からは日本全国のアクティブシニアのみなさんも撮影者として参加。近所の公園の日常的なシーンから海外の絶景まで、数々の映像を寄せてくれています。

実は「コータリン」ことコラムニストの神足裕司さんも熱心な撮影者の一人。神足さんは重度のくも膜下出血で要介護になられましたが、『ＶＲ旅行』を体験すると生来のクリエイター魂に火がついたようで、今では仲間として活動を手伝ってもらっています。

現在、東京大学では『ＶＲ旅行』による認知機能などへの効果を研究中。介護施設入所者24人に対し、『ＶＲ旅行』を週3回4週間行った実証研究※では、行った人はそうでない人に比べて身の周りがよく見えるようになり、首の可動域が広がる効果も。

今後も楽しいだけでなく認知症の進行予防などにも活かし、「福祉×ＶＲ」の可能性を追求したいです。

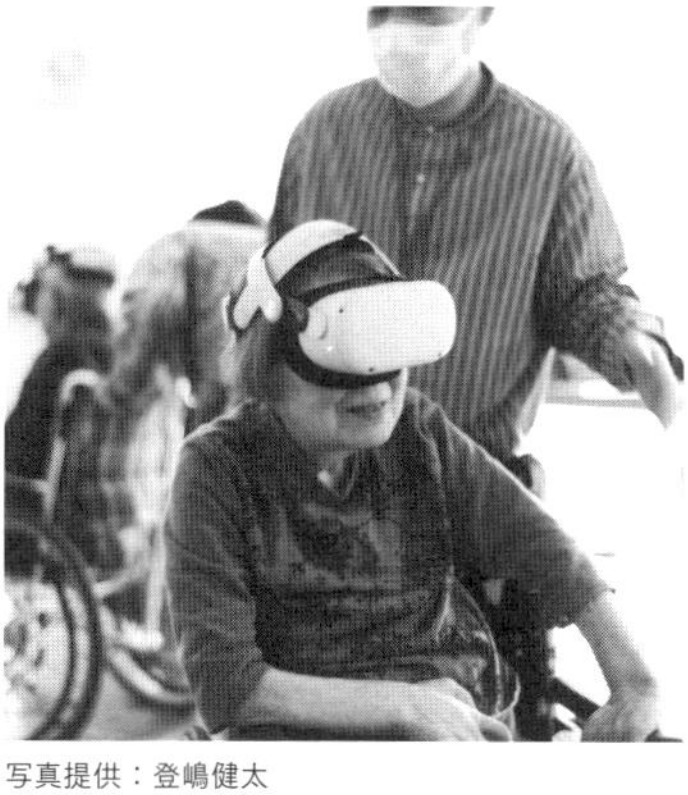
写真提供：登嶋健太

※東京大学 先端科学技術研究センター「研究成果」
https://www.rcast.u-tokyo.ac.jp/ja/news/report/page_01489.html

運動

ウォーキング×社会交流が認知症を遠ざける

Point
① ウォーキングで記憶を司る海馬が増大
② 人との交流は脳が喜ぶ感動の宝庫

脳細胞を元気にするウォーキングは絶好の予防法

認知症を発症しても脳が障がいされていくのは基本、少しずつゆっくり。認知機能の低下を緩やかにするためにも脳細胞にしっかり栄養を送り込んで新陳代謝させ、脳細胞自体を元気にしておくことが重要です。そのためにいちばんおすすめなのはウォーキングです。全身、脳の血流をよくして代謝を促すのにも有効ですが、**アルツハイマー病の原因物質、アミロイド**

教えてくれた人
東京都健康長寿医療センター研究所
副所長
藤原佳典さん

ウォーキングで海馬が2％増加！

米国ピッツバーグ大学の研究※で、55〜80歳の男女120人を対象に、ウォーキングを1日40分、週3回行うグループと、ストレッチのみを行うグループに分け、1年後、海馬の容積を比較。海馬は加齢に伴って萎縮するのが一般的でストレッチのみのグループは約1．4％減少したのに対し、ウォーキングのグループは約2％増加し、記憶力も改

※Ericson et al.2011

βを除去したり神経細胞を保護する物質が出る可能性があるという研究データも。米国ピッツバーグ大学の研究（下段参照）では、一般に加齢とともに縮小する海馬（記憶を司る）が、ウォーキングをしていた人は容量が増大したという結果も出ています。またできるだけ広い歩幅で歩くほうが、認知機能低下リスクを下げることがわかっています。

歩くなら仲間と一緒に。「楽しい」は脳の栄養

単に歩くだけでなく、そこに「人との交流」が加わると相乗効果が生まれます。一緒に歩きながら複数の人と言葉を交わし、「鳥が鳴いているわね」などとあちこちに目をやりながら歩き、お茶を飲みながらまた話し。認知機能の衰えは同時に複数のながら動作「デュアルタスク」ができなくなることから始まりますが、**仲間で一緒に何かをすると自然とながら作業になるのがいいところ。**「楽しい！ おもしろい！」という感情が伴う出来事は脳に定着しやすく、またちょっとしたことで誰かの役に立つことをして喜ばれるとやる気ホルモン「ドーパミン」が出て「次は何をしようか」という意欲につながります。受け身の生活では得られない脳への大きな刺激。脳の神経回路も強化され、認知機能の低下抑制も大いに期待できます。

善したことがわかった。

安全に楽しく歩けるノルディックウォーク

両手にポールを持って歩くノルディックウォークは足とポールの4本で支えるので転倒不安や足腰の負担も軽減。歩幅が広くなりリズムがついて歩くスピードが速くなる。「上半身も使うので全身の9割近い筋肉が鍛えられ消費エネルギーも2割増です」（全日本ノルディック・ウォーク連盟公認主席指導員 芝田竜文さん）。初心者もノルディックウォークで楽しく歩けるイベントも全国各地で開催している。

■全日本ノルディック・ウォーク連盟
https://www.nordic-walk.or.jp/

運動

ウォーミングアップはこれ！ブルブルして整う ゴキブリ体操

Point

① 動かずにいると病気のリスク増

② 小刻みな震え運動の快感が動くきっかけに

教えてくれた人

南越谷健身会クリニック 院長

周東寛さん

「小刻みブルブル」はいつでもどこでも

中高年からの健康を維持するために筋力保持を重要視する周東さんは「ゴキブリ体操」ほか、その場ですぐできて、ちょっとおもしろいオリジナル体操を数多く考案している。

その中にもよく登場する「小刻みに体を震わせる動き」は血流が促されることで自律神経が整い、不眠の解消や認知症の進行予防にも有効。体操をするとき以

目覚めに行いスッキリ起床すると動ける体に

人間は活発に動くことで、筋肉や骨、脂肪をはじめ全身各所からホルモンが分泌されて健康を維持しています。認知症予防・改善にも有効な「成長ホルモン」、糖尿病を予防改善する「インスリンホルモン」、免疫力を上げる「副腎皮質ホルモン」などもその一部。若いときは当たり前に動いてこれらが健康を守りますが、**高齢になると筋力が衰えて動くのが億劫にな**

り、周囲もつい手を貸してしまい、さまざまな病気のリスクが高まります。

そこで朝、布団の中で手足をブルブル小刻みに震わせる「ゴキブリ体操」など、その場でできる体操3種を紹介します。ゴキブリ体操は滞り気味の血流が促されてシャキッと動ける体で起床でき、続ければ腹筋や腸腰筋、大腰筋なども鍛えられます。就寝前なら快眠も。末端まで血流が行き届く気持ちよさを本人が実感できることも重要です。起床時や就寝前、朝昼晩の食事前などに3分間くらいずつやってみてください。

外でも、目覚めたときに寝床で、テレビなどを見ながら、気軽に手足をブルブル振るといい。

Dr.周東考案　筋力アップ体操

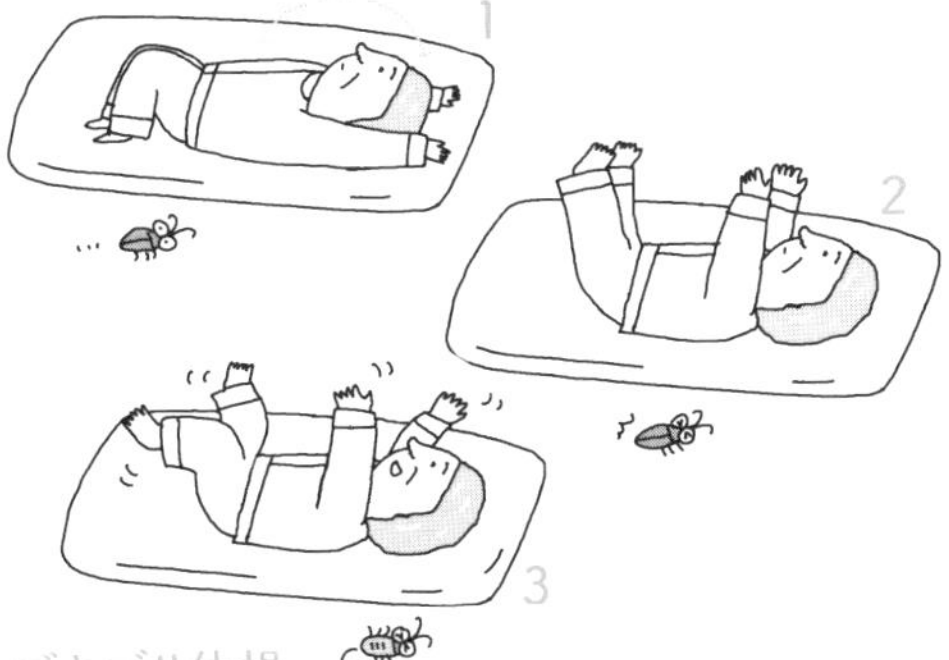

ゴキブリ体操

①ひざを立て、両腕を伸ばしたまま上げたり下ろしたり。②両腕両足を垂直に伸ばしキープ。③ひっくり返ったゴキブリのように両腕両足をブルブル動かす。頭を軽く持ち上げると効果的。

コンニャク体操

①足を肩幅に開き、息を吸って吐きながら全身を震わせる。②四つんばいで同様に。全身の筋肉がほぐれ姿勢もよくなる。

布団スイミング

①枕などを敷いて腹ばいになり、平泳ぎの要領で両腕両足を動かす。②仰向けで同様の動きを。アウター・インナーマッスルが両方鍛えられる。

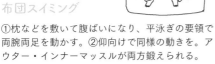

運動

「気持ちいい！」が元気を呼ぶ ごぼう先生のいす体操

Point

① 体を動かし血行がよくなるだけで気持ちいい
② 安定した着席なら動きのバリエーションも増える

体が動き始めると心がワクワク。音楽も活用して

高齢者が軽い体操で体を動かすと、血行がよくなって内臓も何もかも動き出し「気持ちいい！」と実感する。全国の介護施設などで多くの高齢者とともに健康体操を実演していて、体の動きと連動して心がワクワク動き出しているのを感じます。昭和歌謡など音楽に合わせれば自然と体を揺らし、動く快感を思い出しているよう。高齢者にはこのスイッチが入ること

教えてくれた人
健康体操クリエイター
鍼灸師
簗瀬寛さん
（ごぼう先生）

認知症の祖母も体操の楽しさで元気に

簗瀬さんの祖母も認知症。一時は家に引きこもり、抑うつ状態で家族との関係も悪くなりかけたが、デイサービスを利用したことで元の明るさを取り戻したという。この経験から外の世界と接すること、体操などを通じて高揚する気持ちを人と共有することが認知症ケアにも重要と気づき、現在の活動に至っている。考案した数百種類の体操はＤＶ

Dや講演などで発信中。

が重要なので体操の回数は決めません。筋力は後からついてくるのです。いすに座って行う「いす体操」は転倒防止の意味もありますが、体が安定することで安心して思い切り動けるのです。また**やったことのない動きに挑戦するのも楽しさにつながります**。家族は老いてできないことを悲観的に捉えがちですが、高齢者の集まりではうまくできないこともご愛嬌。「あらやだ、私もできないわ」と笑い飛ばして楽しんでいます。そんな本人視点も大切にしながら家族でもやってみてください。

ごぼう先生のいす体操

足踏み体操

こぶしを作って両ひじを曲げて顔の高さに。①右ひじと左ひざがつくように左ひざを上げ下げ。逆も同様に。②右ひじと右ひざがつくようにひざを上げて下げる。左も同様に。少しでもひざが上がれば股関節の筋力アップ!

ひざぎゅ〜体操

両手を合わせてひざの間に挟み、ぎゅ〜とひざに力をこめ、ゆっくり5つ数えたらホッと力を抜く。

太もも体操

両手で片足の太ももを挟み、①その足をつま先まで一直線に伸ばして5つ数える。②つま先を手前に引いてまた5つ数える。太ももの筋肉が「動いてる動いてる」と感じるのがポイント。反対の足も同様に。

表情筋体操

①顔の近くでこぶしを作り、目を閉じ口をすぼめ、力をこめて心の中で5つ数える。②手、目、口もぱっと一気に力を抜く。表情も気持ちもリラックスする。

■ごぼう先生やなせひろしYouTubeチャンネル
https://www.youtube.com/@HiroshiYanaseYOBOU

運動

深い呼吸で体も心も楽にする

呼吸筋ストレッチ体操

Point

① 高齢者に多い「浅い呼吸」は心身に悪影響

② 呼吸筋体操や歌、吹き矢も呼吸力アップに

悪い姿勢やストレスで浅い呼吸になりやすい

高齢になると呼吸が浅くなります。肺の空気の出し入れを担う呼吸筋の柔軟性が失われ、猫背のような姿勢も肺を広げにくくして、深く吸えなくなるのです。普段、無意識に行っている呼吸は、体内の酸素と二酸化炭素の割合を調節して健康や命も守っていますが、**呼吸が浅いと、その調節が適切にできず脳や全身の機能は低下**。さらに高齢者には常につきまとう老

教えてくれた人

昭和大学名誉教授
医学博士
安らぎ呼吸プロジェクト
理事長
本間生夫さん

不安やストレスで起こる情動性呼吸

呼吸には、普段の無意識の呼吸「代謝性呼吸」、深呼吸などで意識的に行う「随意呼吸」、感情がきっかけで起こる「情動性呼吸」がある。情動性呼吸は特に不安やストレスなどで起こる浅く速い呼吸で、自律神経が乱れて心拍数も上がり、不快感情も増長。意識してゆっくり深い呼吸を繰り返すと和らぐ。深呼吸は長時間続けると体内の酸素・二

いや認知症による不安、ストレスも呼吸を浅くさせます。

心身を健康に保つには普段の呼吸が深くゆったりしたものになる必要があります。というのも深呼吸のような意識的な呼吸では酸素・二酸化炭素の調節ができないのです。そのため普段から姿勢をよくし、呼吸筋をやわらかくする「呼吸筋ストレッチ体操」を習慣にして深い呼吸力を底上げしておくことが重要。歌や朗読で大きな声を出す、吹奏楽器の演奏、吹き矢など呼吸力アップによいことを思い切り楽しんで行うと効果的です。

Dr. 本間考案

呼吸筋ストレッチ体操

呼吸改善や健康増進、精神安定を目的に開発された5つの体操から高齢者も続けられるものを紹介。鼻からゆっくり吸って口からゆっくり吐く呼吸を意識して。各3～6回／日

肩ストレッチ

①息を吸いながら両肩を上げる。②ゆっくり吐きながら肩を後ろに回しながら下ろす。

背中・胸壁のストレッチ

①胸の前で両手を組み、息を吸いながら背中を丸める。②両手を後ろで組み、息を吐きながら肩甲骨を引き寄せるように腕を下に伸ばす。

酸化炭素のバランスを崩すので注意。

被災地でも人々を癒やしたストレッチ

本間さん考案の呼吸筋ストレッチ体操は震災被災地や介護者施設にも導入。ストレスを抱えた人々の不安や不調が格段に減り、呼吸の大切さが改めて示された。

脳の老化防止にも！人気のスポーツ吹き矢

矢を収めた筒の先端を一気に吹き、5～10m先の的に当てるスポーツ吹き矢。腹式と胸式を合わせた独特の呼吸法が特徴で、呼吸器、嚥下機能強化のほか、脳の老化防止、ストレス解消、精神安定などいろいろな健康効果でも注目。

■NPO法人安らぎ呼吸プロジェクト
https://yasuragi-iki.jp/

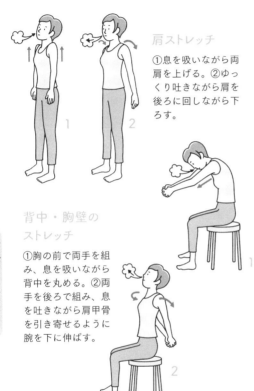

日常生活

気分はオン！　認知機能も口腔機能も維持する化粧の力

Point
① 自分で化粧することで潜在能力が引き出される
② 認知症の不安感や徘徊が軽減する事例も

心、脳、体、口腔機能にまで作用する化粧

スキンケアやメイクの効用は単に「気分が前向きに」というだけにとどまりません。化粧品をどの順番でどう使うかを考え、色や香り、肌感触を感じ、鏡を見ながら腕や手指を動かす。これだけでも脳は大いに活性化。資生堂の「化粧療法」（自分で化粧を行う）の効果をテスト（下段参照）したところ、認知機能低下を抑制する結果も出ています。また化粧の動作

教えてくれた人
池山和幸さん
資生堂
医学博士
介護福祉士
化粧療法リサーチャー

生活能力を後押しする化粧のすごい力

資生堂の長年の研究から、化粧は「要介護者のADL（日常生活動作）を向上する」「認知症のBPSD（行動心理症状）を緩和させる」効果が期待できることが判明。本人の残存機能を引き出す手法で、自分で行うスキンケア・メイクをサポートする「化粧療法」を開発。化粧療法を3か月行ったところ認知機能低下を抑制したり、表情がよくなる、お

は食事をするときの2～3倍もの筋力を使います。たとえば眉を描く動作は肩関節やひじを動かす筋肉、握力や鏡に向かう姿勢を維持する筋肉を使い、描くために相当の集中力も必要。化粧療法を行った介護施設でも握力がゼロに近かった人が**自分でお椀を持ち上げて食べるようになったり食欲が増進したり、認知症の人の不安感や徘徊が減る**などの事例もみられました。このほか唾液量の増加や嚥下反射に関わる神経伝達物質の増加など、口腔機能にも好影響であることがわかっています。

化粧は社会に向けてのオン・オフのスイッチ

特に女性にとって化粧は長年の習慣ですが、病気や要介護になったきっかけで途切れ、やがて「しない・できない」と周囲が勝手に思ってしまいます。認知症の人に向けた化粧療法でも進行具合を考慮しながら行うものの、目の前に複数並べた中から化粧水の容器を選んで手にとり頬につけたり、色とりどりの口紅の中から馴染みのある色を選んだり、**昔の感覚を取り戻して化粧を楽しむ**姿に介護者が驚くことが多いのです。化粧は「よそ行き顔」になることでオン・オフの切り替えスイッチになります。ぜひ好きな化粧品やメイク道具など、化粧できる環境を整えてみてください。

むつが不要になるなどの変化もみられた。

男性も興味津々 施設での化粧療法

2013年から全国の介護施設で化粧療法を行う「いきいき美容教室」が開催されている。50分～1時間で準備体操、スキンケア、メイクアップまで。初めて化粧に挑戦する男性にも好評で、新たなコミュニケーションが生まれるという。主に介護職などに向け化粧療法のスキルを習得する講座も行っている。

■資生堂 化粧療法「いきいき美容教室」
https://corp.shiseido.com/seminar/jp/beauty-class/

Column

もう一人の自分が光り輝く遺影撮影にニューウェーブ！

教えてくれた人
えがお写真館代表
太田明良さん

素敵な自分にときめく人間力

『えがお写真館』（東京・巣鴨）はシニア世代専門の写真館。フェイシャルエステ、ヘアメイク、ファッションコーディネイト、ネイル&ハンドケア、そして撮影までをトータルで行い、できあがった写真はもちろん、「撮影までのプロセスが最高に楽しい！」と好評をいただいています。

撮られ慣れていない高齢の方々が緊張して笑えないのは当たり前。それが完成した写真は、ほかの来店者が「プロのモデル写真？」と驚かれるほど自然で素敵な表情です。もちろんプロのメイクや撮影の力もありますが、豊かな表情や目の輝きは紛れもなくご本人の内からあふれるもの。受け身ではなく前向きな気持ちの表れです。

女優さんのように化粧品がズラリと並んだメイク台を前に丁寧に髪や肌に触れられながらメイクをして、カメラの前に立って「今の笑顔、素敵！　かわいい！」などとやり取りするうちに、初めぶっきらぼうだった人もどんどん自分から動けるようになって、表情が豊かになっていきます。もしかしたら普段とは違う自分になっているのかも。ちなみに「素敵」「かわいい」はお世辞ではないですよ。本当に変わるから。スイッチが入って目が輝き、心がワクワクしている感じを垣間見るたび、人間の生きる底力を感じるのです。

毎年、遺影を撮影しなおす人も

来店者の目的の一つは遺影撮影です。以前はネガティブなイメージがあり、遺影といえば葬儀の準備の中で慌てて探し、免許証のにらみ顔写真が使われたりもしていました。

でも今は自分の人生最後のセレモニーのために「最高に素敵な写真を」という人が増えてきました。がんを克服した記念に撮影した女性は「当初は密かに遺影にするつもりで撮りました。これからは元気に生きて季節ごとの衣装でまた撮りたい」と。また97歳のときに初来店された男性は「自分の葬儀で家族が恥ずかしくないように」と、毎年、新たな撮影に来られていました。長生きしてそんな心境になるなんて素敵だなと思う。『えがお写真館』での撮影が、前向きな人生の彩《いろどり》の一つになれればと思っています。

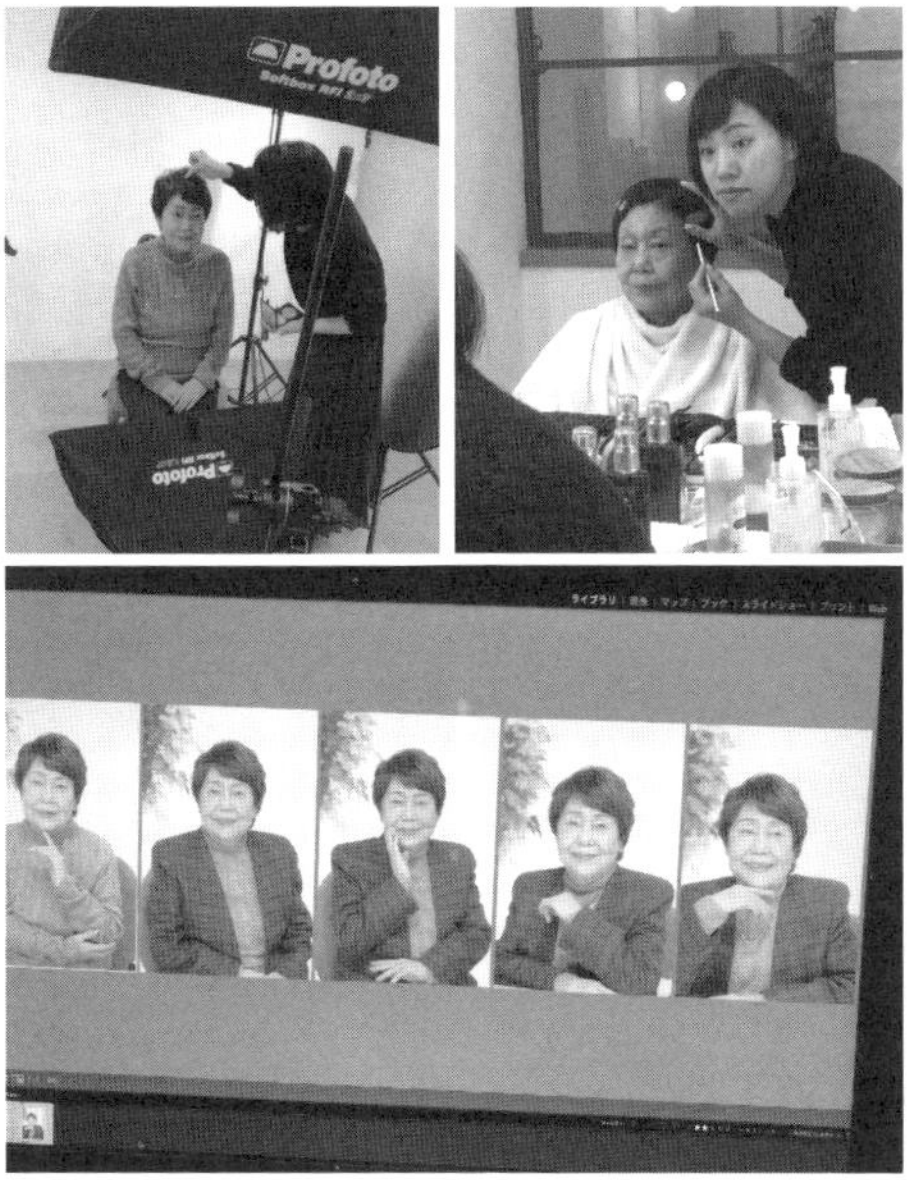

プロにメイクしてもらい、本格的な撮影スタジオの中でどんどんその気になる！

■えがお写真館
https://www.egao-shashinkan.jp/

日常生活

美容院が無理なら訪問美容もある素敵なヘアスタイルが生きる意欲に

Point

① 介護度まで改善させるおしゃれ心に目を向けて

② 自宅に外の風を吹き込む訪問美容

美容師との会話が変わるきっかけに

美容院のおしゃれ空間で髪を切り、素敵にスタイリングすると、少々落ち込んでいてもリセットされ新たな力が湧いてきます。それは要介護や認知症の人も同じです。「訪問美容」は病気などで美容院に行けない人のため、自宅や施設などに美容師が出向きカット、パーマ、カラーなどの施術を行うサービス。訪問先で、最初は「もうきれいになる必要もない」と思

教えてくれた人

訪問美容

tripsalon un. 代表

湯浅一也さん

爪にカラーを！ネイルで認知症改善

東京通信大学人間福祉学部教授で一般社団法人日本保健福祉ネイリスト協会学術顧問の佐藤三矢さんは「認知症の人へのネイルによるケア効果」を研究（文部科学省科学研究助成事業）。2週間に1回、認知症高齢者にマニキュアを施す検証試験ではQOL（生活の質）が顕著に向上。意欲の向上や暴言の軽減なども見られ継続して3か月目

われていたような人も、鏡に映る自分がどんどん素敵になっていくのが刺激になるようで、次第に私たち美容師と楽しそうに世間話をし、「あなたのピアス素敵ね」などとほめてくださる。**自分に自信ができて人や外の世界に目が向く**のです。そのためこちらも訪問時はファッションをばっちりキメて行きます。訪問美容を受けて意欲的になり、リハビリをがんばって介護度が下がるということもよくあります。介護度の改善はご本人の努力のたまものですが、美容はその気持ちに火をつけることができると思っています。昔の訪問美容といえば介護する人が洗髪しやすいよう、とにかくさっぱり短く切るというものでしたが、最近は「流行りの髪型に」「斬新な髪色に染めてみたい」という嬉しい注文も増えています。

以降に効果が表れやすいという結果も。「手の爪は鏡を見なくても目に入り、常に視覚的な刺激になる。ネイルは生活にも取り入れやすいことから今後、介護予防、認知症改善策として期待されます」（佐藤さん）

美容室で受けられるすべてのサービスが提供可能

訪問美容は介護保険外サービスのため料金はサロンごとに違いますが、「施術料＋出張料金」が主流。当社は移動式シャンプー台を持ち込み、お湯はタンクに出し入れするので3畳ほどのスペースがあればリビングでもOK。施術、掃除、片づけ完了まで、カットのみ約1時間、カット・カラーで約2時間。音楽やアロマでおしゃれ空間の演出も工夫しています。

■訪問美容 trip salon un.
https://c-b-un.com/

日常生活

老親の着づらさに気づいて工夫

ファッションをもっと楽しんで

Point
① 加齢や認知症で着づらいポイントが出てくる
② 鏡でファッションチェックをする習慣を

ボタンがはめられない、前後ろがわからない……

高齢になると肩が前に出て背中が丸くなりがちで、服の着心地が悪くなります。手先の力が弱くなってツルツルしたボタンをホールにくぐらせるのが難しくなり、ファスナーの小さな金具をつまむのも困難。腕を上げたり回したりするのがつらくなるので頭からかぶるプルオーバーなどが着づらくなります。また白内障や認知症では微妙な色の区別がつきにくく、ボ

教えてくれた人
名美アパレル・キアレッタ
クリエイティブ・ディレクター
前野いずみさん

着やすい工夫が満載
高齢者に特化した服

前野いずみさんが主宰するブランド『キアレッタ』は、高齢者や要介護者、認知症の人たちの生の声から着づらさを研究し、デザインに活かすユニバーサルファッション。ボタンホールは目立つ色の糸で見やすく、斜めに開けたホールではめやすく。また弱い力でも開閉できるオリジナルファスナーも開発。トップスの多くはファスナーを使った着

タンホールの場所や服の形が把握できないことも。戸惑っているとつい介護者が手を貸して、受け身で「着せてもらう」ことになり、こうなるとファッションを楽しむ気力などは失せてしまいます。認知症で服装に無頓着になるといわれる中には、こういった面も大いにあると思います。

「今日、何着ようかな?」のワクワクを大切に

自分が好きな服を選んで着ることはとても重要なプライドなのです。**服は社会に向けての自己表現でもありますから、高齢者にとっては「きちんと感」も大事。**着づらいポイントを考慮して体に合った着やすい服を選びましょう。お気に入りの服をまとえば、自信がわいて人と話したくなる。店で季節の服を手に取り、それを着て出かける自分を想像してワクワク。そんなファッションの力を高齢者こそ享受してほしいと思います。

ぜひクローゼットの中の服を一緒に選びながら「今日、何を着て何をしようか」というワクワク感を呼び起こしてください。もし老親が暗い色の服ばかり選んでいたら、きれいな差し色のスカーフなどの小物をすすめて。また選んだ服を着て鏡で見ることも大切です。「よく似合うね」「この服、いつ買ったの?」と、ファッションの話を弾ませてください。

やすい前開きで、閉めるとプルオーバーに見えるデザインもしゃれている。パンツにもファスナーを活用し、ひざが不自由、車いすを利用する人も楽に着脱できるデザインが揃っている。

小さくてもつまんで引っ張りやすいオリジナルファスナー

ボタンの着脱がしやすいよう斜めに作られたボタンホール
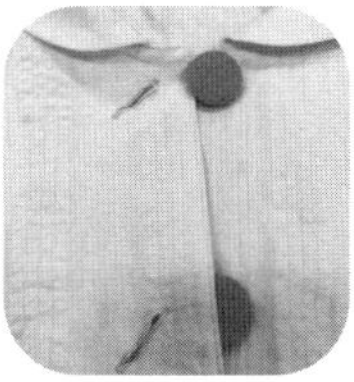

■キアレッタ
http://www.chiaretta-fashion.com/

日常生活

「おいしく作ろう」。自然と手や体が動く料理は楽しいリハビリ

Point

① 脳機能が落ちても調理作業は何かしらできる
② 五感がフル稼働。食べる喜びにもつながる

体が覚えている包丁使いで自信を取り戻す

献立を考え、食材を切ったり炒めたり、バランスよく盛り付けたり。料理はすべての工程で脳血流を増加させ、リハビリ効果の高い作業療法としても知られています。料理作りに特化したデイサービス『なないろクッキングスタジオ』では、要介護や認知症になり「危ないから」と何年も料理から遠ざけられている人でも、食材や調理用具を前にするとすぐに勘が戻

教えてくれた人

SOYOKAZE
事業統括本部部長
神永美佐子さん

業界初、料理療法を行うデイサービス

株式会社SOYOKAZEが運営する『なないろクッキングスタジオ』は、プロのシェフのレクチャーのもと参加者全員で料理を作り、試食まで行う、午前・午後それぞれ約3時間のデイサービス。調理によるリハビリ効果だけでなく、人と協力し役割を持つ喜びや食への意欲も喚起する。認知症や高次機能障害の人にもおすすめ。現在、東京都

ります。包丁使いなどは自転車の運転のように体が覚えていて、**認知症などで自信を失っても「まだできることがある」と確認できるのがよいところ。**また料理にはいろいろな作業があり、初心者や機能低下がある人にも必ず役割があります。車いすや麻痺のある人も参加しますが、「おいしい料理を」という目的があると自然と手が動くのです。いいにおいがしてくると唾液もよく出てお腹が空き、食べる量も増えます。

食がもたらす刺激は無限大

デイサービスで作る献立の基本は旬の食材を活かすこと。「たけのこの季節ですね」「夏野菜がおいしくなってきた」など、食材の話題で季節を感じることも大切にしています。回想療法として懐かしい家庭料理も作りますが、その時々に話題の食材や料理も取り入れています。「最近、若い人の間で流行っているんですよ」などと**「今」を共有しているという刺激は、特に認知症の人たちを元気づけるようです。**

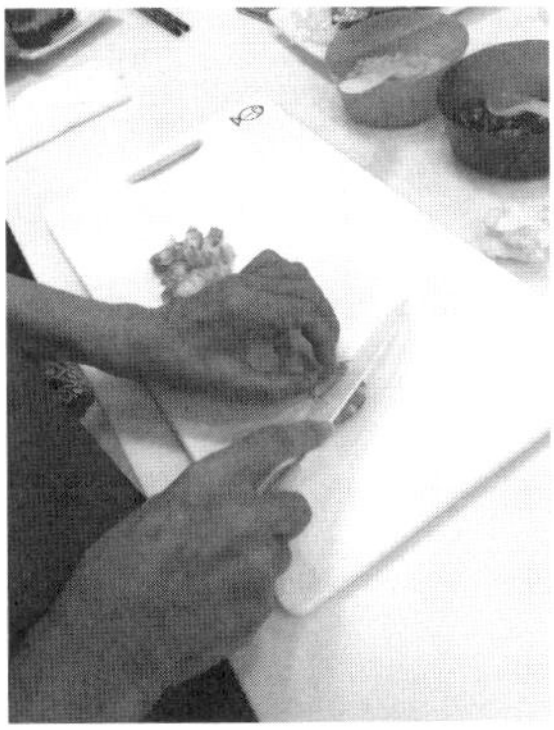

3年ぶりに包丁を握るという人もえびを上手に削ぎ切り

都市部3施設で展開中。介護保険の通所介護サービスとして要支援・要介護1〜5の人を対象とするほか、自費利用も可。

料理療法を行うなないろクッキングスタジオ成城

写真提供：SOYOKAZE

■なないろクッキングスタジオ
https://www.sykz.co.jp/nanairo/

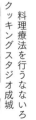

頭も体も使ってリフレッシュ 買い物は家族・社会の一員の証

Point

① 物を買う意欲と喜びで自然と歩ける

② リハビリとして導入する事業者も増加中

「選ぶ」「買う」「誰かを喜ばせる」で心は外向き

店に並んだ商品の中から欲しい物、家族に頼まれた物を探して売り場を行ったり来たり。高い棚に手を伸ばし、腰をかがめて下段の品物を手に取って「どれにしようか」と吟味して選ぶ。旬の食材を見て夕飯の献立がひらめいたり、家族の好物を思い出したり。レジでは小銭を数えて出す。新しい服やずっと欲しかった物をゲットしたときは、気分が一新するほどの

教えてくれた人

ソーシャルアクション機構 代表理事

北嶋史誉さん

移動販売車で買い物リハビリ

群馬県高崎市の日高デイトレセンターなど6つのデイサービスを移動販売車「フレッシー便」3台が巡回し、買い物リハビリを行っている。品物を選ぶときは真剣でイキイキとしたい顔に。レジでまごついてもスタッフがサポートするので、安心して買い物を楽しめる。

高揚感がありますよね。最近はネット通販や宅配などで物の入手が簡単便利になり、忙しい現役世代は忘れがちですが、**高齢者にとって買い物は体も脳も心もフル稼働して、生活者らしい感覚を取り戻す効用**があるのです。

家族や社会の中の役割があると孤独でなくなる

買い物をすることは生活者として重要な役割の一つです。高齢や認知症になって役割が充分担えなくなると、たとえ家族と一緒にいて安全でも心は孤立し、健康まで損なわれてしまいます。

そこに注目し、買い物をリハビリとして取り入れたデイサービスも手掛けました。移動販売車やスーパーマーケットの店舗で、スタッフがさり気なくサポートしつつ自分のお金で買い物するスタイルで、自分が食べたい物や嫁に頼まれた牛乳、孫のおやつなどをカゴに入れ、レジに並ぶ参加者の目の輝きは驚くほど。自分や家族の物を買って生活を支える意識が大きな張り合いになるのです。「しっかり食べよう」「体を鍛えよう」という意識にもつながるよう。ちなみに**30分店内を歩くと2000〜4000歩。効果的な運動にもなります**。今は全国のデイサービスでも買い物を取り入れるところが増加中。ぜひ家族でも老親を買い物に誘ってみてください。

認知症の親の買い物を支えるカード

離れて暮らす老親が、買い物や計画的な金銭管理ができているかをアプリで確認できるプリペイドカード『KAERU』。買い物の支払いをカードで行えば、どこでいくら使ったかが家族のもとにも即時通知され、遠隔チャージやカードの一時停止もできるので、さりげない生活の見守りや紛失時のリスク管理ができる。アプリには買い忘れ防止メモ機能付きで、認知症の人の買い物をサポート。

認知症の人の買い物をさり気なく見守れる

■KAERU
https://kaeru-inc.co.jp/

日常生活

少量の酒は認知症リスク軽減も量を決め食事と一緒に楽しく

Point

① 気分をほぐしリラックス効果がある 😌

② 適量範囲が狭いこと、悪影響も熟知すべし 🙂

教えてくれた人

久里浜医療センター院長
認知症専門医
松下幸生さん

加齢で酒の影響は早く強く出る

少量の酒で血中アルコールが低濃度の段階では、日ごろの緊張が解けてリラックスし、血流がよくなって体が温かくなり、食欲も増進します。ただここを少し超えると一気に悪影響が出始めます。平衡感覚や運動調節機能を司る小脳が麻痺すればまっすぐ歩けなくなり転倒のリスクも。さらに脳幹や延髄まで麻痺すると死に至ることもあります。また大量飲酒は

高齢者はビールで中瓶½本以下

右表は厚生労働省が策定した「健康日本21」で示さ

ビール（5％）	500ml（中瓶1本）
日本酒（15％）	180ml（1合）
焼酎（25％）	100ml
ウイスキー（40％）	60ml（ダブル1杯）
ワイン（12％）	200ml

（％はアルコール度数）

脳を萎縮させ、認知症やうつ病のリスクが高まることもわかっています。高齢になると体の水分量がどんどん減るため血中アルコール濃度が高くなりやすく、若い頃と同じ酒量でもすぐに酔ったり失禁してしまったりと、影響が早く強く出るのです。たまに飲む少量の酒でも要注意です。

飲む量を決めて食事と一緒にゆっくり飲む

一方で少量の酒が認知症リスクを低減する※など、酒が認知症に与える影響についての多くの研究結果が示しています。ストレスを和らげることが一因と思われますが、何より楽しい気分になり、人生を豊かにすることも言うまでもありません。難しいのは、こういったよい効用が得られる「適量」の範囲がとても狭いこと。悪影響を避けて酒の楽しさを享受するには、リスクを熟知して適量を守ることに尽きるのです。

指標（下段参照）を目安に**自分の適量を見極めて、その日に飲む量をきっちり決めること**。認知症の人、若い頃から飲酒習慣があり自信のある高齢者には周囲の人の管理の目も重要です。また飲むときは食事やおつまみと一緒に、合間に水などを挟みながらゆっくり飲みましょう。チーズや乳製品、油脂分のあるおつまみもおすすめです。

れた成人男性1日平均の「節度ある適度な飲酒量」（純アルコール20ｇ以下）に相当する主な酒の上限量。女性は半分の10ｇ以下。高齢者はさらに少量を推奨されている。

介護士がもてなす介護スナック

「おいしい酒が飲みたい」要介護者の切なる思いを実現する『介護スナック竜宮城』（神奈川県横須賀市）。介護士のスタッフが介護用車両で送迎し、さりげなく酒量のコントロールも。「楽しんで元気になる人、涙する人も。生きがいの大切さが身にしみます」（オーナー佐々木貴也さん）

■介護スナック竜宮城
http://ryugujogogo.com/

※もともと飲酒習慣のない人が少量の飲酒により認知症リスクが下がる検証はされていないので注意。

日常生活

健康効果・介護予防・ハッピー！
入浴の効用を存分に、安全に

Point
① 毎日湯船に浸かると要介護リスク3割減
② 温度や時間、入浴リスクは数値で管理
③ 入浴サービス、訪問入浴などの利用も

教えてくれた人
東京都市大学
人間科学部教授
温泉療法専門医
早坂信哉さん

幸福度まで上がる入浴の絶大な健康効果

入浴のいちばんの効用は体が温まって血流がよくなること。血流は全身に必要なエネルギーや生命維持に欠かせないホルモンも運び、老廃物の排出も担っています。湯船にゆっくり浸かるだけで関節痛などが楽になったり、疲れが取れたりするのも体が温まって血行がよくなり、新陳代謝が活発になるおかげ。軽い水圧がかかるのでむくみなども解消します。

血圧急降下も要注意 手先だけの水風呂を

温かな湯船から勢いよく立ち上がると血圧が急降下

また湯船の中では浮力で体重が約10分の1に。重力から解放されて筋肉や関節の緊張もほぐれ、プカプカと浮く感覚でリラックスできます。そして体温が適度に上がった浴後、90分ほどかけて体温が下がるタイミングで布団に入ると、深く質のよい睡眠が得られます。加齢による不調の多くは背景に血流の滞りがあるので、高齢者にこそ入浴をすすめたいのです。

私が行った大規模疫学調査※では、**毎日湯船に浸かる人は週2回の人に比べて要介護のリスクが約3割減**。また毎日湯船に浸かる人は幸福度が高いという結果も。他の研究では脳卒中や心筋梗塞リスクも低減することもわかっています。入浴で「少し痛みが楽になる」「よく眠れて元気になる」といった小さなハッピーの積み重ねが、高齢者には大きな支えになっていると考えられます。

ヒートショック防止は肌感覚でなく数値で管理

一方で高齢者の入浴中の事故が多いのも事実です。元凶はまず温度差。寒い脱衣所で裸になると血圧が＋30、熱い湯にドボンと入れば＋10。これだけでも心筋梗塞や脳卒中のリスクで高齢者にとっては命取り。**いわゆるヒートショックです。起こりやすいのは温度差5℃以上。**冬の暖房した部

して転倒の危険があり、高齢者は要注意。これを防ぐためには湯上がり前に、体は湯船に浸かったまま手先だけを冷水に当てるとよい。（高齢者入浴アドバイザー協会　代表理事　鈴木知明さん）

湯船の中でグーパー末端の血流促進に

体が軽くなる湯船の中では普段、痛みのある腰やひざの屈伸も楽にできるので、無理のない範囲で動かすとよい。また冷えのある人は、湯船の中で左右の手を交互にグーパーしたり足首を回したりすると、末端の血流がよくなるのでおすすめ。（鈴木知明さん）

※早坂信哉教授と千葉大学の共同研究。
北海道、愛知県など18の自治体で65歳以上の男女約1万4000人を対象に3年間追跡調査。

屋23℃前後を基準に脱衣所は18℃以上に。浴室は浴槽の蓋を開けておいたり入浴直前に熱い湯を床や壁にかけておいたりすると温まります。湯船に入る前には体が湯温に慣れるよう手先・足先から順にかけ湯が必須です。

また湯温と浸かる時間も重要。高齢者は皮膚感覚が鈍ることもあり熱めの湯を好みますが、本人の気持ちよさとは関係なくヒートショックのリスクは高まり、リラックスもできません。さらに長く浸かると体内の温度が上がりすぎて熱中症の危険も。入浴する前と後の水分補給も忘れずに。ミネラル分のある麦茶などがおすすめです。

入浴前には血圧チェックも習慣にしましょう。私が以前2000人規模で行った疫学調査で、発熱や意識障害、呼吸困難などリスクが最高血圧160以上で3倍、最低血圧100以上で10倍になることがわかっています。これ以上の場合は入浴を中止してください。

温度や血圧は何となくの肌感覚で捉えるのは危険です。室温計、湯温計、血圧計などの数値でしっかりチェックしましょう。

手すりや入浴サービスも利用して長く入浴習慣を

シャワーで汚れを流すだけでなく、湯船に浸かって湯を楽しむ日本人の

「入浴しないと汚いから」はNG

入浴を拒否する認知症の人の事例はよくある。体の不具合で服を脱ぐのが億劫、服を脱ぐイメージができないなど、うまく説明できないだけで必ず理由があるので、丁寧に聞いて探る必要がある。つい清潔保持といった目的だけで説得しがちだが、生活の楽しみとして誘ってみて。（桜新町アーバンクリニック作業療法士 村島久美子さん）

今日はよく歩いて汗かいたから

習慣が世界屈指の長寿の一助を担っていると思います。

高齢になるといろいろな困難もでてきます。たとえば湯に浸かることで皮膚の乾燥が進みやすく、乾燥によるかゆみは大きなストレスになります。浸かるだけである程度の汚れも落ちますから、毎回石鹸を使わなくてもいいくらい。保湿系の入浴剤もおすすめです。

また歳を重ねるうちに自宅の浴槽をまたぐことが難しくなるかもしれません。そうなっても**福祉用具の手すりを設置したり、デイサービスなどの入浴サービスや訪問入浴を利用したり**と、方法はあります。リスクはしっかり理解しながら、数々の健康効果と、湯に浸かったときの「あ〜極楽だ〜」というあの快感をできるだけ長く享受しつづけてほしいですね。

高齢者見守りに一役 魅力見直される銭湯

銭湯の魅力は大きな湯船。浴場にはマイナスイオンが満ちてリラックス効果が高い。最近はサウナやジェットバス、薬湯など全国の銭湯が特徴を競い合っているという。「脱衣所の温度管理などヒートショック対策も万全。何より人目があり高齢者には安心」と早坂さんもすすめる。

地域の社交場だった銭湯の伝統を引き継ぎ、東京都内銭湯ではいくつかの自治体と連携して独居や認知症高齢者を見守る試みも。各銭湯のSNSを見て若い人も来店し、世代間交流の場にも。(全国浴場組合理事長 近藤和幸さん)

入浴事故を防ぐために数値をチェック

暖房した部屋の温度
23℃以上

脱衣所の温度
18℃以上

湯温と浸かる時間
40℃で10分

これ以上なら入浴NG
血圧160/100

手先・足先からかけ湯
最低10杯

■全国浴場組合
http://www.1010.or.jp/zenyoku/

日常生活

昼は白色、夜はオレンジ色の照明が心身を癒やす

Point

① 光の色の調節で睡眠リズムが整う
② 調光、調色できる電球や照明器具がおすすめ

白い光は覚醒、オレンジ色の光はくつろぐ

朝日を浴びることで覚醒ホルモンが出て活動的になり、夜は、日中の光で抑えられていた催眠ホルモンが出て眠りに誘う。脳や体の健康を左右する睡眠サイクルはいずれも「光」がスイッチになっています。採光とともに室内を照らす照明は大きな役割を担っており、特に室内で長く過ごす高齢者、昼夜逆転しやすい認知症の人にとっては重要なのです。

教えてくれた人
中島龍興照明デザイン研究所代表
照明デザイナー
中島龍興さん

照明の工夫で高齢者の睡眠が改善

パナソニック ライフソリューションズ社※が行った実証実験で、日中は明るい光、夜は暖色系のくつろげる光が、独自のスケジュールで運用されるシステムを高齢者施設に導入。従来の白色照明の環境下に比べ、入居者の夜間の落ち着きを促し、就寝している時間が12%増加、夜勤スタッフの休息時間も46分増加した。

※現パナソニック　エレクトリックワークス社

注目してほしいのは照明の色。明るい白色光は活動的になりやすく、たとえば曇天でも室内に白い光の全体照明を追加すれば覚醒スイッチが入ります。ＬＥＤランプや蛍光灯の「昼光色」「昼白色」の表示が白い光の目印。脳を覚醒させるブルーライトを多く含んでいます。そして**日が沈んでからつける照明は「電球色」の表示のオレンジ色の光がよく、**リラックスして脳が眠りの準備を始めるのに最適な照明です。最近は特別な配線工事不要で調光（光の強さ）や調色ができる照明器具や電球も出てきています。ぜひ昼と夜それぞれに最適な光を使ってください。

食卓、寝室、トイレにもオレンジ色の光を

心身を休めるべき夜に白い光に照らされていると睡眠サイクルが狂い、不眠や抑うつ、キレやすいなど、精神状態にも影響すると考えられます。夜、食卓を照らす照明、高齢者がホッとひと息つく浴室や寝室、深夜に用を足すトイレの照明も、無用な覚醒スイッチを入れないオレンジ色の光がおすすめ。トイレへのアプローチには、人感センサー付きのフットライトを。寝室も必要以上に天井から明るい光で照らさず、オレンジ色の光が枕元近くにあると、たき火のような温かな心理効果も期待できます。

壁に光を反射させる間接照明で心癒やす

夜はオレンジ色のシーリングライトで全体を照らし、観葉植物にスポットライトを当てて壁に葉影を映すなど、光の陰影を作るとよい。より明るい部分に焦点を合わせようと脳が働くので、陰影があるほうが視線が動き、覚醒しすぎない程度に脳が活性化する。

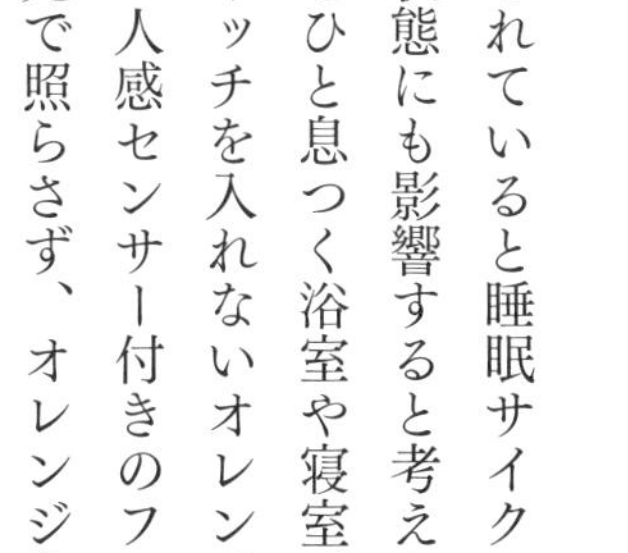

日常生活

孫とLINEから緊急SOSまで スマホで張りのある生活を

Point
① 使う本人が目的意識をしっかり持つ
② 簡単にネットにつながるリスクも把握

簡単にネットにつながる長短所を把握して

どこにいても連絡できる。助けを求められる。GPS機能が使える。免許を返納したら「乗り換えアプリ」で目的地までのルートもすぐ調べられる。**認知症があっても「リマインドアプリ」で大事な用事を忘れないようにできる。**スマートフォン（略スマホ）は今を生きる高齢者にもとても頼りになるツールです。電話やメールだけでなくインターネットができるこ

教えてくれた人
スマートフォンアドバイザー
島袋コウさん
（モバイルプリンス）

ガラケー＋タブレット2台持ちもおすすめ

電話とメール機能がメインの古くからある携帯電話、通称「ガラケー」と、スマホとほぼ同等の機能で画面が大きな「タブレット」を併用し、外出先の電話やメールはガラケーで、家で動画やネット記事を楽しむのはタブレットでと使い分けるシニアユーザーも。「プランによりスマホ1台とコストが変わらないこともあります」（島袋さん）

とで、画面から世界が無限大に広がるのがスマホの魅力ですが、広すぎて自分がやりたいことや必要なことが選べなくなる不自由もあります。「孫とLINEしたい」「写真を撮って友達と見せ合いたい」「外出先でラジオを聞きたい」など、身近な人の使い方も参考に、使う本人が具体的な使用シーンをイメージして臨むことが大切。また不慣れな高齢者が健康や投資などの不確かな情報にさらされるリスクもあり、家族のサポートも必要です。

「音声アシスト」など助かる機能に触れる好機

使い方の難しさは若者も同じ。頭で覚えるのではなく、自転車の乗り方のように、使いながら身につけていくのがよいのです。その点、搭載機能がシンプルな「シニア向けスマホ」もよいですが、身近な家族と同じ機種を持って同じ画面を見ながら、繰り返し教わるのも意外な上達法です。

またいち早く**スマホになじむのにおすすめなのが「音声アシスタント」（下段参照）**。画面に話しかけるだけでスマホ操作ができます。たとえばベッドにいながら音声で操作できるスマート家電など、これからは高齢で体が衰えてもIT技術が生活の手助けになる場面がたくさん。スマホはその入口にもなります。老親が興味を持ったらぜひ応援してあげてください。

スマホならではの音声アシスタント

『iPhone』（Apple）は「シリ！」、『Android』（Google）は「OKグーグル」と呼びかけることで使える音声アシスタント機能。たとえば「太郎に電話したい」と言えば、指で操作しなくてもスマホに登録している太郎に電話発信。「明日7時に起こして」と言えば目覚ましアプリを7時にセットしてくれる。

た、太郎に電話したいっ!!
Pu Pu Pu
太郎サンノ自宅ニ、発信シマス
ドキドキ

※3G回線のガラケーは遅くとも2026年までにサービス終了。4G対応のガラケーは以降も使用可能。

藝大アーティストと、保育園児と、認知症高齢者が築いた「介護」ではない絆・幼老共生

教えてくれた人

江東園
社会福祉士
井上知和さん
東京藝術大学DOOR
アーティスト
（2018・2019年度）
のみなさん

子どもに老いを教える高齢者たち

同じ建物内に特別養護老人ホーム、デイケアセンター、保育園を併設する幼老複合施設「江東園」（東京都江戸川区）では、朝いちばん、保育園のカーテンを老人ホームのお年寄りたちが自主的に開けて回ります。みなさんかわいい園児の世話が焼きたいのです。着替えや抱っこなども手際よく、いろいろ手伝ってもらっています。ヨチヨチ歩きの園児を見ると、体が動きづらいお年寄りも思わず立ち上がる。介護される受け身ではわかないエネルギー。彼らに秘められた能力の大きさをいつも感じています。

5～6歳児クラスの子どもたちからも老人ホームの部屋を訪問しています。ある子が「おばあちゃんはなぜ寝ているの？」と尋ね「腰が痛いのよ」と答えると、その子が心配そうに腰をさすり、おばあさんは涙を流して喜びました。いたわりの気持ちは日常の中でこそ育まれるのです。また別の場面では「よだれが出てる！」などと子どもが言い放つことも。でも「きみたちはどんどんできるようになるけれど、その後はまた弱くなる。それが人間なんだよ」

と伝えるとちゃんと理解します。お年寄りは人が知るべき大事なことを、彼らの存在で教えてくれている。そんな共生の形を大切にしたいと思っています。

言葉でなく心を探り合うおもしろさ

東京藝術大学とSOMPOケアの産学連携プロジェクトの一環「アーティスト・イン　そんぽの家S王子神谷」は、東京藝術大学DOOR※で共生社会について学んだアーティストたちがサービス付き高齢者向け住宅に住み、介護ではなく住人同士として暮らす試み。そこで生まれる「何か」を作品やイベントで表現します。

「私は食堂にカフェを開設。閉じこもりがちの人も来てくださり、つい自分の人生の不安をこぼしたら、『私は50歳で転職したのよ』と経験を話してくださいました。話せる大人の友人ができた感じです」（横田紗世さん）。「認知症で言葉のやりとりはスムーズでなくても、何か私のどこかに反応している気がします。それをあの手この手で探るのがすごくおもしろい！」（垣内晴さん）。「いつも意味不明の言葉を発してしまう人に、私も負けずに母国の中国語で返してみたら『え？　何ですか？』って。本当はもっと人と話したい、自分のことを伝えたいと思っているんだと感じます」（楼婕琳《ろうじぇりん》さん）。「食堂の隅にじゅうたんを敷いて、テントを張ってみました。みなさんとても興味を示してくれて、『お茶会しましょうか』と言ってくれる人も。何かおもしろいことでワクワクするのは同じなんですね」（柳雄斗さん）。

「アーティスト・イン　そんぽの家S 王子神谷」2018、2019年度のメンバー。（右から）柳雄斗さん、横田紗世さん、垣内晴さん、楼婕琳さん。

※「アート×福祉」をテーマに多用な人々が共生できる社会を支える人材育成のプロジェクト。

物がいっぱい！でもそれが安心 老親が本当に心地よい場に 片づけすぎない新掃除スタイル

ため込んだ物は箱で「見える収納」

実は私の母も要介護。難病で一時は寝たきりになった母を自宅に迎え、食事療法やリハビリを支えていたところ、簡単な家事ができるまでに回復しました。そんな母の姿から、生きる力のすごさ、介護家族の苦労、そして快適に暮らす空間の大切さを学んだのです。

少なからず家族が手を貸すことになる老親の心地よい空間作りには、大切なポイントがあります。それは本人独自の「生活のリズムと彩《いろどり》」。家族と同居の場合でも、お茶を飲んだりテレビを見たり居眠りをしたりと、本人だけのリズムがあることを家族は知って、尊重すべき。また彩とは、本人の心を癒やす好きな物。絵画や花、音楽、あるいは習慣でいつもいすの背にかけてあるカーディガン、テーブルには山積みの本や文房具。一見雑然としているようで、自分なりのリズムに添う物に囲まれた、その風景に安心を感じています。むやみに捨てたり片づけたりしないほうがよいのです。

なぜか高齢になると同じ物をたくさんため込みま

教えてくれた人
ベアーズ取締役副社長
日本の暮らし方研究家
高橋ゆきさん

すね。代表選手はポケットティッシュや紙袋など。これらはアイテムごとに中身が見えるようにして空き箱に収めるのがおすすめです。たとえばリモコン類をまとめた箱、定時に飲む薬や体温計、血圧計の箱、大量のティッシュをズラリ並べた箱。こうすると必要な物が際立って見え、むやみにため込むのを抑えられることもあります。

拭き掃除は絶好のリハビリ

老親の家や生活空間は、家族本位に小ぎれいに片づけるのではなく、現状維持が基本。親本人主体で「掃除したいところだけ」という考え方でよいと思います。家族が手伝うのは全体の掃除機かけなどをメインに、本人のテリトリー内は本人にまかせましょう。

　ただ拭き掃除はよい運動にもなります。年齢を問わず、広いところから細部までササッときれいにできる「軍手ぞうきん」（下図参照）がおすすめです。

いつも使っているいすや廊下の手すり、仏壇などを、掃除というより愛でるように、軍手をはめた手で拭いて歩く。絶好のリハビリにもなりますよ。

ゴム手袋をはめた上から軍手をはめる。水や洗剤をつけたときはゴム手袋の裾を折り返すと水が垂れない。

癒やし

不安を吹き飛ばし脳も全身も活性効果絶大な笑いは感動が源泉

Point
① 病気改善・予防にもなる健康効果がある
② 感動を探すことがよい笑いの練習になる

血流促進、ストレス軽減、免疫力アップ

大笑いすると横隔膜が上下して腹圧がかかり、内臓を刺激、血流がよくなり脳も活性化。全身運動をするような効果があります。笑いには強いストレスや悲しみで出る「コルチゾール」（副腎皮質ホルモン）の分泌を抑える作用があり、不安感や恐怖心も軽減。幸せホルモン「セロトニン」、愛情ホルモン「オキシトシン」も活性化。ストレスで高まる血糖値を正常

教えてくれた人
医学博士
笑医塾塾長
癒しの環境研究会理事長
高柳和江さん

家族が笑えば自然に笑顔になる

人の脳にはミラーニューロンと呼ばれる神経細胞があり、これが働くと他者の行動や表情を見て、まるで自分がその行動をしているように反応する。目の前の人が笑えば伝染するように笑顔になる。介護の場でもまず家族が笑顔に。

もの忘れ、もたもたも笑いのネタ!!

笑い満載のリハビリレク

にし、がん細胞と闘うことで知られるNK細胞を活性化することも検証されています。特に認知症、心臓病などストレスで悪化する病気には笑いを取り入れるとよく、医療や介護の現場でも活用されています。またくすぐられて反射的に出た笑いより、ジョークや、スポーツ観戦などで感動とともに出る笑いのほうが、健康効果が高いこともわかっています。

笑えない老親には「ほめる」「感動を探す」

強いストレスや不安感があると笑えないものですね。認知症の人は人一倍、不安や孤独感にとらわれがちですから、まず「あなたは大丈夫」ということが伝わるように接しましょう。そして「ほめる」こと。表面的なお世辞ではなく、本人をよく見てよいところを探して伝えるのです。自分の本質に注目し好意をもってもらえるのは本当にうれしくて、自然に笑顔になります。笑顔が出るのは不安感が軽くなった証です。

また感動することも大事。笑えないのは心が動かなくなっているときです。美しい自然、好きな絵画や音楽、お茶やお菓子など、心が動くものを一緒に探しましょう。「きれいだね」「素敵！」「おいしそう」などと小さなことでも意識して感動することで、心から大きく笑う練習になります。

リエーションで全国の介護施設で活躍中の作業療法士・フリーのお笑い芸人でもある石田竜生さん（介護エンターテイメント協会代表）。高齢者には共通した笑いのツボは「ズバリ容姿や体の衰えのこと」という。あちこち痛い、記憶が曖昧、動きが鈍い、しわ、入れ歯など、劣等感の一方でそれをおもしろがれる懐の深さがすごいところ。足踏みしながら『3の倍数で手拍子』など、失敗で笑える体操が人気。

写真提供：石田竜生さん

■石田竜生YouTube
「介護エンターテイメント脳トレ介護予防研究所」
https://www.youtube.com/@grandma-t

癒やし

思い切り泣いて流す涙は心を癒やし快眠効果も

Point

① 泣くと脳がリラックスモードに切り替わる

② 「泣いていいよ」は大きな安心になる

☺

免疫力もアップする涙（泣く）の効果

悲しいとき、感極まったとき、涙が出てひとしきり泣くと、不思議と気持ちは落ち着いて、前向きになることもあります。涙を出す涙腺を刺激するのは神経の興奮を鎮める副交感神経の働きで、悲しみのストレスや心揺さぶる感動で興奮しすぎた脳が、涙が流れることでリセットされて穏やかになるのです。たくさん泣いた後、眠くなる経験は誰もがあると思います

教えてくれた人

感涙療法士
吉田英史さん
（なみだ先生）

よりよく泣くコツを伝授する感涙療法士

吉田英史さんが前職の高校教諭・スクールカウンセラー時代に涙の効用に気づき、東邦大学名誉教授で脳生理学者の有田秀穂さん指導のもと、認定資格「感涙療法士」を創設。学校や企業、高齢者施設などで泣くコツを伝授する。

泣く認知症の人には黙って寄り添って

認知症の人は平然と見え

が、脳がリラックスしているので深くよい睡眠が得られます。また泣くことで血液中のリンパ球や免疫物質が活性化して免疫力がアップすることもわかっています。

感動の涙はストレスを鎮める

健康効果ということでは喜怒哀楽の情動を伴う涙が効果的。映画や本などで人の経験や思いに共感すると、額の中央あたり、高度な精神活動を司る脳の前頭前野の血流が増え、目頭が熱くなって涙があふれます。この涙がいちばんストレスを鎮め、心を癒やすのです。涙の効果を活かし、積極的に感動の涙を流す「涙活セミナー」を全国で主催しています。動画鑑賞や物語の朗読、作文などいろいろな方法で感動の涙を誘うようにレクチャーしますが、高齢者を対象にしたセミナーでは、若い人に比べてもみなさんよく泣かれます。戦争時代から現代まで、働き盛り、子育て、孫を迎えて、長い人生経験から人に共感する要素が多いのだと感じます。

涙の効用が知られるようになり、最近は泣ける映像・絵本・CM、泣き歌などのワードでも涙を誘う材料が検索できます。家族でも思い出話で一緒に感動して、健康のためにもどんどん泣いてください。

ても常に症状による不安を抱えている。その気持ちをうまく人に伝えられず、自分でもわけがわからないまま泣いてしまうことも。いわばSOSなのだ。体の不調でないことを確認したら、「どうしたの?」「何がつらいの?」と理由を聞き出そうとするのは禁物。本人にとっていちばんの救いになるのは不安でつらいことをわかってもらうこと。静かに寄り添って。（ヘルパーステーション和翔苑所長小谷庸夫さん）

■吉田英史公式HP「なみだ先生〜感涙教室」
http://www.tearsteacher.com/

癒やし

レモングラスは認知症の予防・改善も。香りを取り入れよう！

Point
① 認知症の嗅覚低下改善の可能性も
② 本人が好きな香りであることも重要

柑橘系の香りは記憶力、集中力を高める

よい香りの効用は落ち着いたり、高揚したりといった気分的なものだけではありません。かいだ香りは脳にダイレクトに働きかけ、またマッサージで使うオイルの香り成分は皮膚から血液にのって全身に作用し、不安や苦痛を和らげて病気を改善する効用も明らかになってきています。最近では湘南医療大学塩田清二教授らが認知症の高齢者を対象にレモングラスの

教えてくれた人
Tor-iセラアロマ研究所代表
国際アロマセラピスト連盟認定アロマセラピスト
所澤いづみさん

介護で使いやすいおすすめの香り

比較的多くの人に好まれ、初心者も使いやすい香りを所澤さんがセレクト。

レモングラス　認知症改善・予防。抗炎症、鎮痛、鎮静、消化促進、血圧降下なども。

真正ラベンダー　心身がリラックス。ストレスや不眠に効果的。

ヒノキ（国産）　やすらぎの香り。男性、高齢者に人気。

オレンジ・スイート　血行

香りを使った実験を行い、認知症の改善・予防効果を検証しました。レモングラスなどの柑橘系の香りは交感神経を刺激し、記憶力や集中力、やる気などを高める効果があり、ほかにも睡眠障害、更年期障害、生活習慣病などの治療にも期待されています。

嫌いな香りでは効果が減

香りを使った療法、アロマセラピーで使われる精油は、日本で販売されているだけでも120~140種類。それぞれ特有の作用がありますが、香りには嗜好性があり、嫌いな香りでは効能が得られないので、まず実際にかいで本人の好きな香りを探し、心地よさを楽しむことです。

また認知症や加齢で嗅覚が衰えても、ハンカチに精油を含ませて行う芳香浴（下段参照）などで意識して鍛えることで改善も可能。認知症対象の施設で行ったアロマセラピーでも、最初は香りを感じられなかった人たちが週1~2回ずつ1~2か月続ける間に改善し、香りの好き・嫌いを意思表示できるまでに。私の両親も認知症で、家族としてアロマセラピーを行いました。一緒によい香りに包まれながら、父が「生き返るようだな」と言ってくれたことに癒やされました。ぜひ家族で楽しんでみてください。

促進、鎮静、便秘にも効果。

ローズウッド　強壮、疲労回復、抗不安、抗炎症など。

嗅覚が衰え気味なら ハンカチに精油を

ハンカチや畳んだティッシュなどに精油を2~3滴ほど含ませ、鼻に近づけてしっかり深呼吸する。香りの刺激がしっかり得られる方法。服の胸ポケットやブラジャーの内側などに入れておくと、常時、香りを楽しめる。

癒やし

かわいい介護ロボットの瞳が意欲や好奇心のスイッチに

Point

① 認知症の抑うつ症状にも効果を発揮

② ロボットだからこそできる介護もある

パロ

世界の医療・介護の現場でも活躍するロボット

人と交流するためのコミュニケーションロボットが高齢者介護の現場にも取り入れられています。アザラシ型の『パロ』は動物の自然な動きを追求したロボットで、世界一の癒やしロボットとしてギネス世界記録にも認定（2002年）。特に認知症の抑うつ症状、不安、痛みなどを緩和することから、米国では医療機器として薬剤の軽減にも役立てられています。

教えてくれた人

東京都立大学大学院
健康福祉学部准教授
作業療法士
福祉用具プランナー
井上薫さん

穏やかな語らいの場を作る『パルロ』

2014年からコミュニケーションロボット『パルロ』を系列の高齢者施設やデイサービスなどに導入した社会福祉法人富士白苑（神奈川県平塚市）。パルロは人の顔を覚え、施設利用者たちに盛んに話しかけ、デイサービスではダンスやゲームをリードする。特別養護老人ホーム平塚富士白苑施設長の碓井利彰さんは、高齢の利用者たちがほとんいろいろな声色で鳴き、なでると甘え、長いまつげでゆっくりまばたきする瞳に思わず胸がキュン。ロボットとわかっていても「守ってあげたい」という感情がむくむくわき上がる。この「わき上がる感情」が重要で、こうした人の心の動きを研究し尽くして開発されています。ほかにも人の言葉や顔を覚えて自分から話しかける『パルロ』（下段参照）や『ペッパー』なども介護現場で活躍中です。

家族も見落としがちな意欲をロボットが引き出す

在宅介護中の家庭でパロを使う実証実験では、言葉を発しなくなった老親がパロのかわいさを盛んに語り始めるなど、身近な家族の驚きの声がたくさん寄せられています。日本では食事や排せつなどできないことを手伝う介護が中心で、認知症や介護度が進むと介護者の指示に従うことが多くなり、「〜したい」という感情や行動を表に出す機会はどんどん減ってしまう。しかし愛情や好奇心、意欲、できることも実はまだまだ残っているのです。かわいいパロを見てわき上がった感情がスイッチになり、できる能力を発揮する。そんな自立を促す介護の大切さが、ロボットを通じて広まるといいですね。

ど抵抗なくロボットを受け入れる姿に驚いたという。

「ロボットと利用者たちの会話はほどよくすれ違いながら不思議と和やかに続きます。認知症で不穏のある人がパルロの前では落ち着くことも。職員は膨大な作業の中でゆったり対応することがなかなかできないのでパルロは大きな助けに」（碓井さん）

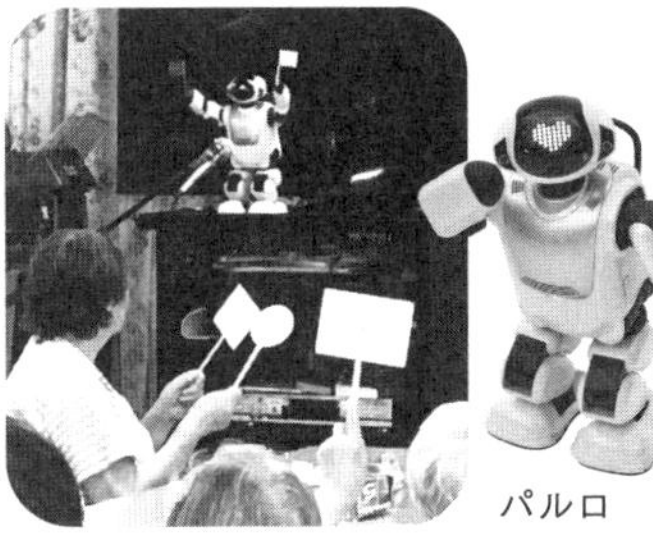
パルロ

■パロ（NDソフトウエア）
https://www.ndsoft.jp/product/medical/paro/

■パルロ（富士ソフト）
https://palro.jp/

癒やし

心を癒やすペットと暮らすため正しい知識と家族の支援が必須

Point

① ストレス緩和、孤独を癒やす効用は絶大

② 飼うリスクやペットの行く末も考えて

「ペットのために」で生活リズムが整い前向きに

甘えてくるペットをなでていると、リラックスして血圧の上昇が抑えられ、愛情ホルモンとも呼ばれるオキシトシン、気分を前向きにするドーパミンも分泌。癒やし効果はいうまでもありません。特に認知症の人にとっては、言葉を介さず愛情が通い合う安心感はとても大切。起床や食事時間などの生活リズムも乱れがちですが、「自分がこの子（ペット）の世話を

教えてくれた人

ケアマネジャー
上級愛玩動物飼養管理士
倉田美幸さん

老親のペット飼育の相談先をチェック

■動物愛護推進員　飼い方、しつけ方法、里親探しについても相談可。各都道府県や保健所で紹介してくれる。

■動物愛護相談センター　相談、ボランティア団体の紹介、動物を保護して里親につなぐ譲渡会開催も。

■各市区町村の担当窓口　登録、鑑札・注射済票の交付、相談会開催も。

動物病院やトリミングサロンなどにも情報が集まる。

しなければ」という意識がもたらすものは大きく、「散歩をしよう」「えさの時間だ」と生活に張りが出て、自然な運動習慣も続きます。近所づきあいが苦手な人もペットを通じて交流の機会が増えたりします。

体力、コスト、責任も背負う覚悟を

一方で飼いきれずに捨てられたペットが殺処分になっている現実にもしっかり向き合う必要があります。ペットは、心は癒やしても、老親の安全を守ってくれるわけではありません。世話には相応の体力を要し、えさ代、医療費などのコストもかかります。飼うからには最低限の責任（犬・猫の場合）■しつけ（排せつ、噛む・吠えの抑制、ルールの教示）■不妊・去勢手術、■鑑札・ワクチン接種（犬のみ法律で義務付け）を守ることも必須。またどうしても飼えなくなったときに助けを求められる相談先（下段参照）や新しい飼い主（里親）探しの方法も早くから探しておくべき。

しかし「だから高齢者がペットを飼うのは無理」と簡単に諦めないで。癒やしや健康効果だけでなく、心が通う存在はかけがえがありません。高齢者だけの世帯や独居ならぜひ家族がしっかり介入し、老親とペットの暮らしを支えてあげてください。

飼えなくなったときの里親探し

国内最大級の里親募集サービス『ペットのおうち』では、譲渡の際に身分証明や誓約書を交わすなどの厳格なルールを設けているが、飼育者の環境や価値観には大きな幅があるという。「外飼い、室内飼い、厳しい人、甘やかす人、動物らしさを尊重する人や我が子のように接する人などさまざま。大切なペットを託す相手とは納得のいくまで話し合って」（運営会社代表・内海友貴さん）。里親を探すことがペットにとってよりよい選択になることもある。飼えなくなった事情を悔やまず、思い出を大切に前向きに里親探しを。

■ペットのおうち
https://www.pet-home.jp/

癒やし

「いい年をして」が老化を加速 老親のときめく恋愛を見守って

Point
① 高齢でも恋愛感情、性欲、嫉妬もある
② 若い頃の恋愛話をするだけでも高揚

素敵な療法士の前でシャキッとする

高齢者が恋をしたり性欲がわいたりするのもごく自然なこと。女性は閉経を機に性欲が低下する人が増えますが、恋する心は残ります。単なる好意を超えてときめいて好きになり、その相手につきまとったり嫉妬したりも。一方男性は性欲に関わる男性ホルモンの低下が緩やかで、総じて何歳になっても性行為をしたい。勃起しなくても想念として夢に見て、介護の

教えてくれた人
田園調布学園大学名誉教授・公認心理師
日本性科学会セクシュアリティ研究会代表
荒木乳根子さん

恋をすれば何歳でも人生が楽しくなる

高齢者の恋愛はトラブルになることもあり、介護施設では否定的なところも多いが、荒木さんが知るある施設は「死を意識した高齢者にとって恋愛は今この瞬間の生きがいになる」と、入所者同士の意志と家族の了承があれば夫婦部屋に入ることができた。「夫婦部屋に入った70代と80代のカップルが本当に幸せそうで。恋するだけで人生が楽しく

場で女性のお尻を触り卑猥なことを言うなどの行動に現れたりもします。精神分析のフロイトが「生の本能はエロス」と説いたように、男女とも好きな異性と一緒にいて「楽しい」「嬉しい」と思うだけで脳も体も覚醒し、力がわく。恋愛は生きるエネルギーなのです。足元もおぼつかなくなった要介護者がやさしくて素敵な療法士を好きになると、シャキッと元気になり、いそいそリハビリに通うようになる事例はいくつもあります。

スキンシップだけでも心が満たされる

恋愛にはコミュニケーションの役割もあります。性行為にこだわらず、抱き合う、手をつなぐ、肌が触れ合うだけで愛情ホルモン、オキシトシンが出て心が満たされます。認知症で孤独や不安を感じ自分の存在が不確かになっても誰かを好きになり触れ合うことで自分が取り戻せるでしょう。ハグやキスの習慣のない日本では「ふしだら」という価値観もありますが、老いた親にも恋心があることを認め、寄り添ってあげてください。

また昔の恋愛話を聞いてあげるのも実は大きな意味があります。老年期は人生を振り返り、肯定することがとても大事なのです。ワクワクした若い恋の思い出はまさによき人生の象徴。ぜひ聞いてみてください。

なることを改めて見せられました」（荒木さん）

「初めてこんなに人を好きになった」

生活とリハビリ研究所代表のベテラン介護職、三好春樹さんによると、人は老いるごとに子どもに戻り純粋無垢な恋もするのだという。「若い頃にたくさん遊んだであろう80代の男性が同じ入所者の老女を好きになり、『生まれて初めてこんなに人を好きになった、本当の恋だ』と言うのです。その一途な言葉、真実だと思い、応援したくなりました」（三好さん）。認知機能が衰えた高齢者の恋愛は、晩節を汚さぬよう周囲が気遣う必要はあるが、おおらかに見守りたい。

癒やし

もの忘れも失敗もおもしろがるユーモアは人生のサバイバル術！

Point
① 苦境下でもユーモアがあると状況が違って見える
② 笑いの種を探すことでユーモアは鍛えられる

大量に納豆を買い込んだ絶望を笑いに変える

同じ苦境にあっても、そこにユーモアがあるのとないのとでは状況の見え方が180度違います。快楽ホルモンが増えストレスホルモンが減る効果が知られる「笑い」とは共通点もありますが、同じではありません。笑いが行為を指すのに対し、ユーモアは物事の中におかしみを見出し、「愉快！」と感じ、そのおもしろさや楽しさを周りと共有すること。

教えてくれた人

高千穂大学人間科学部教授
小向敦子さん

心豊かな人生にはユーモアが必要

長い人生や瀕死の局面でもユーモアが力になることは哲学者アルフォンス・デーケン上智大学名誉教授も著書『ユーモアは老いと死の妙薬』（講談社）の中で説いている。

ユーモアが通じると最強の絆になる

長年ヘルパーとして高齢者と接してきた小谷庸夫さん（ヘルパーステーション

たとえば記憶障害のために同じ納豆を何度も買ってしまう認知症の人の失敗は、家族には厄介ごと、本人は自尊心の損失で片づければそれまで。でも普通ではありえない大量の納豆におかしみを見出し「お母さん、どんだけ健康になりたいの」と笑い合えれば、状況は日常の愉快な出来事に一変。ユーモア精神を拡散するおもしろい人の周りには自然と人が集まり、困難時にも何かと助けてもらえます。認知症や老いを抱えて生きていく高齢者とその家族にとってユーモアはサバイバル術ともいえるのです。

「おもしろい」は最高のほめ言葉

ユーモアは鍛えることができます。ポイントは世の中を見回して「笑いの種」を探すこと。ふざけるのが苦手な人はコメディー映画や落語、手品、パントマイム、本のパロディー集などで受け身の笑いに親しむことから。おもしろいことを思いつき、誰かに言いたくなれば大成功です。人をおもしろがらせることはすごい力で「お母さんの話、おもしろい！」は最高のほめ言葉。認知症や障害への配慮は必須ですが、障害を弱点と見るのは介護する側本位の視点。できないことや失敗も人生のおかしみとして共に笑い合えれば対等になり、老親も生きる力がわいてくるでしょう。

和翔苑所長）は介護現場にはユーモアが必須だという。「ユーモアが通じるには強い信頼が必要。ある認知症の男性宅を訪問したとき、遅いと激怒され、私が彼を信じて『そんなに待っていてくれたの？』と少しおどけて返すと一転、笑ってくれた。通じたのです。表面的な言葉ではないところで通じ合うことが互いにこれほどうれしいとは。ユーモアの大切さを彼から学びました」（小谷さん）

どんなに偏屈、仏頂面の人とでも同じことで笑い合える関係を求めたいものだ。

趣味

カラオケで歌う〝いい気分〟で認知症の予防・改善も

Point

① 呼吸・口腔機能改善、血行促進など健康効果絶大

② 「懐かしい歌」「歌詞を追いながら」で脳も活性

「自分が主役」のエクスタシーが健康効果を生む

声を出して歌うことだけでも、呼吸に関わる筋肉や関節、血管の収縮拡張が活発になり、脳や全身の血行が促進、脳の神経細胞も活性化します。さらにカラオケがよいのは、伴奏にのって歌うとだんだんいい気分になって、「自分が主役」のような高揚感がわいてくること。一種のエクスタシー状態で、マラソンのあとなどにも出るエンドルフィンと呼ばれる脳内ホ

教えてくれた人

南越谷健身会クリニック院長

周東寛さん

腹から声を出せば自律神経が整う

周東さん主催のカラオケ教室では歌のプロの指導で腹式呼吸がすすめられる。声がよく響いて歌もうまくなる上、腹筋が鍛えられて自律神経が整う。腹筋をしっかり使い、声をだんだん大きくしたり小さくしたりする歌い方を意識すると腸の血行がよくなる。

カラオケしながらフィットネス！

ルモンのためです。私が「幸せホルモン」と呼ぶドーパミンやノルアドレナリン、アドレナリン、オキシトシン、セロトニンなどのホルモンも潤沢に出て、ストレスが解消、活力がみなぎり、幸福感に満たされます。これらの作用で全身の代謝力が上がり、免疫力もアップします。

　この健康効果を活かすべく、私のクリニック内でカラオケ教室も開催。3~6か月教室に通った患者さんの糖尿病などの生活習慣病の症状改善や予防効果が見られ、認知症の患者さんは表情が明るくなってもの忘れ症状が改善する事例も多く、カラオケの健康効果を実感しています。

仲間でカラオケ、ほめ合うことで効果アップ

　画面に流れる歌詞テロップを目で追うのは左脳、伴奏に合わせてリズムにのるのは右脳の働き、カラオケを思い切り楽しむだけで脳はフル回転です。また昔好きだった歌、よく歌った曲を歌うと、その歌にまつわる記憶や当時の気持ちが鮮やかによみがえるのも音楽や歌の効用。この回想に浸って懐かしむことも認知症の改善・予防に寄与します。

　カラオケを楽しむならぜひ家族や仲間と。人前で歌い評価される緊張感、人の歌を聞いて得られる癒やしや共感も、脳にはとてもよい刺激です。

　健康・パフォーマンス指導者の周防進之介さん考案の『カラフィット』は、自然な呼吸を促すカラオケと、体幹を鍛える捻転運動を組み合わせたエクササイズ。酸素の接取量が多く血圧が安定、脂肪燃焼効果も高い。いすに座ったまま行える高齢者向けプログラムは介護施設でも好評。「みんなで歌うので恥ずかしさを忘れて大きな声が出ます。昭和歌謡を歌い、覚えた運動を全員でやりきる一体感も魅力」（周防さん）

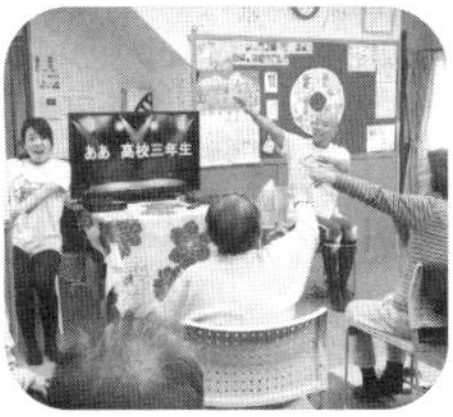

デイサービスで『カラフィット』

■カラフィット
https://www.wellness-e.com/

趣味

幸運をつかまえるドキドキ！初心者も勝てる麻雀の醍醐味

Point

① 認知症になっても続けられる
② 賭けない健康麻雀が介護予防で人気

高齢女性が「おもしろい！」とハマる

麻雀は13の手牌を持ち、中央に積んだ牌から「1個取っては1個捨てる」を繰り返し、「役」（あがれる組み合わせ）を揃えていきます。どんな牌を取るかはまったくの運。何を捨てるかはテクニック。人の手牌を読む集中力と、自分が次に取る牌が超幸運を呼ぶかもしれないワクワクとで、頭の中は大忙しです。また囲碁や将棋ではまず上級者には勝てませんが、

教えてくれた人
銀座ヤナギカルチャースクール主宰
柳田誓也さん

麻雀好きの高齢男性が考案『百寿雀《ひゃくじゅじゃん》』

縦9×厚み4×横6㎝の大きめの牌で楽しむ『百寿雀』は北海道釧路町で健康作りサークル『えがお』を運営する山本雄二さんが考案した介護予防ゲームだ。ルールは麻雀を基本に初心者も覚えやすくアレンジ。牌が大きめなので動かす際に腕や足腰などの筋トレにもなる。全国の自治体や高齢者施設から問い合わせが多く、広がりを見せている。

麻雀の場合は思いがけない運の流れで初心者が勝つこともある。そんなドラマチックな醍醐味を初心者もすぐ味わえるので、主宰する女性限定麻雀教室の70代、80代の参加者も「おもしろい！」と夢中になっています。認知症で、会場までは娘さんに連れられて来るのに、いざゲームを始めるとシャキッとし、しかもものすごく強い……という人も。病気前に少しでも麻雀に親しんでいれば認知症になっても楽しめる人は多いはずです。

加齢で衰えやすい脳のトレーニングに

当スクールの麻雀は日本健康麻将協会が推奨する「賭けない・飲まない・吸わない」がスローガンの健康麻将。ギャンブルのイメージもありますが、本来は知的な頭脳ゲームです。今は脳トレやコミュニティー作りのため、全国１００か所以上の会場（店）や自治体イベントで行われています。協会では麻雀の健康効果を検証すべく、公立諏訪東京理科大学教授・脳科学者の篠原菊紀さん指導のもと、2年間に及ぶ実験調査を行いました。結果、麻雀のゲーム中は加齢で衰えやすい脳の部位が活性化。健康麻雀の愛好者の脳は実年齢より3歳若く、麻雀に親しむことで認知症や介護予防が期待できることもわかりました。ぜひ始めてみてください。

牌には健康標語、数字、
介護予防ワードが

■日本健康麻将協会
http://kenko-mahjong.com/index.php
■銀座ヤナギカルチャースクール「麻雀クラブ柳」
https://www.mj-yanagi.com/
■百寿雀の問い合わせ先
釧路町役場介護支援課　地域包括支援係

趣味

まいた種が芽を出す興奮！ 植物の生命力に心が動き出す園芸療法

Point
① 種まきから収穫まで通して関わる
② 達成感を仲間と共感し合うことが自信に

植物の成長が心を癒やし元気にする

園芸療法は障がいや機能低下などを改善し、ＡＤＬ（日常生活動作）を維持・向上させるためのリハビリです。アメリカでは主に傷痍軍人の心身の傷を癒やす療法として発展した療法ですが、今は認知症や加齢などで心も体も閉じこもりがちの人たちが生きがいを見出し、イキイキと暮らすため、介護施設や病院、地域の介護・認知症予防活動などで行われています。

教えてくれた人
恵泉女学園大学
特任准教授
日本園芸療法研修会
代表理事
澤田みどりさん

仕事付き高齢者住宅でも収穫の喜びを

伸こう福祉会が運営する介護付き有料老人ホームが２０１７年から行う「仕事付き高齢者住宅プロジェクト」は、希望する入居者が少額の報酬を得て軽作業を行うもので、人気の仕事の一つが農作業だ。施設にほど近いビニールハウス『クロスハートファーム』で葉野菜などを栽培している。東レ建設の高床式砂栽培『トレファーム』を使い、園芸といっても自然の花を愛でたり、農作業の一部を体験したりすることにとどまらず、育てる植物を選び、畑やプランターを使って種をまくところから開花、収穫まで、植物が成長する過程にしっかり関わることがポイントです。主役は人なので、体の不自由がある人や車いすの人も作業できるよう、道具やプランターにも工夫が施されています。

収穫を喜びたたえ合うことが大きな力に

植物は動物のように向こうから働きかけてくることはない静かな存在ですが、自分の手で土に種をまき、水をやるうちに生命力あふれる芽が顔を出す。それだけでも感動し、もう放っておけなくなります。普段は動かない人たちが畑をどんどん歩いて様子を見に行き、重いじょうろを持って水をまき、かがんで雑草を抜きます。その運動量もさることながら、植物を我が子のように育む気持ちとワクワク感が人を元気にするのです。

もう一つ大切な工程が、育てた野菜などを収穫して、作業した仲間と一緒に食べること。収穫の喜びと達成感を仲間と共感し合えるのは園芸療法ならではです。「すごいね！　おいしいね」とほめ合い、喜び合うことで、自分の存在意義や自信を取り戻すのです。

腰を曲げず、車いすでも作業できる。適切なタイミングで水や肥料がまかれるしくみで、要介護の高齢者でも種まきから収穫までやり遂げられる。収穫した野菜の販売も行うので、野菜を育てる喜び、社会参加の充実感も味わえる。

写真提供：伸こう福祉会

趣味

役割と感動あふれるボランティアは生きがいと認知症予防にも

Point
① 人の役に立つとやる気が倍増
② 読み聞かせボランティアで認知機能維持

いろいろな人との交流で脳の神経回路が新生

人と会って話をするだけで脳には大きな刺激。「思いがけないことを言われて久しぶりにこんな気持ちになった」「この気持ちを伝えるのにどんな言葉を選ぼうか」と思考が巡ると、脳では今まであまり使われなかった神経回路が使われて活性化し始めます。誰でも歳をとると脳の神経回路の接続が悪く情報が届きにくい状態になりますが、考えたり感情がわいたり

教えてくれた人
東京都健康長寿医療センター研究所 副所長
藤原佳典さん

読み聞かせで海馬の萎縮抑制の可能性も

東京都健康長寿医療センター研究所の調査では、3か月間の読み聞かせ技術習得のレッスンで認知機能が有意に向上、幼稚園などに出向いて読み聞かせを継続的に行った6年後に脳のMRI画像検査を実施した結果、加齢に伴う海馬の萎縮を抑制する可能性も明らかになった。

して脳をよく使うと、回路が再生したり新たな接続ができたり。脳のネットワークが強化されて記憶の保存や引き出す力の低下を抑えるので、認知症予防も期待できます。一人でじっとしていたのではこうはなりません。

さらによいのは人の役に立つこと。ボランティアです。人に喜ばれると単なる達成感では終わらず、やる気ホルモン、ドーパミンが出て「またがんばろう！」と意欲がわいて次につながります。自分の役割があることは、仕事人生を引退した高齢者にとってとても重要なことなのです。

やりがいが継続の力になるボランティア

東京都健康長寿医療センター研究所が行う認知症予防研究で、子どもに絵本の読み聞かせを行うボランティア団体の高齢メンバーの追跡調査を行ったところ、認知機能が維持、低下が抑制されていることがわかりました。読み聞かせは、実は体も脳もよく使うのです。よい本を探して図書館を何か所も巡り、メンバーの歩行数は平均1日1万歩。抑揚をつけた読み方の工夫や緊張感、子どもや若い母親たちと交流し、彼らの役に立ちたいという思いもよい刺激に。それらが励みになり何年も続いていく。楽しみと役割、やりがいを持って意欲的に歩く。健康長寿のための好例です。

ボランティア仲間の絆は一生の宝物

ボランティア団体『NPO法人りぷりんと・ネットワーク』(東京都千代田区)は、60歳以上のメンバーが幼稚園や小・中学校、高齢者施設などでも絵本の読み聞かせを行っている。副理事長の渡邉晴子さんは、絵本には命、平和など、すべての人の心に響く普遍的なテーマがあるという。「選んだ本は作者と私たち読み手の思いも伝えたいから、読み方を工夫しながら何度も練習をします。仲間と本の選定や演出を考える時間がとても充実。歳をとってからこんなに深く語り合える人たちに出会えたことが幸せです！」(渡邉さん)

■りぷりんと・ネットワーク
https://www.npnoreprints.com/

趣味

心の孤独に寄り添い、未知の世界へ誘ってくれる読書のすすめ

Point

① 時空を超えて物語の世界で自由になれる
② 短編や詩集など認知症でも読書が楽しめる

自分の中にない価値観との出合いが生きる力に

本を読んで物語の世界に入り込むと、家の中にいながらたくさんの新しい刺激を得ることができます。悩みや不安をかかえたとき、本の中に出てくる似た悩みを読むことで、自分と少し距離を置いて向き合えることも。自分の中にない考え方を知ることが世界を広げ、生きる活力になります。

実は私自身も、うつ病の闘病中に読書から大きな力を得ました。うつは

教えてくれた人

日本読書療法学会会長

寺田真理子さん

健康によいのは運動より読書！

2018年NHKが開発した人工知能「AIひろし」が全国の65歳以上、のべ41万人もの生活習慣や行動を調査したデータを分析したところ「健康長寿を延ばすには運動や食事より本・雑誌を読むこと」だった。

認知症情報もゲット図書館に行こう！

公立図書館でも認知症関連書籍コーナーやイベント

認知症に似ていて脳の処理能力が落ちるので、大量の活字やテレビ、パソコンの情報が見られませんでした。それでも自然と手を伸ばした画集に癒やされ、回復するごとに少しずつ文字の多い本が読めるようになりました。本は孤独な心にほどよい距離感で寄り添ってくれる。得る情報量も関わり方も自分のペースでよいのが心地よいのです。

読書習慣がなかった人にはまず絵本を。テーマ性が高く、著者が伝えたいことを子どもにもわかるよう工夫しているので短い文章でも奥深い。最近話題の認知症当事者の著作からは「まだできることがある」という力強い発信を受け取れるでしょう。

また高齢や認知症で読む力が衰えても大丈夫。詩集やショートショート、さらに短い掌編小説などなら、集中力が続く文章量の中で完結し、読了感も味わえます。認知症で読んだことや内容を忘れても、読む最中にワクワクしたり、心が動いたりすることに意味があります。

などで、認知症情報の発信を行うところが増えている。神奈川県横浜市の鶴見図書館元館長・木下豊さんも市民の認知症への関心の高まりを感じるという。「図書館は本の貸し出しだけと思われる人が多いようですが、認知症や健康から地域の歴史資料まで高齢者に役立つ・ワクワクする情報や講座もたくさんあります。ぜひふらりと訪ねてみてください」（木下さん）

寺田真理子さん推薦 高齢者の心動かす本

絵本

『なにか、わたしにできることは？』
ホセ・カンパナーリ文　ヘスース・シスネロス絵　寺田真理子訳　西村書店

『パリのおばあさんの物語』
スージー・モルゲンステルヌ著　セルジュ・ブロック イラスト　岸惠子訳　千倉書房

文章量の少ない本

『掌の小説』
川端康成著　新潮社

『昨日よりちょっとうまくいく「一日一生」の教え』
植西聰著　祥伝社

認知症当事者の本

『認知症になってもだいじょうぶ！』
藤田和子著　徳間書店

『丹野智文　笑顔で生きる―認知症とともに』
丹野智文著　文藝春秋

『ボクはやっと認知症のことがわかった』
長谷川和夫・猪熊律子著　KADOKAWA

趣味

楽器演奏は人や自分自身との言葉のいらない心の交流

Point
① 楽器を奏でることで孤独感が癒える
② 高齢や認知症でも始めやすいウクレレ

自分が奏でる音に集中すると心が落ち着く

ウクレレやギター、打楽器、吹奏楽器も、聞いて楽しむだけでなく、自分が演奏することで脳が活性化し、達成感や自己肯定感が増すことが多くの研究でもわかっています。みんなで合奏するときなどは、自然とほかの人の音に耳を傾けて自分から合わせて弾こうとする。これはまさにコミュニケーションの原点。言葉を交わさなくても心の交流が生まれるのです。

教えてくれた人
落合洋司さん
日本音楽医療福祉協会代表理事

初心者は小さめのウクレレから

ウクレレは大きさ、音色の違いで4種類ある。いちばん小さい「ソプラノ」は明るく高い音で全長55㎝前後。次に小さい「コンサート」は60㎝前後。初心者は「ソプラノ」か「コンサート」（左写真）が使いやすい。さらに「テナー」70㎝前後、「バリトン」80㎝前後は、深みのある音で音域が広がる。また値段は廉価なものから10万円以上まこのことに気づいたのは不登校の子どもたちにウクレレを教えていたとき、心を閉ざした彼らが黙々と、しかし居心地よさそうにウクレレを弾く姿から。私も若い頃、同じように悩みを抱えたことがあり、私の場合はギターを弾くと、ギターと会話しているようで孤独が癒やされた。他人に理解されないモヤモヤが整理されるのです。言葉でうまく伝えられなくなる認知症の人の孤独も同じ。そんな発想から今は高齢者や認知症の人も対象とするウクレレ教室、病院、介護施設職員向けの講座も行っています。

楽器演奏は高齢男性におすすめ

音楽セラピーによく使うのはウクレレ。小さくて軽く高齢者でも楽に抱えられ、押さえる弦も4本だけ。3つくらいの基本コードを覚えれば、上から下へ弾き下ろすストローク奏法だけでだいたいの歌の伴奏ができます。ハワイ産の木材が多く使われるせいか、不思議と南国ムード漂う温かな音も魅力。自然にポロンと鳴らすだけでウキウキ気分にしてくれます。

認知症の人には懐かしい童謡や歌謡曲をウクレレで伴奏しながら歌うのも効果的。道具を繰るという点でも、楽器演奏は特に高齢男性が夢中になります。新しい趣味としてもぜひ挑戦してみてください。

で幅が広いが、よい音色で長く楽しみたいなら2万円以上のものがおすすめだ。

落合洋司さん

■日本音楽医療福祉協会
https://www.jamm2020.org/

趣味

認知症改善にも期待の手法 表現の喜びを引き出す臨床美術

Point
① 自分を表現できると生きるエネルギーがわく
② 認知症が進んでも表現したい気持ちは残る

心を動かし、表現したい気持ちを引き出す

自分を表現したい欲求は誰にも備わっています。そこに着目し、彫刻家、脳外科医、カウンセラーが認知症のケア療法として考案し、研究・実践しているのが臨床美術です。現在は全国160か所以上の高齢者施設や病院ほか、個人でも臨床美術士によるレッスンが行われています。

たとえばりんごを描くとき、臨床美術の手法の一つではまずりんごを手

教えてくれた人
日本臨床美術協会常任理事
彫刻家・臨床美術士
蜂谷和郎さん

イマジネーションを膨らませて描く手法

臨床美術には表現する喜びを引き出すためのプログラムがたくさんある。上記に紹介した「りんご」の手法のほかにも、実物の写生をしない方法もある。たとえば今までの人生の中で見た「桜」についてあれこれ話し、花の美しさに感動したことや花見の宴の楽しい気持ちなどを呼び起こし、心の中にわき上がったイマジネーションをもとに描く。

に取って重さや形を感じ、においをかいだり食べたりすることから始めます。りんごというのは丸くて赤くて、よく観察しなくてもそれらしく描けてしまうものですが、臨床美術では触って味わって心が動き、りんごを実感することが重要なのです。次に薄黄色の果実部分をイメージして先に描き、その上から赤い皮をよく観察しながら塗り重ねる。りんごの輪郭に沿って切り取り無地の台紙に貼ると、中身のギュッと詰まった、自分が実感したりんごを表現することができます。

自分を表現した作品が認められると自信に

こうして描くことは自己表現なのです。表現したい意欲は生きるエネルギーそのもの。高齢や認知症になると表現する機会はどんどん減りますから大切にしてほしい。認知症が進んできても、心が動き、表現したいという**気持ちは長く残ります。**家族はつい上手下手で評価しがちですが、そこは見方を変えて、本人なりの表現をほめてください。思う存分に気持ちを表現した絵が認められるのは本当に嬉しく、絵を描くことも人生も楽しくなります。失いかけた自信を取り戻し、ＢＰＳＤ（行動心理症状）の改善も期待できます。

やはり心が動くことが重要なのだ。

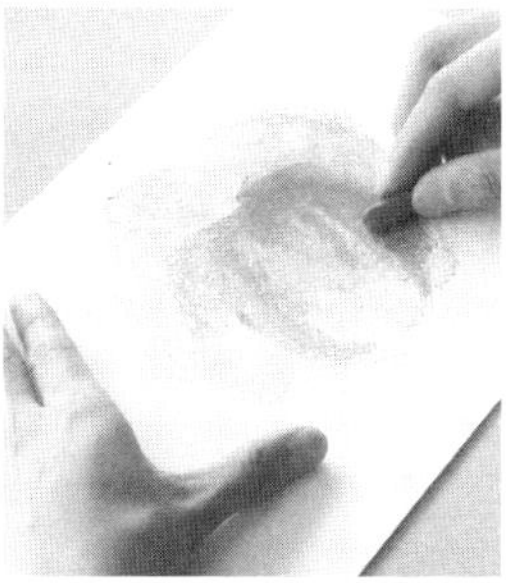

外から見えない実を先に描く

写真提供：芸術造形研究所

■日本臨床美術協会
http://www.arttherapy.gr.jp/

趣味

絵を見て対話しながらアートの世界を旅するアートリップ

Point

① MoMA発祥、認知症の人のためのプログラム

② 認知症の人が思いを自由に発信できる大切さ

アートの感受性は認知症の人のほうが豊か

「この絵に描かれている場所はどこだと思いますか?」「この人はどんな気持ちなのでしょう?」「あなたにも似たような思い出がありますか?」

1枚の絵画を囲んでアートリップ参加者が鑑賞する中、アートコンダクターの質問をきっかけに絵の世界に入り込み、参加者の心にわいた思いや、絵と関連づけた思い出について自由に話します。話が広がり、絵に描かれ

教えてくれた人

尚美学園大学大学院准教授
アーツアライブ代表
林容子さん

地域コミュニティーや個人宅でも開催

アートリップは美術館での開催以外にも、アートコンダクター有資格者が高齢者施設や地域コミュニティー、個人宅などにも出向き、絵画の映像を使って行われている。東京都世田谷区の認知症カフェで行われたアートリップでは腕を組んで歩く男女が描かれた19世紀の西洋画を鑑賞。参加者の認知症の女性（80代）は絵の中の女性の左手に指輪を

※「ARTRIP®」は一般社団法人アーツアライブの登録商標です。

ていないことにまで想像を膨らませることも。時空を超え、コンダクターと参加者が共に旅するような活気あふれるセッションになります。

　アートリップはニューヨーク近代美術館（MoMA）で行われている認知症の人のためのプログラムにヒントを得て、日本人向けに開発した対話型アートプログラムです。参加者は認知症の人とその家族が中心。それ以外の人も参加できますが、驚くことに絵画から何かを感じ取る感受性は、認知症を持つ人のほうが豊かだと感じるのです。また一緒に参加した家族も、普段は見られない豊かな表現で感動を語ることに思わず目を見張るほど。脳の一部の機能が弱まっても心は大いに感動し、表現できることに気づくのです。

　アートリップは全国30か所以上の美術館をはじめ、高齢者施設、認知症カフェ、オンラインでも開催。約1時間、少人数で絵画4～5点を鑑賞します。

　また国立長寿医療センターとの共同研究で、認知症の危険因子でもあるうつ症状を改善する効果も確認されています。

写真提供：アーツアライブ

見つけ「この2人は夫婦ね」と発言。そこから参加者それぞれの夫婦観の話に広がった。女性の家族は、普段の会話では気づかない母親の洞察や発想のおもしろさに驚いたという。

国立西洋美術館での
アートリップ

■一般社団法人アーツアライブ
http://www.artsalivejp.org/artrip/

趣味

「明日はいいことがある」運気を上げる開運風水のすすめ

Point

① 人間関係と生活環境を整えることで運気上昇

② 幸せを実感、その姿のアピールも開運に

「幸せになりたい」気持ちに目を向けて

老いるといろいろなことができなくなったり、子どもも世代も親の介護に頭を抱えたり、実際の大変さもよくわかります。でもやっぱりみんな幸せになりたいわけです。占いに「明日はいいことがある」と書いてあるとちょっと元気になる。そういう心を忘れずに大切にしてほしい。

風水は、もとは古代中国で生まれた学問で、宇宙や大地のエネルギーを

教えてくれた人

一級建築士
神職
小林祥晃さん
（Dr.コパ）

家の中に走る龍脈「ラッキーゾーン」

家の風水で「鬼門ライン」と並んで重要なのが「ラッキーゾーン」。幸運が入ってくる「玄関」から、まっすぐ家の中心を通って玄関の対向面までのエリア。ここをきれいに保つとどんどん幸運が入ってくる。「玄関」「家の中心」「玄関の対向面」のポイントも重要。幸運の使者、龍が走る吉相の地を龍脈といい、風水では個々の家にも龍脈が走ると

暮らしに取り入れようという、いわば暮らしの知恵です。困難があっても人間関係や生活環境にきちんと目を向け、整えることが風水の基本です。特に家の中では、表鬼門と呼ばれる神聖な方位・東北と、裏鬼門と呼ばれ、大地を表す方位・南西を結ぶ「鬼門ライン」が重要。ここを意識して掃除すると健康・財産・相続の運が上がりトラブルも回避できます。

開運の鍵はズバリ人とのつながり

高齢になって「自分はもう役に立たない」「孤独だ」と思う人がいますが、逆です。長い人生で出会った人、仕事をしたり遊んだりした仲間、子どもや孫、彼らを支えてくれる人たち、歳を取るほど人のつながりは増えていきます。シニアの開運法は、そのつながりの頂点にいることを自覚することです。認知症と診断されたり、要介護になったりしても今までの人生が無になるわけではない。次世代に自分の経験を伝えましょう。運気の上がる生活を心がけ、いつ誰と会ってもいいようにきちんとした格好をして外へ出かけましょう。その喜びを実感し、幸せな姿やそうなる術を次世代にアピールすることが、さらなる開運になります。シニアの大事な務めでもありますね。子ども世代はそれが叶うように支えてください。

考えられている。

高齢者に人気、とげぬき地蔵の占い師

東京・巣鴨のとげぬき地蔵尊高岩寺境内などに「当たらない占い師」の看板を掲げる尾原常太さん（高島易断家相開運学鑑定士）によると、高齢客の悩みは圧倒的に子どもの心配と嫁姑問題。それでもとげぬき地蔵に足繁く通うのは「何とかよくしたい」と思うから。それこそが希望だという。「もっと自分に目を向けよ、LOVEやでって伝えています。心がときめくと元気になる。すると運命も動き出すのです」（尾原さん）

■Dr.コパ OFFICIAL WEB SITE
http://copa.jp/

趣味

驚くほどのストレス解消効果 やる気も刺激するぬり絵の力

Point

① 短時間の軽い集中が脳には大きな安らぎに

② 手本つきのぬり絵でやる気に点火

教えてくれた人

杏林大学名誉教授
日本ブレインヘルス協会
理事長・精神科医
古賀良彦さん

認知症の人にちょうどいいリラクゼーション

ぬり絵の下絵を見てどこにどの色を塗るかを考え、色鉛筆で塗る。小さなスペースでできる簡単な作業の割に、脳全体がまんべんなく使われるのがぬり絵の長所です。読書などの作業と比較した検証実験でもぬり絵実践時の脳血流の増加（活性化）が著しく、重症を含む認知症の人を対象に1か月間ぬり絵を行った検証でも認知機能の向上が明らかになっています。

70～80代女性の憧れ『きいちのぬりえ』

画家・ぬり絵作家の蔦谷喜一の作品で1947年から1960年代後半ごろまで人気を博した『きいちのぬりえ』。喜一の姪で、ぬりえ美術館（東京都荒川区2022年閉館）の元館長、金子マサさんは誰しもの心を和ませる圧倒的なかわいさが喜一の絵の魅力だと語る。「戦後の物のない時代にも喜一の絵の女の子はかわいい服にイヤリングや指またやり始めると夢中になり、脳が集中することで効果的なストレス解消になります。脳は常に多くのストレスにさらされ、好影響・悪影響もさまざまで、ガス抜きのような軽い解消法を20分くらいずつ、こまめに行うのがよいのです。その点ぬり絵は準備も片付けも簡単で、「今日はここまで」と気軽に途中でやめたり再開したりできる。認知症があっても、コンパクトな構図に向き合ってぬり絵を楽しめば、ほどよいストレス解消になり、衰えた脳をトレーニングすることもできます。

夢中になるには「やる気のスイッチ」が重要

高齢の初心者や認知症の人には、色が塗られた手本つきのぬり絵から始めるとよいでしょう。ぬり絵の醍醐味はどんどん塗りたくなる「やる気」がわくことですが、やる気やおもしろがる情動を動かすのは大脳辺縁系と呼ばれる人間だけが発達した部位で、ここを働かせるには大きなエネルギーが必要。高齢者も活性化したいところですが、少々ハードルも高いのです。手本のとおりの色を塗って楽に成果が得られると、やる気が出て楽しく続けられます。好きな絵柄がいちばんですが、浮世絵など日本画が題材のものは輪郭線がはっきりしていて塗りやすく、おすすめです。

輪。ぬり絵に夢中になった少女たちはきっと自分を投影させて、色を塗ったのでしょうね。もちろん私もファンの一人です」（金子さん）。ストレス解消法としても、得意のスポーツよりぬり絵のほうが集中できるという。

人気の『きいちのぬりえ』シリーズ（小学館）

趣味

初体験の遊びで刺激的デジタルゲームで健康増進を

Point
① 操作に戸惑うよりゲームのおもしろさに興奮
② 認知症でも楽しめるゲームがたくさんある

デジタルの遊びに初挑戦する興奮、ワクワク

画面を見ながらコントローラーなどを繰って遊ぶデジタルゲームが、「通いの場」（高齢者が集まる介護・フレイル予防の場）などのアクティビティとして取り入れられ、特に集いが苦手な高齢男性の人気を集めています。70〜80代の人はゲームをやるのがほとんど初めて。しかし操作に戸惑うどころか、自分の操作が画面の中を展開させるおもしろさ、対戦系なら

教えてくれた人
日本アクティビティ協会
理事長
川﨑陽一さん

健康ゲーム指導士が楽しむコツを伝授

日本アクティビティ協会が輩出する健康ゲーム指導士は、高齢や認知症の人でもその人の能力を引き出しながらリードしてくれるゲームの専門職。全国のデイサービスや通いの場などで健康ゲーム講座も開催している。

おもしろがることが脳も体もよくする

デジタルゲームの検証実

駆け引きや興奮など、初体験の刺激に引き込まれ、実に楽しそうです。

その効果を脳科学の観点でも評価すべく検証実験を行ったところ、ドライビングシュミレーションが楽しめる『グランツーリスモSPORT』をプレー中、認知機能低下予防に大切な前頭前野の活動が有意に高まり、認知機能全般の改善も見られました。また別の実験で、画面や音楽に合わせてタップする『太鼓の達人』を週1回、10週にわたって行うと注意力、判断力、予測能力の向上も示唆。これは転倒予防にもなりそうです。

見たり応援したりする人にも脳機能に好影響

ゲームをやっている人だけでなく、後ろで応援したり一緒になって体を動かしたりする人も同様に、脳機能が向上していることも判明。スポーツ観戦のような高揚感が相乗効果になるようで、みんなでワイワイやること自体にも健康効果があるのです。また通いの場で孫世代が高齢者にゲームを教えながら一緒に盛り上がる場面も増えています。

デジタルゲームには直感的な動作だけでできるもの、体のトレーニングができるものまでさまざまな種類があり、認知症や障がいがあっても楽しめる余地はたくさんあります。ぜひ家族でもやってみてください。

験を行った公立諏訪東京理科大学教授で脳科学者の篠原菊紀さんは、おもしろがって行う活動が認知機能改善に役立つと語る。「筋トレで筋肉をつけるだけではなく、やる気を感じることでリハビリ効果が上がることもわかっています。つまり脳トレもゲームも本人がおもしろがってやることが重要です」（篠原さん）。ワクワクが減ることで認知機能低下に拍車がかかることもあり得る。高齢者には快感のサポートが必要だ。

写真提供：
日本アクティビティ協会

■日本アクティビティ協会
https://www.jp-activity.jp/

趣味

人と交流するのと同等の脳活性 ラジオで「聞く力」をつけよう

Point

① テレビやスマホより脳がまんべんなく活性

② 聞いた情報を書き留めると聞く力が鍛えられる

教えてくれた人

加藤プラチナクリニック
院長
脳内科医
加藤俊徳さん

親しい友のように声で寄り添える喜び

TBSラジオで36年間続いた人気番組『大沢悠里のゆうゆうワイド』（2022年終了）でパーソナリティーを務めたフリーアナウンサー大沢悠里さんは、話し手の身近さが何よりラジオの魅力だと語る。「番組に、一人暮らしの女性が帰宅したときに寂しいからラジオをつけたまま出掛けるという手紙をもらって、嬉しかった。声で寄り添える

ラジオを聞きながら脳がイメージ像をふくらませる

派手な映像が伴うテレビに比べて音声だけのラジオは刺激が少ないように思われますが、実は逆。テレビよりまんべんなく脳を活性化させます。

脳にとって目から入る情報と耳から入る情報では、圧倒的に視覚情報の影響が優位です。そのためテレビは大量の視覚情報に圧倒されて脳は受け身になりがち。一方ラジオは聴覚情報のみですが、聞いているとき脳の視

覚系の領域が使われないわけではなく、むしろフル稼働。パーソナリティの話す内容から自分の記憶を総動員し、テレビ映像に代わるイメージ像を描いているのです。パーソナリティが話すのを理解しようと一生懸命耳を傾ける。これが脳にとって重要な「聞く力」で、普段の人づきあいでも大切な姿勢でもあります。ラジオを楽しめば、人と交流するのと同じような刺激があり、心が通い合ったような親しみも感じるでしょう。

メモを取る、番組参加で「聞く力」を養う

「聞く力」は単に情報を得るだけでなく、記憶、理解、思考に密接に関連します。この力が養われると自分の考えを人に伝える力、柔軟に行動する力、コミュニケーション能力も上がるので、高齢者の脳のトレーニングとしてもおすすめ。好きな番組やパーソナリティを探して、番組が始まる時間を心待ちにして聞くと効果的。パーソナリティの写真を見ておき「どんな顔で話しているかな」とイメージをふくらませやすくしたり、聞いた情報をメモに書き留めたり。投稿などで番組に積極的に参加するのも脳にとって大いに刺激になります。認知症の兆候のある人は、今の時間や最新ニュース、天気などが耳に入るよう、ラジオをつけておくとよいですね。

のだなと思いました。私も聞いている人がうなずいたり笑ったりする顔を想像しながら話しています。ラジオは家族なんですね。『人情・愛情みな情報』私の好きなフレーズです」（大沢さん）

趣味

朗読の魅力でおもしろさアップ 聞く読書、オーディオブック

Point

① 細かい文字を読まずに読書が楽しめる

② よい聞こえを維持する一助にもなる

億劫になっていた読書が手軽に楽しめる

小説や実用書などの本を朗読した音声を、スマホやパソコンで聞いて楽しむオーディオブック。ビジネスマンの通勤時読書や子どもの読み聞かせなどにも活用され、読書の一スタイルとして確立されつつあります。細かい文字や文章を読むのがつらくなる高齢者にとっても、楽に読書を楽しめるのがよいところ。BGMが効果的に使われていたり、ナレーターや俳優、

教えてくれた人

川越耳科学クリニック
院長
坂田英明さん

人気書籍も続々オーディオブックに

オーディオブックを利用するには、まずスマホやパソコンからダウンロード販売会社に会員登録し、好きな本を購入。後はスマホなどで気軽に楽しめる。サブスクリプション（定額で聞き放題）プランや倍速再生機能など、各社が便利なサービスを提供。販売会社と大手出版社がオーディオブック普及のため連携する日本オーディオブック協議会

声優らプロの表現者が声の抑揚や間の取り方などを工夫して読んでいたり、脳に入る情報量は文章を目で読むことに比べてもはるかに多いのです。また昔、本で読んだことのある小説や慣れ親しんだ童話などなら、記憶をよみがえらせる回想法の効果も期待できるでしょう。

ヘッドホンなどで集中して聞き入ると脳が活性

オーディオブックはほかのことをしながら楽しめるのも利点ですが、受け身で聞き流すとあまり脳への刺激にはなりません。話の展開にワクワクしたり物語の情景を頭に思い描いたりして、積極的に聞き入ることで脳血流が促されます。脳への効用を期待するなら、リラックスした環境でヘッドホンなどを使って音声に集中しましょう。

歳を重ねるとどうしても聴力が衰え、人とのコミュニケーションがとりにくくなったり、認知症のリスクが上がったりしますので、しっかり集中する聞き方を続けることが大切。補聴器なども利用して「よい聞こえ」を維持してください。オーディオブックを楽しんで聞くことは、その一助になります。

も発足し、人気書籍が続々ラインナップされている。代表的な販売会社は日本で初めてオーディオブックサービスを開始したオトバンク(『audiobook』)、Amazon(『Audible』)など。

■audiobook
https://audiobook.jp/

■Audible
https://www.audible.co.jp/

趣味

自ら感動を求めシャッターを切る脳もときめく写真撮影のすすめ

Point
① 気軽なスマホ撮影もワクワクすると脳が活性
② 撮った写真が曖昧な記憶を呼び起こす

被写体を探して歩けば世界が違って見える

写真を撮ろうとするときは、自ら感動を求めているときです。これぞという被写体に心ときめき、「どんな構図にしたらこの感動を追体験できるか」「人に伝えられるか」と考えるワクワク感。シャッターを押すのも「どの瞬間がよいか」とドキドキしながらタイミングを計る。車でたとえればアイドリング（エンジン始動でいつでも走り出せる状態）が高まる感じ。

教えてくれた人
日本写真協会顧問
フォトカルチャー倶楽部理事
フォトエディター
板見浩史さん

ご利益たくさんの写真教室が人気

『カメラのキタムラ フォトカルチャー倶楽部』では全国で写真教室を開催。自然や街などさまざまな被写体、撮影場所で行われ70代、80代の会員も多い。「カメラを構えブレないように固定するなど、撮影は体幹や筋肉の鍛錬にもなります。構図のセンスは長年ファッションに親しんだ女性のほうが断然いい。空港での撮影では操縦士と滑走路の整自分が素敵だと思うものを写真に収め、誰かと感動を共有したいと思っていると、漠然と見ていた風景や道端の花にも目が留まるようになります。写真愛好家は三脚や重い機材を担いで野山を歩くので、昔から写真撮影は健康にいいといわれてきましたが、近年このワクワク・ドキドキが脳を活性化させる科学的検証も進み、セラピーにも応用されています。

表現力豊かな写真はスマホでも手軽に

マクロレンズで花を撮ると普段は見過ごす繊細な雄しべや雌しべが神秘的に写し出され、絞りと呼ばれるF値を調節すると背景をぼかして印象的な写真が撮れます。また高揚した祭りの中に自分も入り、一緒に楽しんで撮ると、その躍動が写真にも表れる。こんな撮影の後に「ストレス吹き飛んだ！」という人が多いのは、それだけ心が動くということです。

スマホカメラでも初心者が撮影の醍醐味を味わうには充分。どんどん撮ってシャッターチャンスを逃さないコツをつかみましょう。また高齢になると昔話が抽象的になり記憶もあいまいになりがちですが、写真を見れば思い出が鮮明によみがえる。写真の大切な役割です。自分が撮った思い出の写真を見るとストレスが軽減するという検証結果もあります。

備士が手を振り合う姿にドラマを感じて望遠レンズでとらえるのは男性。写真撮影は体も心も若返りますよ」（講師・早川幸夫さん）

孫やペットをかわいく撮るコツ

見ているだけで心がときめく孫やペットのかわいさを写真に収めるには、上から撮らず、できるだけ低アングルで撮るのがコツ。「同じ目線まで下がると表情豊かにかわいく撮れます。大人の目線では見られない写真ならではの世界です」（板見さん）

■フォトカルチャー倶楽部
https://www.npopcc.jp/

趣味

一句ひねるたびに心が健康に 高らかに人生を詠もう！川柳で

Point

① 自分の心と向き合うことが癒やしになる

② 初心者は気持ちを箇条書きにすることから

モヤモヤを川柳にのせて「吐く」ことも

川柳は五七五の17音で詠む世界一短い定型詩。俳句の季語のような約束事はなく、身近な風景や心模様などを自分らしい「言葉」で詠みます。川柳を詠むときはまず自分の心と向き合います。何気ない風景を詠むとしても、その風景の何が自分の心をとらえたか、俯瞰して考える。そして今の気持ちを表すのにぴったりな言葉を探します。この「気持ちを言葉に

教えてくれた人

川柳作家 やすみりえさん

川柳は江戸時代からコンテストだった！

今や企業などの公募川柳が盛りだが、実は川柳が始まった江戸時代からコンテスト形式だった。うがち・おかしみ・軽みの3要素を盛り込むのが特徴で、生みの親、柄井《からい》川柳《せんりゅう》が催す興行には、ものの本質を巧みにとらえた軽妙な川柳が投句された。「いつの時代も変わらない人の心への強い関心が、川柳の隆盛を後押ししています」（やすみさん）

置き換える」作業がとても大切で、川柳の醍醐味ともいえます。

悲しみを詠うときには、悲しい言葉を探すうちに負の感情が不思議と癒やされ、穏やかに自分と向き合えるようになります。ちなみに川柳は「詠む」といいますが、「吐く」ということも。募る思いやモヤモヤを言葉に変えて吐き出す。一句生み出すたびに心が健やかになる気がします。

会話ではわからない内面が川柳に表れる

うまく五七五にできない人には、まず気になる物や気持ちを箇条書きで書き出してみることをおすすめしています。慣れてくると周囲の風景や自分の気持ちも「句を詠むまなざし」でよく見えるようになります。講師を務めたシニア世代対象の教室では、みなさんそれぞれの人生を振り返りじっくり言葉を紡ぐ様子が印象的でした。また他の人の作品も刺激になり、川柳を続ける励みになるようです。会話ではわからないその人の心の世界が川柳を通じて感じられる。川柳はコミュニケーションツールの一つともいえます。歳を重ねると、それだけたくさんの題材が心の中に蓄積されると思います。出会った人や嬉しかったこと、悲しかったことも時間をかけて振り返り、今の気持ちを川柳に詠んでみてください。

自虐も風刺もさらりみんなで笑える川柳

公益社団法人全国有料老人ホーム協会が毎年、公募する『有老協・シルバー川柳』は「高齢者に関わること」というテーマ以外、応募者の年齢制限もなし。高齢者自身の心情から若者や子どもが見た姿まで、いろいろな高齢者像が浮かび上がる。「切ない自虐や辛口の社会風刺も川柳ならさらりと言えてみんなで笑えるのがいいですね。入選作の選考には協会会員ホームの入居者も参加。要介護状態でも人の句を味わって選んでいただいています」（同協会事業部　古川祥子さん）

趣味

離れていても顔を見て話せるオンライン交流で絆を深めよう

Point

① 顔を見て話すと大きな安心感がある

② 認知症高齢者も抵抗感なし！

「話したい」という意識でワクワクも倍増

顔を見て、表情や雰囲気などから「元気そう」「私の話、伝わったかな？」「あれ、怒っている？」などと、その人全体を感じながら話せるのは大きな安心です。コロナ禍の病院や施設でも、認知症高齢者などの心のケアのためにガラス越しやオンライン面会が推進されました。

主宰するＤＦＪＩではコロナ流行以前からウェブ会議アプリＺＯＯＭを

教えてくれた人

認知症フレンドリージャパン・イニシアチブ（ＤＦＪＩ）共同代表理事

岡田誠さん

認知症を語り合えるオンラインカフェ

認知症専門医、繁田雅弘さんが主宰する「ＳＨＩＧＥＴＡハウスプロジェクト」ではコロナ禍を機に「オンライン平塚カフェ」をスタート。認知症の当事者や家族、認知症に関わる医療・介護の専門職など、毎回多彩なゲストが登場して語り合う。誰でも、遠方からでも参加でき、それぞれの立場からざっくばらんに語り合える。月１回第一火曜開催中。

■SHIGETAハウスプロジェクト
https://shigetahouse.org/

使ったオンラインカフェを定期的に開催。認知症当事者や家族、介護などの専門職らが、時間や場所の制約なく、遠方の人とも気軽にじっくり話せるのがいいところです。互いに「交流したい」という意識が高くなるせいか、面識のなかった人同士も旧知の仲のよう。常連参加者の一人、宮城県在住の若年性認知症当事者の丹野智文さんは、海外の当事者ともオンラインで交流し、通訳を介しても大いに盛り上がるそうです。

ITは慣れ！ 考えるよりどんどん活用

オンライン交流を楽しむには、ZOOMなどのウェブ会議アプリをスマホやパソコンにダウンロードすることから始めますが、こういったIT関係に苦手意識があるなら、いちばんの近道は得意な人に頼ること。スマホ同様、進化が激しいので一足飛びにすべて理解して使いこなそうとするより、どんどん使って慣れるほうが得策です。身近で得意な人、少し先にやり始めた人と同じアプリを選んで一緒に使いながら教えてもらうのがいい。認知症カフェなどがコロナ禍を機に始めたオンラインカフェなどにも積極的に参加を。家族間なら比較的多くの人が使っているLINEのビデオ通話などから始めると、気軽にオンライン交流の雰囲気が楽しめます。

顔半分、変アングル 初の家族オンライン

イラストレーターいぢちひろゆきさんはコロナ禍で帰省ができず、遠方の両親や親戚で初オンライン。「親たちのスマホにアプリを入れるのにひと苦労。でも何とかつながると動く孫の姿に感激、新境地も開拓できて嬉しそうでした。画面越しに家族の話を聞くのは新鮮で、結構おもしろかったですね」（いぢちさん）

■認知症フレンドリージャパン・イニシアチブ
http://www.dementia-friendly-japan.jp/

趣味

「学び」は「遊び」よりおもしろい 好奇心が目覚める生涯学習

Point

① 「もっと知りたい」エネルギーはすごい

② 高齢者がイキイキ暮らすことで社会が変わる

学び舎で仲間と高め合う「知」の魅力

人の「学びたい」という意欲に応え、その成果を社会に活かすべく高齢者を対象にした生涯学習事業が全国各地にあります。我がコーダイ（認定NPO法人大阪府高齢者大学校の愛称）もその一つ。２００９年創立ですが、前身は30年もの歴史がある大阪府老人大学。財政改革で一時、廃校になりましたが、修了生らが中心になってNPO法人を立ち上げて再生。今

教えてくれた人

大阪府高齢者大学校
元会長
和田征士さん

学び舎に通うのもまた新鮮なワクワク

大阪府高齢者大学校のような学びの場は、高齢者大学、シニア大学、シルバーカレッジなどとも呼ばれ、法令による規定はなく、主に自治体や社会福祉法人、公益法人などが主管。規模やカリキュラムもさまざまだが、学び舎に通学し、同じ志向の仲間と交流し、学びを深められるのも一つの魅力。多くの都道府県や市区町村にあるので、地元の

も多くのボランティアによって運営されています。それほど高齢者にとって学ぶ「場所」が大切であり、意欲は大きなエネルギーを産むのです。

カリキュラムは12分野59科目もあり「地元の歴史を学び直したい」「仕事が理系だったので文学の世界を」と、みなさん実にイキイキと学んでいます。定期試験や卒論はなし。それらのために勉強するのではなく、好きなことや興味のあることを存分に深掘りし、挑戦するための場なのです。

学んだことを社会に還元することも大事

長い人生経験とじっくり取り組む時間がある分、高齢期こそ学ぶのに最適です。視野を広げ、学ぶ喜びを増幅する仲間も大切ですね。コーダイでは授業のほかに自主活動や遠足も行っています。1年間の講座を修了した後は生きがいに目覚め、約半数の人が地域活動などのボランティア活動に従事。不思議と入学時より卒業時のほうがずっと若々しい。

これから高齢者がどんどん増える時代。地域にはいろいろな集いの場もあるけれど、遊ぶだけでなく学びを取り入れればもっとイキイキできる。高齢者自身が生きがいをもって元気になる意識を持てば、日本は大きく変わりますよ。私も高齢者の一人。高齢のみなさん、がんばりましょう!!

学校を探してみよう。

■認定NPO法人大阪府高齢者大学校
https://osaka-koudai.or.jp/

Column

お父さんの介護予防講座「男性のアンチエイジング」

頑固、不機嫌、協調性ゼロ…何かと不可解で厄介なお父さん。認知症ケアで知っておくべきは「男の本質とホンネ」。男性ホルモンの第一人者に聞きました。

男には「帰る場所」が必要

狩りに行って獲物を捕ってくるのが男の本能。これを担うのが男性ホルモンです。生殖機能をはじめ筋力増強、認知機能や意欲も高めます。狩りは今の社会でいえば「仕事」でしょう。獲物を仕留めて仲間に与え、ほめられることで男性ホルモンは活性化しますが、引退して狩り（仕事）をしなくなると男性ホルモンは減少。すると意欲も筋力も低下し、ずっと家に閉じこもる。「夕飯は何にする?」「何か趣味でもやったら?」と言われても、アイデアが浮かばないのです。現代の典型的な高齢男性の姿かもしれません。

もう一つ重要なのは狩りから帰還する「場所」です。会社なら自分のデスク、家なら書斎や「お父さんの席」。行きつけのスナックの定席で「ママ、いつもの」と言ってそれが出てくるようなことが、男として、男性ホルモンを維持するためにも極めて重要なのです。まずはお父さんの男性性を受け止め、居場所を大切にしてあげてください。

教えてくれた人
堀江重郎さん
順天堂大学大学院
医学研究科
泌尿器外科学教授

ボランティアで「助ける」側に

男性ホルモンを維持するためには「目的指向性」「筋肉」「頼られる」「競う」がキーワード。できれば何らかの形で仕事に関わり続け、生涯現役を貫くのがベスト。やはり外に出て「人の役に立つ」ことが男性の生きがいなのです。ほかにも地域活動のボランティアなどで役割を担うこともいいですね。筋肉を使って働き、頼られれば俄然、狩人心に火がつきます。デイサービスや集いの場でも、取り留めないおしゃべりより、囲碁や麻雀など競うゲームのほうがやる気が出ます。そしてもちろん「異性」との語らいも。ちなみに高齢の女性でも男性ホルモンが上がるというデータもあります。

それでもホルモン低下で元気が出ない人には同窓会がおすすめ。できれば中学・高校時代。子どものようにじゃれ合いながらも微妙な力関係を競い合うこの頃は、純粋に男性ホルモンが出まくる時期。当時の仲間が顔を合わせると、その活力がよみがえります。

男性ホルモン旺盛な人は、人に好かれ求心力があります。いつまでも生きがいを追いかけられるよう、男性ホルモンを維持することが介護予防にもなります。

やだぁ〜 鼻の下のびてるわよ！
寿命ものびます♡
スズキ

お父さんの介護予防講座「男のプライドを立てて」

名前が覚えられなくてもすぐに楽しい輪ができる女性に対し、頑なに自分を崩さない男性。家族も敬遠しがちな男性認知症高齢者との関わり方をベテラン介護士が語りました。

教えてくれた人

生活とリハビリ研究所 代表・理学療法士
三好春樹さん
介護老人保健施設 あさひな 介護福祉士 認知症ケア上級専門士
尾渡順子さん

運転免許返納は権威者の進言で

特に後期高齢者に突入した団塊世代は「助けて」と絶対に言えない。要介護になっても妻や子どもの言うことはまず聞きません。特に娘は自分が養った「自立した俺」の象徴的な存在。「お父さん、デイサービスに行きなさい」などと言われても動きません。

家族が頑固おやじに手を焼く問題の一つに運転免許返納がありますが、娘などが安易に「心配してあげているのに」という調子で言うと逆効果です。これまで反発しつつも従ってきたのは会社の上司や社会的権威。したがって返納を進言する適任は元上司など父親が敬意を持つ人。または医師、有識者などが「すすめている」と伝えるのがいい。

それでも男は、最後は子どもに還っていくことも心に留めておいて。認知機能が落ちて妻やヘルパーさんを「お母さん」と呼び始めるのもよくあること。これは女性にはあまり見られません。男性にとって排泄の失敗やおむつ交換はとても大きなストレスになりますが、無条件に自分の弱みを見せられる「母親役」の人には処置を委ねられたりします。この役

は実の娘には難しい。そんな老父の心情を理解し、受け止めてもらえると介護職としても嬉しいです。（三好春樹さん）

お父さんの人生に耳を傾けて

認知症をはじめ、足腰の衰えや失禁などが起こるのは、介護職の私たちにとっては当たり前のことなのですが、あるとき、普段穏やかな紳士が「もう山へ捨ててくれ」とつぶやき、初めて悲しみの深さを知りました。長い間、社会で活躍してきた男性たちにとってのショックは家族が想像する以上。おそらく家族には弱音が吐けず、介護職の私にだからやっと言えたのです。

父親としては自分が要介護になっても子どもに頼れず、そんな葛藤から心を閉ざしてしまう人も少なくありません。また妻や娘など女性陣は、口下手なお父さんに指示するような口調になり、関係がギクシャクしがち。

そんなときは一人の人間同士、話してみてはどうでしょう。どんな人生を送ってきたか、熱中したこと、活躍したことなど、「お父さんの話を聞かせて」と、話の主導権を持たせるとうまくいくと思います。今、働き盛りの子ども世代にとってもきっと共感でき、新たな絆になると思いますよ。（尾渡順子さん）

アルツハイマー10年選手のウチの母⑧

生活・医療ライター 斉藤直子の場合

外へ出よう！ 本人も家族も認知症を忘れる「時」が大切

10年前の今頃は、絵に描いたようなゴミ屋敷の中から母がヌーッと現れて、「あたしのお金をどこにやった？」と、私に怒りをぶつけていました。もの盗られ妄想のことも、認知症の人の言動を否定してはいけないことも知っていたけれど、目の前の母が本気だから私も本気で言い返した。そのときはウソのない自分でいることが精いっぱいだったのだもの。修羅場でした。「壮絶介護」という週刊誌風の見出しが浮かんでいました。

そんな中で、本当にか細い一筋の光に気づけたのはラッキーでした。それは家の中にいるとおかしくなったように見える母が、一歩外に出ると昔の朗らかな人柄に戻るということ。ご近所さんと笑顔で挨拶を交わし、すれ違う赤ちゃん連れに駆け寄って「坊やはいくつ？　泣くのは子どもの仕事だからね」と若い母親を労い、住宅街の庭木や花に「きれいだね。何て名前だっけ？」とつぶやく。「さっき私のこと泥棒だって言ったでしょ？」と聞くと、母は困ったような悲しいような顔をしました。正常を装っていると見ることもできるけれど、私には、母の中には母がちゃんと生きていると思えて嬉しかった。以来、私の「伴走介護」は母を外に連れ出すことなのです。

人生のゴールに向けて

終活

老親と向き合うことで人生には終わりがあることに改めて気づかされます。
認知症とともに生きる人生最終章として考えれば、
やりたいことを思い切り楽しむ、それを支える大切さと同時に、
進行により少しずつ意思疎通が難しくなることを
視野に入れることも肝要です。
延命措置などの終末期の医療をどう選択するか、
長い人生を彩ってきた品々をどう整理するか、
家族のリードも必要です。
早めに始めましょう。

第8章

最期までの生き方をみんなで話して書いて考える人生会議

Point

① 望まない医療を避けるため。認知症の人は早めに

② 本人意思確認ができないときも、頼りになる

老親の思いを知らないと大きな後悔になる

人生の最終段階に自分が望む医療やケアについて、事前に家族や医療者、介護専門職らと繰り返し話し合っておく取り組みがアドバンス・ケア・プランニング（ACP）、通称「人生会議」です。

できる治療はすべて尽くすという考え方が、終末期の人には必ずしも望ましい結果になるとは限らず、場合によっては本人に苦痛を強いることに

教えてくれた人

渡辺敏恵さん

自分らしい「生き」「死に」を考える会代表
総合内科専門医

人生会議を気軽なカードゲームで

最期のとき「どんなケアが望みか」「誰にそばにいてほしいか」などと書かれたカードを使い、ゲームをしながら自然に人生観、死生観を考えられる『もしバナゲーム』。アメリカ発祥の死生観ゲームを亀田総合病院（千葉県）の医師らが日本語版として改良。高齢者施設や地域コミュニティなどでも行われている。亀田総合病院売店やECサイ

もなります。命の危機が迫ると本人が希望を伝えられなくなることが多いのですが、この判断を子どもや家族に委ねているのが現状。委ねられる子どもにとっては重責です。親の意思がわからないままの選択は後悔が残りやすいのです。特に老親が認知症の人はできるだけ早く始めましょう。

結論より話し合うプロセスが大事

「もしものとき、延命はしない」などとすぐ結論を出そうとしがちですが、そう簡単ではありません。延命治療は一般的に「胃ろう」や「経管栄養法」、「人工呼吸器」、「心臓マッサージ」などですが、状況によっては生きるための救命と、延命の線引きが難しいこともあります。

「どの段階まで病気と闘うか」「どんな介護を望むか」「優先したいこと、絶対に嫌なこと」「最期は自宅か病院か」などを、「お父さん、お母さんならどう考える？」と気軽に話すことから始めましょう。普段から少しずつ話すうちに見えてくる本人の意思や人生観、死生観を共有することが大事です。時間経過で気持ちも変わるので繰り返し話し、ノートなどに書き留めることも大切。こんな会話の積み重ねが、いざ家族が決断を迫られたときにも助けになります。

ト（シンクロイズムなど）で購入可。

自分の身体がどう変わっていくかを知る
To know how my body will change
家族と一緒に過ごす
To have my family with me

人生会議の記録ができるノート

『自分らしい「生き」「死に」を考える会』は終末期医療を考える重要性を実感した医師や看護師、臨床心理士、主婦などが集まる市民グループ。彼らが知恵を出し合って作成した『私の生き方連絡ノート』は、人生会議で考えるべき項目が表示された書き込み式。「書く作業で気持ちを客観視して整理できます」（渡辺さん）。ネット書店で購入可。

■自分らしい「生き」「死に」を考える会
http://ikisini.com/index.html

■シンクロイズム
http://ism.synchro-ymc.com/

身近な見直しから始める今を生きるための終活

Point

① 始める前のウォーミングアップが効く

② 終活をスムーズにするエンディングノート

人生の棚卸し、リスクを把握することから

主催する終活セミナーの受講者たちの本音を聞くと「お金が足りるか」「元気でいられるか」「長生きすると家族が嫌な顔をしないか」という不安でいっぱい。そんな**人生終盤のリスクを把握して回避すること**と、普段忘れている人々との出会いを思い返し、**生きがいある人生を実感すること**が終活です。具体的には左の終活項目のように健康、財産、葬儀や墓につい

教えてくれた人

終活カウンセラー協会代表理事
武藤頼胡さん

自治体でも配布するエンディングノート

左表にもあるエンディングノートの基本的な記載項目は、家族の記録としてだけではなく、地域支援や救急搬送先などでも重要な情報になる。エンディングノートを作成し、無料配布・販売する市区町村や社会福祉協議会もある。

現役世代から始めたい終活

武藤頼胡さんは自身も40

て、遺る人に向けて表明し生前整理を行いますが、一気に始めるのはハードルが高い。身近な見直しから行うことをおすすめしています。

まず「家の中の危険箇所を点検」。実は普段の室内事故が終活世代には多発。床にはわせた電気コードや動線の邪魔になる物などを片づけましょう。後の生前整理もしやすくなります。次に「財産の把握」。わかっていないと無駄や不安が増えますが、把握すると整理のスイッチが入ります。通帳類、カード類をすべて出して、管理できる数に減らしましょう。必須なのは「定期健診」。これから密にお世話になるかかりつけ医をしっかり決め、医療とのつながりを強化しましょう。いずれも、認知症のある人のケアや生活支援の強化策ともいうべきことです。

そして終活を進めていくのに便利なツールがエンディングノートです。必要になる終活項目（上記参照）がわかり、**調べながら書き込んでいくことで遺る家族にも重要な情報に。**終活やエンディングノートをサポートすることで、老親の長い人生を共有して絆が深まるはずです。

終活の主な項目

1. 介護や医療、病気の告知、延命治療についての意思表示
2. 財産、保険、年金などの一覧、相続についての意思表示
3. 葬儀・墓に関する意思表示と準備、通知したい人リスト
4. 生前整理（家財の片づけ）

代からエンディングノートを書き始め、折々更新中。「書きながら人生の出来事を振り返ると、人生が自分だけのものではないと気づきます」（武藤さん）。終活カウンセラー協会では武藤さん監修の終活ノート『マイ・ウェイ』の販売も。

別れではなく感謝のセレモニー「終活式」

終活カウンセラー協会では3～6か月をかけてコーディネーターがサポートする終活を行った後、人生の再スタートとして行う終活式を主催。生前葬とは違い、家族や友人を招待し、感謝を伝えるのがテーマ。「参加された家族の、親の死に対する心構えが変わると感じます」（武藤さん）

■一般社団法人終活カウンセラー協会
https://www.shukatsu-csl.jp/

大切な物だけを選んで残す 親子で行いたい生前整理

Point
① 家を平面的に俯瞰し、片づける順番を決める
② 1か所1時間以内、1年以上かけてOK
③ 物の要不要は老親本人が決める

最後まで残したい物を選別するのが重要

元気なうちに家の中の物の整理や処分をして、遺族が困らないようにするのが生前整理。そのときまでの人生を老いた心身が安全に快適に過ごせるよう、物とのつき合い方を変える重要な転換期でもあります。

整理のコツは、まず①**「家を平面的に見る」**。簡単な間取り図を書いて場所別に1か所ずつ片づけるように計画し、順番を決めます。押し入れな

教えてくれた人
生前整理普及協会 代表理事 生前整理アドバイザー 指導員
大津たまみさん

買い取り業者やフリマ、エステートセールも

自分では使わないが、物としてまだ使えるものはつい取っておきたくなるが、次の使い手を探して社会循環させる手もある。買い取り業者やネットのフリーマーケット、オークションなどのほか、生前・遺品整理の新たな方法として「エステートセール」が登場。専門のエステートセラーが仲介して海外に向けてネット販売するもので、日本人形

ど扉のある場所から攻めるのがおすすめ。実際に片づけるときは、②「**広い場所に仕分けしながら物を出す**」。【要】【迷う】【不要】【移動】（別の場所に移動すべき物）の4コーナーを設け、収納場所からすべて取り出します。【要】は元の場所へ戻し、【迷う】はいったん取り置いて、定期的に再検討。【不要】は廃棄。【移動】は適切な場所に移動。そして最重要は、③「**思い出箱**」。老親にとって生きてきた証のように思える物があります。物として不要でも理屈抜きで取り置きましょう。たくさんあれば時間をかけて考え、最終的には1箱に。この作業こそ生前整理の究極の目的です。

日常生活の延長線上で時間をかけて

70代以降の人は「物は豊かさの象徴」という時代に一生懸命働いた世代。物には心がつながっています。特に認知症の人には、本人が輝いた時代の思い出の品は大切。子ども世代が合理的に要不要を判断するのではなく、物の選別は親本人に委ねましょう。老親が「残したい」と選んだ物について話をじっくり聞きましょう。親の人生を知る貴重な機会です。1回（1か所）の作業時間は集中力が維持できる1時間以内に、半年から1年以上先にゴールを設定。日常の延長線上で少しずつ進めることが大切です。

や着物などが人気だという。ネットで検索を。

捨てにくい写真はアルバム1冊に

老親の若い頃からの写真は、話を聞きながらベストショットを厳選し、エピソードなどを添えて1冊のアルバムにまとめると、残りの写真が処分しやすくなる。普段触れる機会が少ない親の子ども時代を知るよいきっかけに。

■一般社団法人生前整理普及協会
https://seizenseiri.net/

穏やかに天寿を全うするために知っておくべき看取りのこと

Point
① 生き尽くした末の死は苦しくない
② 看取りを行う場所を考えておこう

天然の麻酔状態になり夢見心地で……

人が自然に迎える死の間際にはほとんど苦痛はありません。むしろ夢見心地。これは死に向かうときに誰にも現れる現象で、認知症やほかの病気の末の死でも同じです。寿命が近づくと、消化のためのエネルギーも乏しくなり、まず食べなくなります。すると血中に「ケトン体」と呼ばれる物質が増え、多幸感が得られます。また呼吸が浅くなって血中に二酸化炭素

教えてくれた人
ホームオン・クリニックつくば院長
訪問診療医
平野国美さん

病気や状態で違う死への向かい方

認知症や老衰の場合は機能低下した状態が続き、先の見通しがつきにくい。心臓や肺などの慢性疾患は急性増悪を繰り返しながら終末期が長く続き、最後に急に悪化。がんは最後の2か月前くらいまでは体の機能が保たれることが多く、余命が予測しやすい。

がたまって意識障害が起き、天然の麻酔状態に。そして「エンドルフィン」は苦痛から解放するために生理的に分泌されるホルモンで、幻覚作用があり、花畑や三途の川を見たりするのもこの作用だといわれています。

家族は慌てないで死を見守る心構えを

入院治療の末に病院で最期を迎える人の数が今も圧倒的ですが、「住み慣れた家での穏やかな最期」も見直され、自宅で最期を迎える人も微増傾向※。しかし自宅での最期を希望しても、本人の衰弱を見た家族が焦って救急搬送すると救急病院では原則、延命治療。もちろん回復することもありますが、場合によっては本人に苦痛を与え、管につながれて最期を迎えることにも。**自宅での看取りは本人・家族ともに充分な知識と心構え、在宅医療・介護の体制を整える必要**があるのです。ただ看取りを行う訪問診療医の数が少ないのも現状なので、早い段階からケアマネジャーや地域包括支援センターに相談を。特別養護老人ホーム、介護老人保健施設では多くの施設が、一部の有料老人ホームやサービス付き高齢者向け住宅でも看取りの体制を整えています。人生最終章は看取りを視野に入れ、信頼する医療者と手を携えて本人、家族ともに最期の場所を考えておきましょう。

原因別 死のパターン

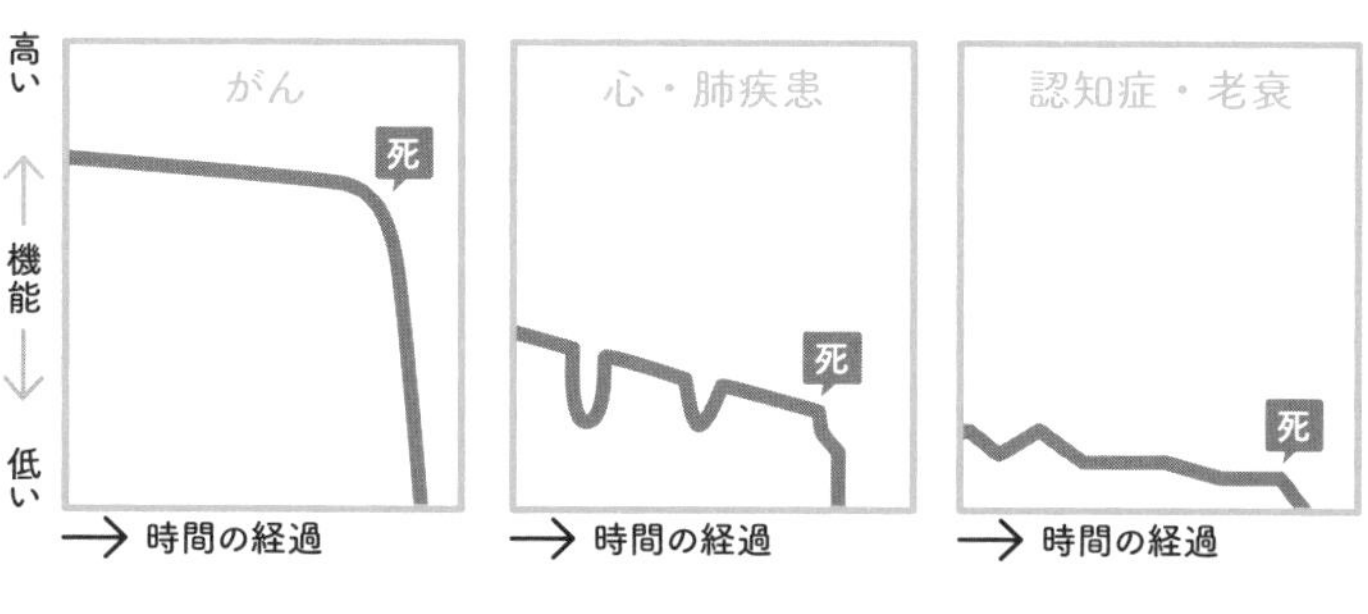

※2021年「人口動態調査」厚生労働省　死を迎える場所は圧倒的に病院が多いが、2020年時点で「病院」は減少に、「自宅」が増加に転じた。

おわりに

誰もが認知症と共に生きる新しい時代へ

誰もがなりたくない認知症、しかし誰もがいつなるかわからない認知症、このような認知症に対する不安を解きほぐしていくのがこの本です。日本では、認知症サポーター養成講座を受講し、理解していることを示す「オレンジリング」や「認知症サポーターカード（証）」を持つ人が増え、認知症の人がくつろぐ「認知症カフェ」が地域で作られ、多くの認知症サポーターが支援するようになりました。認知症は、怖がったり恐れたりするものではなく、積極的に向かい合い、共に暮らし、共に生きるという機運となってきているのです。国が令和元年に「認知症施策推進大綱」を出し、認知症になっても住み慣れた地域で自分らしく暮らし続けられる「共生」を打ち出したこともきっかけになっています。

また認知症のケアをしていた家族の会から始まった「呆け老人をかかえる家族の会」は「公益社団法人認知症の人と家族の会」として今や世界的な活動団体となり、当事者と介護者が共に考え、行動する活動をしています。

認知症の人は「何もわからない人」ではありません。全国の認知症の当事者は集まりを開いて「どのように生きるか」を考え、発信もしています。「一般社団法人日本認知症本人ワーキンググループ」が制作協力した『本人にとってのよりよい暮らしガイド　一足先に認知症になった私たちからあなたへ』※（地方独立行政法人東京都健康長寿医療センター発行）というガイドブックも出されています。

日本は総人口が減る中で、高齢化率は世界トップの29・1％（令和4年現在）。男性の平均寿命は81・47年、女性の平均寿命は87・57年（令和4年現在）。日本は世界でいちばん長生きの国なのです。地域で支え合うことはもちろん、その人らしい自立した日常生活を送るためには、自らも社会とつながることが大切です。

この本では「認知症とは何か？」から「生前整理」などの暮らしの知恵をまとめ、この時代を生きるすべての人に、人生に積極的に向き合い、準備することを提案しています。ぜひ考える参考にしてください。

服部メディカル研究所所長　服部万里子

※『本人にとってのよりよい暮らしガイド
一足先に認知症になった私たちからあなたへ』
https://www.mhlw.go.jp/content/000521131.pdf

尊厳を持ちつづけて生きる挑戦！

認知症になると日常生活にさまざまな支障をきたして苦手なことが多くなり、周囲の人とのトラブルも起こりやすくなってきます。でも知っていただきたいのは、できなくなることがある一方で、できることもたくさんあるということです。認知症になっても長期間悪化させることなく、地域の人たちや家族と心穏やかに人生を送る人も多いのです。

高齢社会のわが国では「認知症になったら人生の終わり」といった絶望的なイメージがあります。このイメージに影響されてなのでしょうか、認知症の人自身や家族が、その偏見の中で苦しんでいるようにも思います。

本書を手に取られたみなさまは、認知症のご家族、ご本人、関係者かもしれません。そんな認知症が心配なあなたこそ、この本を手に取っていただくことで「認知症に対する考え方が苦悩を左右する大きなポイント」であることが、おわかりになったかと思います。

現代社会において人類は高度医療を発展させ、さまざまな疾患を克服しようとしていますが、克服できない病気の一つで、誰もがそのリスクがあるのが認知症です。認知症は診断名でもあり、老いの象徴でもあり、社会のスティグマ（差別や偏見）でもあります。

認知症は高度に発展した現代社会における人類が、いかに最期まで人としての尊厳を持って生きられるかの「挑戦」でもあります。「挑戦」と書きましたが、それは私たちが私たち自身の認知症に対する意識を変えて、認知症になっても自然体でよりよく生きるためには「生活を楽しむこと」、「生きることを楽しみ尽くすこと」の大切さに気づくことです。

本書で何より心強いのは、執筆した斉藤直子さんがお母さまの介護をしながら、一緒に伴走されていること。実は私も親の介護をしており、同じ一喜一憂を共に体験していることが何とも嬉しいのです。そして本書を通して、みなさまが親の介護や看取りをしながら年を重ねることが何よりも充実した人生であることに、気づいていただければと思います。

浜松医科大学教授　鈴木みずえ

老いと認知症。力強く生きる姿は私たちの手本

親の認知症が心配になる人の多くは働き盛りのバリバリ現役世代。困りごとがあればすぐに策を検索して「たちまち解決！」という習性が染みついた世代です。まさに私もその一人でした。でも認知症になった母に伴走し、医師や介護に携わる人たちに教わるうちに、認知症はそんな向き合い方ではとても太刀打ちできないことがわかってきました。

6年前、週刊誌『女性セブン』で老親介護をテーマとした取材記事「明日はわが身の伴走介護」を連載（2017〜2021）しました。「親介護のハウツー」という企画の内側には、親子とはいえ案外わからない高齢者の心身について探るというコンセプトを盛り込みました。当時、私も仕事が忙しく、子どもは受験。自分の人生で手いっぱいのときに母が認知症。正直ちょっとうんざりしながら密に興味が向いていたのは、自分の中にも芽生え始めた「老い」でした。母の姿はそう遠くない自分の姿。老人になるってどんな感じなのか、記憶が曖昧になる不安がどんなものか、知りたいと思ったのです。

そんな興味で取材をしていたらとても数回の連載では終わらず、最終的には計141回、

4年近くにわたりました。取材の中で、人が老いるとどうしようもない疲れや不安が次々に押し寄せることを知りました。それでも老いを受け入れてゆっくりじっくり人生を味わっていることも。認知症を抱えた多くの高齢者も、です。中年後期の私にとって、それは希望であり、検索では得られない「人間の生きる底力」への敬意になりました。

そしてもう一つ学んだのは、認知症には「普通の生活」こそ大切だということ。連載で取材した生活の工夫やワクワクする遊びの数々がまさに役に立つと思い、本書にまとめました。たくさんの教えとご協力をくださったみなさまに心から感謝を申し上げます。

我が母も認知症診断から10年。一時は凹んでいたけれど、そのうち認知症をも我がモノにし、懸命に生きる姿を見せてくれています。最近はフラリと出かけて帰れなくなり、警察官や街の人に助けられることもしばしば。私は思いつく限りの安全策と、母の生きる意欲への伴走、相反する両方を柔軟に。後は「万事受けとめる」。これは認知症介護の先輩に教わった覚悟です。とはいえいまだに母にいら立ち、「もぅ!」と叫ぶこともよくあります。それは仕方がない、家族だもの。今、認知症の摩訶不思議に苦悩し、必死に策を模索している人たちにもエールを送りたい。でも早くそこを乗り越え、実は必死に認知症と闘っている老親を散歩に誘うきっかけに本書がなれば、とても嬉しく思います。

生活・医療ライター　斉藤直子

ナリスト)／大津たまみ（生前整理普及協会代表理事）／大橋幸子（文京学院大学教授）／岡田誠（認知症フレンドリー・ジャパン・イニシアチブ共同代表理事）／奥田真美（介護福祉士）／小田豊二（聞き書き作家）／落合洋司（日本音楽医療福祉協会代表理事）／尾原常太（高島易断家相開運学鑑定士）／尾渡順子（介護老人保健施設あさひな介護福祉士）／KAERU／垣内晴（東京藝術大学DOOR）／數井裕光（高知大学教授）／加藤俊徳（加藤プラチナクリニック院長）／金子マサ（元ぬりえ美術館 館長）／神永美佐子（SOYOKAZE 事業統括本部 部長）／亀田総合病院／川﨑陽一(日本アクティビティ協会理事長）／川口千佳子（せやクリニック副院長）／川口美喜子（大妻女子大学教授）／河村修一（カワムラ行政書士事務所ファイナンシャルプランナー）／北嶋史誉(ソーシャルアクション機構代表理事）／北村世都（聖徳大学教授）／木下豊（神奈川県横浜市鶴見図書館元館長）／KIMAMA（東京都世田谷区）／工藤広伸（介護作家）／倉田美幸（上級愛玩動物飼養管理士）／古賀良彦（杏林大学名誉教授）／コスガ聡一（フォトグラファー）／小谷庸夫（ヘルパーステーション和翔苑所長）／五島朋幸（ふれあい歯科ごとう代表）／小林幹児(日本回想療法学会会長）／小林祥晃（一級建築士）／小向敦子(高千穂大学教授）／小山珠美（口から食べる幸せを守る会理事長）／近藤和幸（全国浴場組合理事長）／酒井俊行（司法書士みそら総合事務所代表）／坂田英明（川越耳科学クリニック院長）／桜井礼子（日本防犯学校副学長）／佐々木貴也（介護スナック竜宮城オーナー）／佐藤三矢（東京通信大学教授）／沢田昌宏（上級睡眠指導師）／澤田みどり（恵泉女学園大学特任准教授）／志寒浩二（ミニケアホームきみさんち管理者）／篠塚恭一（日本トラベルヘルパー協会代表理事）／篠原菊紀（公立諏訪東京理科大学教授）／篠原弓月（訪問歯科衛生士）／芝田竜文（全日本ノルディック・ウォーク連盟公認主席指導員）／島袋コウ（スマートフォンアドバイザー）／清水香（FP& 社会福祉事務所OfficeShimizu代表）／周東寛（南越谷健身会クリニック院長）／伸こう福祉会／周防進之介（健康・パフォーマンス指導者）／鈴木知明（高齢者入浴アドバイザー協会代表理事）／スターバックス コーヒー ジャパン／すももカフェ（千葉県船橋市）／髙﨑美幸（東葛クリニック病院在宅栄養専門管理栄養士）／髙瀬義昌（たかせクリニック理事長）／髙橋正時（木場たかはし耳鼻咽喉科院長）／髙橋裕子（世田谷保健所玉川保健相談課課長）／髙橋ゆき（ベアーズ取締役副社長）／高柳和江（笑医塾塾長）／滝口淳（『介護タクシー案内所』運営責任者）／武石嘉子（セコム医療システム顧問）／田辺有理子（日本アンガーマネジメント協会アンガーマネジメントファシリテーター）／土橋カフェ（神奈川県川崎市）／鄭春姫（東京福祉大学准教授）／寺田真理子（日本読書療法学会会長）／土井原奈津江（グループリビング運営協議会理事）／東京都町田市いきいき生活部高齢支援課／所澤いづみ（Tori セラアロマ研究所代表）／登嶋健太（東京大学先端科学技術研究センター）／長尾和宏（長尾クリニック院長）／中島龍興（中島龍興照明デザイン研究所代表）／永田久美子（認知症介護研究・研修東京センター研究部部長）／なとみみわ（イラストレーター）／成田美紀（東京都健康長寿医療センター研究所管理栄養士）／西田壽代（足のナースクリニック代表）／日本交通／野島陽子（東京都健康長寿医療センター皮膚・排泄ケア認定看護師）／蜂谷和郎（日本臨床美術協会常任理事）／浜田きよ子(高齢生活研究所所長)／早川幸夫（フォトカルチャー倶楽部講師）／早坂信哉（東京都市大学教授）／林容子（アーツアライブ代表）／林田俊弘（ミニケアホームきみさんち理事長）／原千恵子（シニアセラピー研究所代表理事）／原智代（タクティール ® ケアインストラクター）／平野国美（ホームオン・クリニックつくば 院長）／平松類（二本松眼科病院副院長）／藤原佳典（東京都健康長寿医療センター研究所副所長）／藤原るか（グレースケア所属登録ヘルパー）／古川祥子（全国有料老人ホーム協会事業部）／堀江重郎（順天堂大学大学院教授）／本多京子（医学博士）／本田まりこ（まりこの皮フ科院長）／本田美和子（日本ユマニチュード学会代表理事）／本間生夫（昭和大学名誉教授）／前野いずみ（名美アパレル キアレッタ クリエイティブ・ディレクター）／松生恒夫（松生クリニック院長）／松岡里和（管理栄養士）／松澤花砂（東葛地区婚活支援ネットワーク副代表）／松下幸生（久里浜医療センター院長）／松本裕介（『みんなの介護』編集長）／水野正代（ケアマネジャー）／三橋良博（認知症の人と家族の会神奈川県支部世話人）／宮原富士子（ケイ薬局薬局長）／三好春樹（生活とリハビリ研究所代表）／武藤美香（田村クリニック 2 院長）／武藤芳照（東京リハビリテーション総合研究所代表理事）／武藤頼胡（終活カウンセラー協会代表理事）／村島久美子（桜新町アーバンクリニック作業療法士）／百村伸一（さいたま市民医療センター病院長）／森川恵子（介護者サポートネットワークセンター・アラジン）／矢尾眞理子（マリーゴールド代表理事）／やすみりえ（川柳作家）／柳雄斗（東京藝術大学 DOOR）／柳田誓也（銀座ヤナギカルチャースクール主宰）／簗瀬寛（健康体操クリエーター）／山上智史（K-WORKER 福祉用具専門相談員）／山口潔（ふくろうクリニック等々力理事長・院長）／山口創（桜美林大学教授）／山本雄二（健康作りサークル「えがお」代表）／湯浅一也（訪問美容 trip salon un. 代表）／横田紗世（東京藝術大学 DOOR）／吉田真一（でぃぐにてぃ 代表）／吉田英史（感涙療法士）／ヨネヤマクミコ（管理栄養士）／楼婕琳（東京藝術大学 DOOR）／和氣美枝（介護離職防止対策促進機構代表理事）／和田征士（大阪府高齢者大学校元会長）／和田秀樹（ルネクリニック東京院院長）／渡辺敏恵（自分らしい「生き」「死に」を考える会代表）／渡邉晴子（りぷりんと・ネットワーク副理事長）／渡邊仁志（ユニ・チャーム 広報室）

監修

繁田雅弘（しげたまさひろ）

東京慈恵会医科大学精神医学講座教授。日本認知症ケア学会理事長。認知症専門医。スウェーデン・カロリンスカ研究所老年病学教室客員研究員、東京都立保健科学大学教授、首都大学東京（現・東京都立大学）健康福祉学部学部長、副学長などを歴任し、現職。神奈川県平塚市の実家を拠点に地域の人々とともに認知症の啓発活動の「SHIGETA ハウスプロジェクト」を主催。近著に『認知症といわれたら 自分と家族が、いまできること』（講談社）、『安心な認知症 マンガと Q&A で、本人も家族も幸せになれる！』（主婦と生活社）、『認知症の精神療法 アルツハイマー型認知症の人との対話』（HOUSE 出版）など。

服部万里子（はっとりまりこ）

一般社団法人日本ケアマネジメント学会理事。NPO 渋谷介護サポートセンター理事長。服部メディカル研究所所長。看護師・社会福祉士・主任ケアマネジャー。看護師として病院勤務後、医療・福祉、高齢者サービスについての調査、研究、コンサルティング事業を行う服部メディカル研究所を看護師 3 人で立ち上げる。その後 NPO 渋谷介護サポートセンターを設立し、居宅介護支援単独事業も開始。現在もケアマネジャーとして活動している。著書に『検証介護保険施行 20 年』(共著　自治体研究社)、『入院・介護「はじめて」ガイド』（共著　主婦の友社)、『最新 図解でわかる介護保険のしくみ』（日本実業出版社）などがある。

鈴木みずえ（すずきみずえ）

浜松医科大学老年看護学教授。看護師、保健師、医科学修士、医学博士、認知症ケアマッピング（DCM）の基礎講師（英国ブラッドフォード大学認定)。高齢者の転倒、認知症のケア方法、音楽や動物、ロボット療法、タクティールケア、パーソン・センタード・ケアなどを取り入れたケアの質向上、病院における認知症看護の実践、高齢者施設における意思決定支援などの研究・研修を行う。著書に『認知症の介護・看護に役立つハンドセラピー』（池田書店)、『3 ステップ式パーソン・センタード・ケアでよくわかる認知症看護のきほん』（共著 池田書店)、『認知症の人の気持ちがよくわかる聞き方・話し方』（池田書店）などがある。

取材・文

斉藤直子（さいとうなおこ）

生活・医療ライター。旅・料理の雑誌、ガイドブックの編集制作会社を経て独立。フリーランスとして「生活・ライフスタイル」「健康」をテーマに女性誌、健康雑誌、新聞、週刊誌、書籍を中心に取材、執筆。自身が更年期を迎えた頃、父親の急死や母親の認知症発症に直面したことから、認知症をはじめとする高齢者医療、中年から高齢期の生き方について医療・福祉分野にも精力的に取材。ごく普通の生活者の日常に役立つ情報発信を目指している。本書写真も提供。

本書にご協力いただいたみなさま　※敬称略　五十音順

秋山正子（白十字訪問看護ステーション統括所長）／阿久津美栄子（UPTREE 代表）／荒木乳根子（田園調布学園大学名誉教授）／有田秀穂（東邦大学名誉教授）／有竹清夏（埼玉県立大学教授）／池山和幸（資生堂）／石田竜生（介護エンターテイメント協会代表）／石橋英明（伊奈病院副院長）／井関栄三（シニアメンタルクリニック日本橋人形町院長）／板見浩史（日本写真協会顧問）／稲富正治(川崎こころのケアセンター センター長)／井上薫（東京都立大学大学院准教授）／井上知和（江東園 社会福祉士）／井上雄一（睡眠総合ケアクリニック代々木理事長）／今井幸充（和光病院院長）／今泉久美（料理研究家）／岩切理歌（東京都健康長寿医療センター総合内科・高齢診療科部長）／碓井利彰（特別養護老人ホーム平塚富士白苑施設長）／内門大丈（メモリーケアクリニック湘南院長）／内海友貴（『ペットのおうち』運営会社代表）／大沢悠里（フリーアナウンサー）／大杉満（国立国際医療研究センター病院糖尿病情報センター長）／太田明良（えがお写真館代表）／太田差惠子（介護・暮らしジャー

用語さくいん

※本書に登場する主な用語のみ載せています

●本書は『女性セブン』(小学館)で2017〜2021年に連載した
「明日はわが身の伴走介護」の記事を再編集し、新規取材を加えて制作しています。
記事内容等は2023年7月21日現在のものです。
●本書内の「認知症専門医」は、日本認知症学会認定の「認知症専門医」と、
日本老年精神医学会が認定する高齢者のこころの病と認知症に関する専門医
「日本老年精神医学会認定専門医」を総称しています。
●本書で紹介している医薬品の商品名は、
その薬を販売している商標権者の商標または登録商標です。

Staff

ブックデザイン　阿部美樹子
カバー装画　山下アキ
イラスト　いぢちひろゆき　うえだのぶ
オカダナオコ　尾代ゆうこ　オモチャ
鈴木みゆき　なとみみわ　やまなかゆうこ
校閲　玄冬書林
DTP　昭和ブライト
マーケティング　椎名靖子・鈴木里彩(小学館)
制作　遠山礼子・斉藤陽子(小学館)
編集　五十嵐佳世(小学館)

151人の名医・介護プロが教える
認知症大全

2023年9月4日　初版第1刷発行
2023年12月10日　第2刷発行

著者　斉藤直子
監修者　繁田雅弘　鈴木みずえ　服部万里子
発行者　五十嵐佳世
発行所　株式会社小学館
〒101-8001　東京都千代田区一ツ橋2-3-1
編集　03-3230-9173
販売　03-5281-3555
印刷　萩原印刷株式会社
製本　株式会社若林製本工場

ISBN978-4-09-311538-4